21世纪应用日语规划教材

日本概况

刘琳琳 编著

北京大学出版社
PEKING UNIVERSITY PRESS

图书在版编目（CIP）数据

日本概况 /刘琳琳编著. —北京：北京大学出版社,2011.2
（21世纪应用日语规划教材）
ISBN 978-7-301-18501-8

Ⅰ.①日… Ⅱ.①刘… Ⅲ.①日语–阅读教学–教材 ②日本–概况–教材 Ⅳ.① H369.4:K

中国版本图书馆 CIP 数据核字(2011) 第 011469 号

书　　名	日本概况 RIBEN GAIKUANG
著作责任者	刘琳琳　编著
责任编辑	兰　婷
标准书号	ISBN 978-7-301-18501-8
出版发行	北京大学出版社
地　　址	北京市海淀区成府路 205 号　100871
网　　址	http://www.pup.cn　新浪微博：@ 北京大学出版社
电子邮箱	编辑部 pupwaiwen@pup.cn　总编室 zpup@pup.cn
电　　话	邮购部 010-62752015　发行部 010-62750672　编辑部 010-62759634
印 刷 者	三河市北燕印装有限公司
经 销 者	新华书店
	787 毫米 ×1092 毫米　16 开本　17.25 印张　268 千字 2011 年 2 月第 1 版　2023 年 8 月第 6 次印刷
定　　价	48.00 元

未经许可，不得以任何方式复制或抄袭本书之部分或全部内容。
版权所有，侵权必究
举报电话：010-62752024 电子邮箱：fd@pup.pku.edu.cn
图书如有印装质量问题，请与出版部联系，电话：010-62756370

《高自考日语专业系列教材》总序

高等教育自学考(简称"自考"或"高自考")是对自学者进行的以学历考试为主的高等教育国家考试，是个人自学、社会助学和国家考试相结合的高等教育形式，是我国社会主义高等教育体系的重要组成部分。其目的是通过国家考试促进广泛的个人自学和社会助学活动，推进在职专业教育和大学后继续教育，造就和选拔德才兼备的专门人才，提高全民族的思想道德、科学文化素质，适应社会主义现代化建设的需要。目前，高等教育自学考试已成为我国规模最大的开放式高等教育形式。

北京市于2006年开设了高等教育自学考试日语专业(本、专)，主考院校是北京大学。随着人才市场需求的变化，日语专业的考生每年都在迅速地增长，形势喜人。

为满足自考生的需求，在北京大学出版社的策划下，北京大学外国语学院日本语言文化系负责编写了这套《高等教育自学考试日语专业系列教材》，包括《初级日语》、《中级日语》、《高级日语》、《日语视听说》、《日语会话》、《日本文学选读》、《日语写作》、《日语笔译》、《日语口译》、《日语语法教程》、《日本概况》等。这套教材的特点是重视实践，有利于应用型人才的培养。教材编写以北京大学外国语学院日本语言文化系的教师为主，同时还动员了一些兄弟院校的教师加盟这项工作，执笔者都是教学经验丰富的教师和教学骨干，欢迎广大考生和读者提出批评和修改意见。

衷心地祝愿高自考日语专业不断扩大，顺利健康地发展下去。

北京大学外国语学院日本语言文化系教授、博士生导师
北京市高自考日语专业委员　　　　　　　　　　彭广陆
2009年3月31日

目 录

第一章　日本的国土地理 ·· 1
 第一节　日本的国土 ·· 1
 第二节　日本的气候 ··· 12
 第三节　日本的资源 ··· 15
 第四节　日本的交通 ··· 17

第二章　日本历史 ·· 24
 第一节　从上古到大和王权时代 ··· 24
 第二节　古代（6世纪—1192年） ··· 27
 第三节　中世（1192—1573年） ·· 31
 第四节　近世（1573—1868年） ·· 36
 第五节　近代（1868—1945年） ·· 46

第三章　日本人的生活 ·· 59
 第一节　人际交往 ·· 59
 第二节　饮食生活与文化 ··· 66
 第三节　服装文化 ·· 72
 第四节　住宅 ·· 76
 第五节　节日习俗 ·· 81
 第六节　人生仪式 ·· 89
 第七节　生活习俗 ·· 92

第四章　现代日本社会 ·· 96
 第一节　日本人论与集团主义 ··· 96
 第二节　日本人的婚姻 ··· 101
 第三节　日本的家庭 ··· 104

第四节	人口问题	108
第五节	社会保障制度	111
第六节	环境问题与环境保护	117

第五章 日本政治 …………………………………………………………………… 122
 第一节 宪法与象征天皇制 …………………………………………………… 122
 第二节 议会与选举制度 ……………………………………………………… 124
 第三节 政党制度 ……………………………………………………………… 129
 第四节 行政机构与行政改革 ………………………………………………… 132
 第五节 司法制度 ……………………………………………………………… 138
 第六节 外交 …………………………………………………………………… 140
 第七节 军事与国防 …………………………………………………………… 146

第六章 日本经济 …………………………………………………………………… 149
 第一节 日本现代经济发展简史 ……………………………………………… 149
 第二节 日本式企业经营模式 ………………………………………………… 163

第七章 日本的教育、科技与传媒 ………………………………………………… 171
 第一节 教育 …………………………………………………………………… 171
 第二节 科学技术 ……………………………………………………………… 182
 第三节 大众传媒 ……………………………………………………………… 188

第八章 日本传统艺术与文化 ……………………………………………………… 196
 第一节 日本传统艺术 ………………………………………………………… 196
 第二节 日本文化 ……………………………………………………………… 216
 第三节 日本的宗教 …………………………………………………………… 231
 第四节 日本的世界遗产 ……………………………………………………… 244

北京市高等教育自学考试课程考试大纲 …………………………………………… 249

第一章　日本的国土地理

第一节　日本的国土

一、日本的位置

　　日本位于亚洲大陆的东端，是一个由将近4000个岛屿构成的岛国。这些岛屿在地理学上总称为日本列岛（日本列島〈にほんれっとう〉），列岛沿着东北—西南方向呈弧线状排列。日本周围被海洋包围，东面和南面是太平洋，西面隔着鄂霍次克海、日本海、东海与俄罗斯远东地区、中国、韩国、朝鲜相望。日本既独立于亚洲大陆之外，距离大陆又并不遥远。这种地理位置使得日本在历史上能够长期保持独立性，在近代以前没有遭到外族的征服，同时也有条件吸收大陆的文化，并与自身的文化融合在一起，从而形成独特的日本文化。

　　日本国土总面积约为38万平方公里，主要的岛屿有4个，从北向南依次是北海道（北海道〈ほっかいどう〉）、本州（本州〈ほんしゅう〉）、四国（四国〈こく〉）和九州（九州〈きゅうしゅう〉）。其中面积最大的本州岛，最小的是四国。北海道附近海域中的齿舞岛（歯舞諸島〈はぼまいしょとう〉）、色丹岛（色丹島〈しこたんとう〉）、国后岛（国後島〈くなしりとう〉）、择捉岛（択捉島〈えとろふとう〉），统称"北方四岛"（北方四島〈ほっぽうよんとう〉）。北方四岛在二战后期被前苏联占领，目前日本与俄罗斯依然就北方四岛的归属问题进行谈判。

二、日本的行政区划

　　日本的行政区划包括1都、1道、2府和43个县。都道府县都是中央政府管辖的"广域地方公共团体"，相当于中国的地方政府。明治维新以后废藩置县，开始实行府县制。这些行政区的政府分别称为都厅、道厅、府厅、县厅。面积最大的行政区是北海道，最小的是大阪府。县级行政区以下的行政单位是市、町、村。市、町、村同属都道府县之下的"基础地方公共团体"，相互之间没有行政隶属关系。各级地方行政区域都是自治体，日本战后出台了地方自治体法，实行地方自治制度。

除了正式的行政区划以外，日本存在着习惯性的地区划分法，即把国土划分为北海道（北海道^{ほっかいどう}）、东北（東北^{とうほく}）、关东（関東^{かんとう}）、中部（中部^{ちゅうぶ}）、近畿（近畿^{きんき}）、中国（中国^{ちゅうごく}）、四国（四国^{しこく}）、九州（九州^{きゅうしゅう}）、冲绳（沖縄^{おきなわ}）等九个地区。各个地区包括的县级行政区的面积及县厅所在地见表1-1。

另外需要注意的是传统上还有其他的地区命名法，比如把爱知、岐阜、静冈、三重等四个县称为东海地区（東海地方^{とうかいちほう}）；新潟、富山、石川、福井等四个县称为北陆地区（北陸地方^{ほくりくちほう}）；近畿地区习惯上又称为关西地区（関西地方^{かんさいちほう}）。中国地区又分为山阴（山陰^{さんいん}）和山阳（山陽^{さんよう}），以中国山地为界，其北侧面向日本海的地区为山阴，南侧面向濑户内海的地区为山阳。

表1-1　日本的行政区划

（面積単位：km²）（平成19年10月1日）

都道府県	総面積	県庁所在地
全　国	377,930	
北海道地方		
北海道^{ほっかいどう}	83,456	札幌
東北地方		
青森県^{あおもりけん}	8,918	青森市
岩手県^{いわてけん}	15,279	盛岡市
宮城県^{みやぎけん}	6,862	仙台市
秋田県^{あきたけん}	11,434	秋田市
山形県^{やまがたけん}	6,652	山形市
福島県^{ふくしまけん}	13,783	福島市
関東地方		
茨城県^{いばらきけん}	6,096	水戸市
栃木県^{とちぎけん}	6,408	宇都宮市
群馬県^{ぐんまけん}	6,363	群馬市

<ruby>埼玉県<rt>さいたまけん</rt></ruby>	3,767	さいたま市
<ruby>千葉県<rt>ちばけん</rt></ruby>	5,082	千葉市
<ruby>東京都<rt>とうきょうと</rt></ruby>	2,103	東京
<ruby>神奈川県<rt>かながわけん</rt></ruby>	2,416	横浜市
中部地方		
<ruby>新潟県<rt>にいがたけん</rt></ruby>	10,789	新潟市
<ruby>富山県<rt>とやまけん</rt></ruby>	2,046	富山市
<ruby>石川県<rt>いしかわけん</rt></ruby>	4,185	金沢市
<ruby>福井県<rt>ふくいけん</rt></ruby>	4,189	福井市
<ruby>山梨県<rt>やまなしけん</rt></ruby>	4,201	甲府市
<ruby>長野県<rt>ながのけん</rt></ruby>	13,105	松本市
<ruby>岐阜県<rt>ぎふけん</rt></ruby>	9,768	岐阜市
<ruby>静岡県<rt>しずおかけん</rt></ruby>	7,329	静岡市
<ruby>愛知県<rt>あいちけん</rt></ruby>	5,116	名古屋市
近畿地方		
<ruby>三重県<rt>みえけん</rt></ruby>	5,761	三重市
<ruby>滋賀県<rt>しがけん</rt></ruby>	3,767	大津市
<ruby>京都府<rt>きょうとふ</rt></ruby>	4,613	京都市
<ruby>大阪府<rt>おおさかふ</rt></ruby>	1,898	大阪市
<ruby>兵庫県<rt>ひょうごけん</rt></ruby>	8,396	神戸市
<ruby>奈良県<rt>ならけん</rt></ruby>	3,691	奈良市
<ruby>和歌山県<rt>わかやまけん</rt></ruby>	4,726	和歌山市
中国地方		
<ruby>鳥取県<rt>とっとりけん</rt></ruby>	3,507	鳥取市
<ruby>島根県<rt>しまねけん</rt></ruby>	6,708	松江市
<ruby>岡山県<rt>おかやまけん</rt></ruby>	7,010	岡山市
<ruby>広島県<rt>ひろしまけん</rt></ruby>	8,479	広島市
<ruby>山口県<rt>やまぐちけん</rt></ruby>	6,113	山口市
四国地方		
<ruby>徳島県<rt>とくしまけん</rt></ruby>	4,146	徳島市

日本概況

香川県(かがわけん)	1,862	高松市
愛媛県(えひめけん)	5,678	松山市
高知県(こうちけん)	7,105	高知市
九州地方		
福岡県(ふくおかけん)	4,844	福岡市
佐賀県(さがけん)	2,440	佐賀市
長崎県(ながさきけん)	4,096	長崎市
熊本県(くまもとけん)	7,077	熊本市
大分県(おおいたけん)	5,099	大分市
宮崎県(みやざきけん)	6,346	宮崎市
鹿児島県(かごしまけん)	9,044	鹿児島市
沖縄地方		
沖縄県(おきなわけん)	2,276	那覇市

资料来源：日本总务省统计局网页http://www.stat.go.jp/data/nihon/01.htm.

三、人口

　　战后，日本的总人口长期保持在1亿2000万人水平上，人口增长相对缓慢。其中经历了两次人口增长较快的婴儿潮时期，第一次婴儿潮是在1945—1950年，此时战争结束，大批军人返回家庭，和平的社会环境有利于提高出生率。这一时期日本每年新出生人口超过260万人。日本习惯上把第一次婴儿潮时期出生的人称为"团块一代"（団塊の世代）。第二次婴儿潮出现在1970年到1975年之间，随着日本经济的稳定增长，人口也相应迅速增加，每年新出生人口超过200万，成为战后日本人口史上又一个增长高峰期。70年代后期开始日本人口增速明显放慢。

世界人口数量前十位国家表（单位：亿人）

1	中国	13.4
2	印度	11.9
3	美国	3.1
4	印度尼西亚	2.3
5	巴西	1.9
6	巴基斯坦	1.8
7	孟加拉国	1.6
8	尼日利亚	1.5
9	俄罗斯	1.4
10	日本	1.2

资料来源：『世界人口白書』2009年，http://www.unfpa.or.jp/publications/suop2009/tokei.pdf

　　现代日本人口形势的主要特点是人口减少与老龄化。关于这个问题详见本书第四章第四节。

　　日本人口在空间分布很不均衡，呈现出集中化趋势。20世纪70年代末以前，由于日本各地工业化发展不平衡，东京、大阪、名古屋（名古屋）等三个经济发达的大城市吸引了大批劳动力前来居住和生活，80年代更是出现人口向东京一个地区集中的趋势（東京一極集中）。而地方、农村人口急剧减少，尤其是青壮年劳动力缺乏。人口的过密、过疏化成为一个严重的社会问题。目前三大城市圈集中了约50%的人口。东京都人口最多，目前达到12,758,000人，约占日本总人口的1/10。鸟取县人口最少，只有600万。人口超过百万的城市目前有12个，即东京、横滨、大阪、名古屋、札幌、神户、京都、福冈、川崎、埼玉（さいたま市）、广岛、仙台。

四、国歌与国旗

　　日本国家的国歌是《君之代》（君が代）。这是一首古代的和歌，内容是"君が代は千代に八千代にさざれ石の巌となりて苔のむすまで"，意为"我皇治世，千秋万代。宛如小石变巨岩，直至长青苔"。这首和歌本来是平安时代维乔亲王（文德天皇的皇子）的家臣藤原石左卫门以一种叫做"さざれ石"的石头为题材而创作的，后来被《古今集》等许多诗歌集收录，在生日宴会上咏唱，用于祝福长寿。明治时期日本开始把《君之代》作为事实上的国歌。战后由于歌词本身具有维护天皇制的色彩，围绕国歌问题展开了长期的争论。90年代，随着日本政治保守化和国家主义倾向抬头，1999年国会正式通过法律，规定"君之代"为国歌，文部省要求学校在集会典礼上举行唱国歌的仪式。

　　日本国旗是太阳旗，正式名称为"日章旗"（日章旗），通常叫做"日の丸"。日本自古以来就存在太阳崇拜，日本古代神话中，天皇的祖先神——天照大神就是太阳神。日本人很早就抱有"日本是太阳升起的地方"的观念，并由此产生民族自豪感。在战国时代就有大名使用太阳旗作为军旗。江户幕府末期的1854年，由于海外贸易的需要，幕府规定所有日本船舶一律悬挂太阳旗，作为与外国船只相区别的标志。1870年明治政府的太政官发布《商船规则》，其中规定太阳旗为国旗，此后太阳旗成为事实上的国旗。1999年国会通过《关于国歌国旗的法律》，正式规定太阳旗为日本国旗。

五、地形

　　日本地形的特点是山地多、平原少。国土中61％为山地，山地的森林资源很丰富。平原较狭窄，但是集中了日本人口的65％。从地质学的角度看，日本中部地区有一条地沟带，称为"中央大地沟带"（フォッサマグナ，意为"大的裂

缝"），从新潟县的丝鱼川向南到静冈县，基本纵贯本州岛。大裂谷把日本列岛分为东北日本和西南日本。东北日本的山脉呈南北走向，主要山脉有奥羽山脉、出羽山脉、越后山脉。西南日本山脉呈东西走向，主要有中国山地、四国山地和九州山地。本州岛的中央部分，有三条海拔3000米左右的山脉，分别是飞骅（飛騨）、木曾（木曾）和赤石（赤石）山脉，总称为"日本阿尔卑斯山脉"（日本アルプス），其中飞骅山脉叫做"北阿尔卑斯"（北アルプス），木曾山脉叫做"中央阿尔卑斯"（中央アルプス），赤石山脉称为"南阿尔卑斯"（南アルプス）。该名称是由英国的矿山技师威廉·戈兰（ウィリアム·ゴーランド）所命名。后来英国传教士维斯顿（ウェストン）在欧洲大力宣传"日本阿尔卑斯"，因此维斯顿被称为"日本阿尔卑斯之父"。这个地区是日本海拔最高的地方，又称为"日本屋脊"。

表1-2　海拔3000米以上的山

山　　名		海拔高度(m)	所　在	山　　名		海拔高度(m)	所　在
∴富士山 [剣ケ峰]	ふじさん [けんがみね]	3,776	山梨，静岡	中岳 荒川岳 [中岳]	なかだけ あらかわだけ [なかだけ]	3,084 3,083	長野，岐阜 静岡
北岳 (白根山)	きただけ (しらねさん)	3,193	山梨	∴御嶽山 [剣ケ峰]	おんたけさん [けんがみね]	3,067	長野
奥穂高岳	おくほたかだけ	3,190	長野，岐阜	農鳥岳	のうとりだけ	3,051	山梨，静岡
間ノ岳 (白根山)	あいのだけ (しらねさん)	3,189	山梨，静岡	[西農鳥岳]	[にしのうとりだけ]		
槍ケ岳	やりがたけ	3,180	長野	塩見岳	しおみだけ	3,047	長野，静岡
東岳 (悪沢岳)	ひがしだけ (わるさわだけ)	3,141	静岡	仙丈ケ岳 南岳	せんじょうがたけ みなみだけ	3,033 3,033	山梨，長野 長野，岐阜
赤石岳	あかいしだけ	3,120	長野，静岡	∴乗鞍岳 [剣ケ峰]	のりくらだけ [けんがみね]	3,026	長野，岐阜
涸沢岳	からさわだけ	3,110	長野，岐阜				
北穂高岳	きたほたかだけ	3,106	長野，岐阜	立山 [大汝山]	たてやま [おおなんじやま]	3,015	富山
大喰岳	おおばみだけ	3,101	長野，岐阜				
前穂高岳	まえほたかだけ	3,090	長野	聖岳 [前聖岳]	ひじりだけ [まえひじりだけ]	3,013	長野，静岡

標高3,000m以上の山。複数の峰を持つ山は全体を総称する名称を山名とした。さらにその最高峰に固有の名称があるときは［　］をつけて併記した。（　）内は山名の別称等。∴は火山を示す。

资料来源：総務省統計局統計研修所：『日本の統計 2009』，http://www.stat.go.jp/data/nihon/01.htm.

　　日本位于板块边缘地带，多火山，是世界著名的火山地震带。全国共有108座活火山（根据日本气象厅的认定），火山数量占全世界的1/10。日本有7个火山带，即千岛、那须、鸟海、富士、乘鞍、白山和雾岛火山带。其中比较著名的活火山有富士山、阿苏山（阿蘇山）、樱岛（桜島）、云仙岳（雲仙岳）、浅间山（浅間山）以及三原山（三原山）等。火山喷出的火山灰、岩浆以及引发的地震给人们的生活造成许多灾害，但是火山活动也造成温泉、湖泊，可以用作旅游资源。火山伴生的地热资源也可以被人类利用。日本最近发生的火山活动有1990年11月17日的普贤岳喷发，2000年7月东京附近的三宅岛上火山喷发，2009年2月浅间山也发生几次小规模喷发。日本最高的山富士山就是一座活火山，它位于静冈县和山梨县交界，高3776米，山的形状是标准的圆锥体。在富士山北侧有五个湖泊，分别是河口湖（河口湖〔かわぐちこ〕）、山中湖（山中湖〔やまなかこ〕）、西湖（西湖〔さいこ〕）、精进湖（精進湖〔しょうじこ〕）、本栖湖（本栖湖〔もとすこ〕），总称为富士五湖（富士五湖〔ふじごこ〕）。这一带山清水秀，是著名的旅游胜地。日本人自古以来就对富士山（富士山〔ふじさん〕）情有独钟。日本文学史上第一部诗歌总集《万叶集》（万葉集〔まんようしゅう〕）中就收录了吟咏富士山的诗歌，反映了奈良时代的日本人就喜欢登上富士山欣赏其美景。此后直到今天，富士山一直是日本文学、美术领域最受青睐的题材之一。在奈良、平安时代，富士山被叫做"不尽山"或者"不二山"，前者蕴含着永恒的意思，后者则寓意为伟大、独一无二。镰仓时代日本人开始使用"富士山"的称呼，据说其意思是"武士富裕"（士が富む），反映了当时武士阶级的偏好。日本人把富士山视为"灵峰"，富士信仰是日本山岳信仰中非常重要的一种。江户时代民间还出现了以富士山为信仰对象的宗教团体——富士讲。明治以后，日本政府强调富士山是日本的象征，富士山作为象征日本的符号频繁出现在国际舞台上。

日本河流一般较短，由于流经山地，落差大，水流湍急，不利于通航，但是有利于水利发电。最长的河是信浓川（信濃川），全长367公里。河流多发源于中央山地，向东西两侧流入太平洋或者日本海。

表1-3　主要河流

河　川　名		流域面積 (km²)	幹川流路 延　長 (km)	河　川　名		流域面積 (km²)	幹川流路 延　長 (km)
利　根　川	とねがわ	16,842	322	高　梁　川	たかはしがわ	2,670	111
石　狩　川	いしかりがわ	14,330	268	斐　伊　川	ひいがわ	2,540	153
信　濃　川	しなのがわ	11,900	367	岩　木　川	いわきがわ	2,540	102
北　上　川	きたかみがわ	10,150	249	釧　路　川	くしろがわ	2,510	154
木　曽　川	きそがわ	9,100	229	新　宮　川	しんぐうがわ	2,360	183
十　勝　川	とかちがわ	9,010	156	渡　　　川	わたりがわ	2,270	196
淀　　　川	よどがわ	8,240	75	大　淀　川	おおよどがわ	2,230	107
阿　賀　野　川	あがのがわ	7,710	210	吉　井　川	よしいがわ	2,110	133
最　上　川	もがみがわ	7,040	229	馬　淵　川	まぶちがわ	2,050	142
天　塩　川	てしおがわ	5,590	256	常　呂　川	ところがわ	1,930	120
阿　武　隈　川	あぶくまがわ	5,400	239	由　良　川	ゆらがわ	1,880	146
天　竜　川	てんりゅうがわ	5,090	213	球　磨　川	くまがわ	1,880	115
雄　物　川	おものがわ	4,710	133	矢　作　川	やはぎがわ	1,830	118
米　代　川	よねしろがわ	4,100	136	五ヶ瀬川	ごかせがわ	1,820	106
富　士　川	ふじがわ	3,990	128	旭　　　川	あさひがわ	1,810	142
江　の　川	ごうのかわ	3,900	194	紀　の　川	きのかわ	1,750	136
吉　野　川	よしのがわ	3,750	194	加　古　川	かこがわ	1,730	96
那　珂　川	なかがわ	3,270	150	太　田　川	おおたがわ	1,710	103
荒　　　川	あらかわ	2,940	173	相　模　川	さがみがわ	1,680	109
九　頭　竜　川	くずりゅうがわ	2,930	116	尻　別　川	しりべつがわ	1,640	126
筑　後　川	ちくごがわ	2,863	143	川　　　内　川	せんだいがわ	1,600	137
神　通　川	じんつうがわ	2,720	120	仁　淀　川	によどがわ	1,560	124

「河川管理統計」による。流域面積1,500km²以上の一級河川。「幹川流路」とは最大流量をもつ流路（本流）をいう。

资料来源：http://www.stat.go.jp/data/nihon/01.htm.

　　日本多湖泊，尤其在山地形成很多湖泊。最大的湖泊是琵琶湖（琵琶湖），位于京都市和滋贺县的交界处，面积670平方公里。最深的湖泊是秋田县的田泽湖（田沢湖），水深达423米。田泽湖一带流传着辰子传说，讲述该湖泊的由来。目前湖畔竖立着辰子的雕像。洞爷湖（洞爺湖）位于北海道，面积70.7平方公里，因2007年召开八国集团首脑会议而著名。霞浦（霞ヶ浦）位于茨城县南部与千叶县北部之间，面积约为168平方公里，居日本第二位，同时又是日本最大的潟湖（海岸附近泥沙沉积，使部分海面与外海分隔开，形成封闭或者半封闭的潟湖）。岛根县的"中海"、北海道的佐吕间湖（一般写作"サロマ湖"，有时也写作"佐吕间湖"、"猿澗湖"）也是典型的潟湖。

表1-4　主要湖泊（2007年）

湖沼名		面積（km²）	所在	湖沼名		面積（km²）	所在
琵琶湖	びわこ	670.3	滋賀	小川原湖	おがわらこ	62.2	青森
霞ケ浦	かすみがうら	167.6	茨城	十和田湖	とわだこ	61.0	青森, 秋田
サロマ湖		151.8	北海道	能取湖	のとろこ	58.4	北海道
猪苗代湖	いなわしろこ	103.3	福島	風蓮湖	ふうれんこ	57.7	北海道
中海	なかうみ	86.2	鳥取, 島根	北浦	きたうら	35.2	茨城
屈斜路湖	くっしゃろこ	79.6	北海道	網走湖	あばしりこ	32.3	北海道
宍道湖	しんじこ	79.1	島根	厚岸湖	あっけしこ	32.3	北海道
支笏湖	しこつこ	78.4	北海道	八郎潟調整池	はちろうがたちょうせいち	27.7	秋田
洞爺湖	とうやこ	70.7	北海道				
浜名湖	はまなこ	65.0	静岡	田沢湖	たざわこ	25.8	秋田

面積20km²以上のもの。10月1日現在。

资料来源: 総務省統計局統計研修所:『日本の統計 2009』, http://www.stat.go.jp/data/nihon/01.htm.

平原：日本习惯上把平原（日语称为"平野"）、台地和盆地统称为"平地"。日本平原面积较小，没有中国的东北、华北平原那样广阔的大平原。最大的是关东平原，面积约1万平方公里。其他较大的平原有新潟平原、大阪平原和浓尾平原。盆地多位于东北地区和中部地区的山区，其中甲府盆地和奈良盆地比较有名。奈良盆地自古以来是天皇和古代贵族、豪族的根据地，是日本传统文化的主要发祥地。

海岸线：日本海岸线非常曲折，全长约3.4万公里。日本海岸地形中比较有特色的是"里亚斯式海岸"（リアス式海岸），这是近海的山地由于地壳运动或者海面的升降变化，受到海水侵蚀，从而形成曲折复杂的海岸线。"里亚斯式海岸"主要分布在志摩半岛、日丰海岸（位于大分县与宫崎县之间）以及东北的三陆地区沿海一带。"里亚斯式海岸"往往形如锯齿，可用作港口，也适于渔业生产。

日本主要的半岛有面向太平洋的志摩半岛、纪伊半岛、房总半岛和面向日本海的能登半岛等。

沙丘地形：日本降水丰沛，没有沙漠，不过在日本海沿岸一些地方存在着沙丘地形。最大的沙丘是鸟取沙丘（鳥取砂丘），位于鸟取市北部的千代川一带，东西长16 km，南北长2 km。构成沙丘的泥沙来自中国山地，经千代川等河流的流力作用搬运至日本海，在海岸线附近堆积而成。

表1-5　面积居前十位的岛屿

島　　　名	面積(km²)	所在	島　　　名	面積(km²)	所在
択捉島　えとろふとう	3,182.7	北海道	宮古島　みやこじま	159.2	沖縄
国後島　くなしりとう	1,498.6	北海道	小豆島　しょうどしま	153.3	香川
沖縄島　おきなわじま	1,207.7	沖縄	奥尻島　おくしりとう	142.7	北海道
佐渡島　さどしま	854.5	新潟	壱岐島　いきしま	133.9	長崎
奄美大島　あまみおおしま	712.4	鹿児島	屋代島　やしろじま	128.4	山口
対馬　つしま	696.4	長崎	沖永良部島　おきのえらぶじま	93.7	鹿児島
淡路島　あわじしま	592.2	兵庫	江田島・東能美島・西能美島　えたじま・ひがしのうみじま・にしのうみじま	91.5	広島
天草下島　あまくさしもしま	574.1	熊本	大島　おおしま	91.1	東京
屋久島　やくしま	504.9	鹿児島	長島　ながしま	90.6	鹿児島
種子島　たねがしま	445.0	鹿児島	礼文島　れぶんとう	81.0	北海道
福江島　ふくえじま	326.4	長崎	加計呂麻島　かけろまとう	77.4	鹿児島
西表島　いりおもてじま	289.3	沖縄	倉橋島　くらはしじま	69.6	広島
色丹島　しこたんとう	250.2	北海道	八丈島　はちじょうじま	69.5	東京
徳之島　とくのしま	247.8	鹿児島	下甑島　しもこしきじま	66.1	鹿児島
島後　どうご	241.6	島根	大三島　おおみしま	64.6	愛媛
天草上島　あまくさかみしま	225.4	熊本	下志発島　しもおしべつじま	59.5	北海道
石垣島　いしがきじま	222.6	沖縄	久米島　くめじま	59.1	沖縄
利尻島　りしりとう	182.2	北海道	喜界島　きかいしま	56.9	鹿児島
中通島　なかどおりじま	168.4	長崎	西ノ島　にしのしま	55.9	島根
平戸島　ひらどしま	163.7	長崎	三宅島　みやけじま	55.4	東京

面積50km²以上のもの。

资料来源：総務省統計局統計研修所：『日本の統計 2009』，http://www.stat.go.jp/data/nihon/01.htm。

六、海洋

日本周围的海洋有鄂霍次克海、日本海（日本海）、东海、太平洋（太平洋）、濑户内海（瀬戸内海）。海水的有规律流动分为暖流和寒流。日本近海的暖流有太平洋一侧的台湾暖流（日本称为"日本海流"，又名"黑潮"）和日本海一侧的对马暖流（対馬海流）。寒流有太平洋一侧的千岛寒流（日语称为"千岛海流"，又名"親潮"）和日本海一侧的利曼寒流（リーマン海流）。千岛寒流与台湾暖流在日本东北部沿海（冬季在铫子海域，夏季在金华山海域）交汇，带来丰富的鱼类等各种海洋生物，使这一带成为世界著名的渔场。海洋给日本带来丰富的自然资源和航运资源，也深刻地影响日本人的生活与文化。日本文化有着鲜明的海洋性特征。

日本是一个海洋国家，拥有发达的海上航运业、繁荣的对外贸易、强大的海军实力，以及开发海洋资源的科技能力。长期以来，日本积极的有计划的推进海洋开发，80年代以来日本提出了"海洋国家构想"或者"海洋国家论"，更加重视海洋战略。为了唤起全社会对于海洋的重视与热爱，日本政府于1996年规定把7月20日（现在改为7月的第三个星期一）作为海洋日，是法定假日。制定这个假日的宗旨就是"感谢海洋的恩惠，祝愿海洋国家日本的繁荣。"2007年日本又制定了《海洋基本法》。日本的海洋开发大致分为海洋国土开发、海洋资源开发和海洋经济开发等三个方面。在国土开发方面，日本人长期以来苦于本国国土狭小，于是向海洋要土地，通过填海造陆增加国土面积。例如东京吸引年轻人的著名旅游胜地——台场就是经过填海造陆建成的。70年代提出建设海上机场构想，现在日本几个主要的机场，比如关西国际机场、东京羽田国际机场以及近年来建设的中部国际机场等都有很多设施建在海上。80年代又提出了建设"海上城市"的构想。在人口最为集中的东京，计划在江户川区和港区的海面上建造人工岛，岛上兴建住宅区和商业区，以缓解大城市的人口压力。资源开发方面，日本苦于陆地上资源贫乏，因此重视寻找海洋资源，在东海进行海底石油和天然气的勘探开采。

海洋经济开发方面，日本已经形成由多个海洋产业组成的海洋产业体系，既有传统的渔业，又有海洋土木工程、海洋食品、海洋生物和制药技术及沿海旅游业等。21世纪以来，日本更加重视维护本国的海洋权益，目的是成为领先世界的海洋强国，不过日本在海洋开发等领域的强势姿态，与中国、韩国等周边国家的海洋权益发生冲突，引发了一系列外交摩擦。

第二节 日本的气候

一、日本气候的特征

1. 气候温暖、降水量丰富、适宜人居

日本全国的年平均气温是10℃，比较温暖。日本是世界著名的多雨地带，年平均降水量为1690毫米（根据1976年到2005年的数据统计），是世界陆地上年平均降水量（810毫米）的两倍，属于降水丰沛的国家。其中，九州、北陆、东海、近畿沿海地区、山阴、四国、冲绳降水高于全国平均水平，而北海道、东北、关东、近畿内陆、山阳的降水相对较少，低于全国水平。近年来，日本也受到自然

环境恶化的影响，降水量有所减少。1900年日本的降水量为1660 mm，而2008年下降到1550 mm。[1] 近年来，西日本的4—6月降水量已经低于过去的平均水平。日本发生干旱的年份在增多，确保稳定的水资源成为一个重要课题。

2. 四季分明、气候多样化

日本大多数地区四季的时间长度差别不大。每一个季节都是大约三个月左右。当然，北部的北海道和南端的冲绳是例外。日本国土南北狭长，地跨亚寒带、温带和亚热带，加上海洋环绕、地形复杂，诸多因素造成日本气候的多样性。北海道属于亚寒带，冬季较长，夏季较短，梅雨（梅雨）和台风（台風）的影响较弱；九州南部以及冲绳则是四季常夏。由于列岛中部的高大山脉的影响，山脉两侧的太平洋沿岸和日本海沿岸气候差异较大。太平洋沿岸夏季多雨、闷热潮湿，冬季干燥多风，晴天较多，雪较少。日本海沿岸夏季晴天多，而冬季雨雪较多。

3. 受季风影响较大

日本位于亚洲季风区（モンスーンアジア）的东端，季风的活动是影响气候变动的重要因素。冬季，来自西伯利亚的季风给日本海沿岸带来大量降雪。夏季，受到来自太平洋的季风影响，暖湿的空气带来降雨和高温、潮湿的天气。其中印度、东南亚一带的暖湿的西南季风气流与青藏高原北部的干燥的气团相遇，从而造成梅雨现象。

二、梅雨与台风现象

日本气候整体上与我国的长江中下游地区比较相似，每年也都发生梅雨和台风。从5月下旬到7月下旬，由南向北依次进入梅雨期。6月份本州到九州的太平洋沿岸降水量较多，7月份本州日本海沿岸到九州西部进入降水量多的时期。日语中关于梅雨的词汇有很多，如"梅雨に入る"（入梅）、"梅雨明け"（梅雨结束）等。梅雨结束后，就进入盛夏（真夏），受太平洋上的副热带高压的影响，气温升高，以晴热天气为主。日本习惯上把最高气温超过30℃的日子叫做"盛夏日"（真夏日），而夜间最低气温高于25℃的夜晚叫做"热带夜"（熱帯夜）。8月份是日本发生台风最多的月份。台风也是带来巨大经济损失与人员伤亡的自然灾害。

---

1. 『日本の水資源白書』，国土交通省网页。

日本概況

表1-6　日本各地平均气温与降水量表（年平均値）

観測地点	平均気温（摂氏）												
	平均	1月	2月	3月	4月	5月	6月	7月	8月	9月	10月	11月	12月
稚内	6.6	-5.0	-5.1	-1.4	4.2	8.6	12.4	16.9	19.5	16.6	10.8	3.3	-2.0
旭川	6.7	-7.8	-7.2	-2.4	5.2	11.7	16.5	20.5	21.1	15.6	8.8	2.0	-4.1
札幌	8.5	-4.1	-3.5	0.1	6.7	12.1	16.3	20.5	22.0	17.6	11.3	4.6	-1.0
根室	6.1	-4.0	-4.7	-1.7	3.2	7.3	10.5	14.4	17.3	15.5	11.1	5.0	-0.5
函館	8.8	-2.9	-2.5	0.9	6.8	11.6	15.4	19.6	21.7	17.9	11.7	5.3	-0.1
青森	10.1	-1.4	-1.1	2.0	7.9	13.1	17.0	21.1	23.0	18.9	12.6	6.4	1.3
秋田	11.4	-0.1	0.2	3.2	9.2	14.2	18.8	22.8	24.5	19.9	13.6	7.6	2.8
仙台	12.1	1.5	1.7	4.5	10.1	14.9	18.3	22.1	24.1	20.4	14.8	9.1	4.3
新潟	13.5	2.6	2.5	5.4	11.2	16.1	20.4	24.5	26.2	22.0	16.0	10.5	5.3
金沢	14.3	3.7	3.6	6.5	12.2	16.9	20.9	25.1	26.6	22.2	16.7	11.3	6.5
松本	11.5	-0.6	-0.2	3.5	10.4	15.7	19.6	23.3	24.3	19.5	12.8	7.1	2.0
水戸	13.4	2.8	3.3	6.3	11.8	16.3	19.6	23.2	25.0	21.4	15.7	10.2	5.1
東京	15.9	5.8	6.1	8.9	14.4	18.7	21.8	25.4	27.1	23.5	18.2	13.0	8.4
八丈島	18.3	10.5	10.3	12.5	16.3	19.3	22.1	25.2	26.5	25.0	21.0	17.2	12.9
静岡	16.3	6.6	7.0	10.0	14.8	18.6	21.9	25.5	26.8	23.8	18.7	13.8	8.8
名古屋	15.4	4.3	4.7	8.2	14.1	18.5	22.3	26.0	27.3	23.4	17.6	11.9	6.7
大阪	16.5	5.8	5.9	9.0	15.1	19.4	23.2	27.2	28.4	24.4	18.7	13.2	8.3
潮岬	17.0	7.9	8.1	10.9	15.8	18.9	21.9	25.3	26.5	24.0	19.6	15.1	10.3
高知	16.6	6.1	6.9	10.5	15.5	19.3	22.7	26.4	27.2	24.1	18.8	13.4	8.2
鳥取	14.6	3.9	4.0	7.1	12.9	17.4	21.5	25.6	26.6	22.1	16.3	11.3	6.6
広島	16.1	5.3	5.7	9.1	14.6	18.9	22.8	26.9	27.6	23.9	18.0	12.3	7.5
福岡	16.6	6.4	6.9	9.9	14.8	19.1	22.9	26.9	27.6	23.9	18.7	13.4	8.5
長崎	16.9	6.8	7.4	10.5	15.2	19.1	22.5	26.6	27.6	24.3	19.3	14.0	9.1
宮崎	17.3	7.4	8.4	11.6	16.2	19.8	23.2	27.1	27.4	24.3	19.3	14.2	9.2
鹿児島	18.3	8.3	9.3	12.1	16.8	20.2	23.6	27.9	28.2	25.8	20.8	15.6	10.4
那覇	22.7	16.6	16.6	18.6	21.3	23.8	26.8	28.5	28.2	27.2	24.9	21.7	18.4

観測地点	降水量（mm）												
	計	1月	2月	3月	4月	5月	6月	7月	8月	9月	10月	11月	12月
稚内	1,058	90	58	49	49	65	58	86	108	119	136	124	116
旭川	1,074	74	52	54	56	65	64	99	138	136	118	121	99
札幌	1,128	111	96	80	61	55	51	67	137	138	124	103	105
根室	1,030	43	29	52	78	106	93	101	118	163	114	86	47
函館	1,160	73	60	63	72	78	82	106	161	173	109	105	80
青森	1,290	145	116	70	61	79	82	103	129	120	106	132	149
秋田	1,713	114	92	93	118	123	128	178	182	178	161	184	164
仙台	1,242	33	48	73	98	108	138	160	174	218	99	67	26
新潟	1,776	180	128	105	94	103	128	178	143	163	149	201	204
金沢	2,470	266	184	153	144	154	194	227	164	242	188	267	287
松本	1,019	31	43	74	87	93	136	133	96	162	89	53	23
水戸	1,326	45	62	101	129	136	149	128	133	194	143	76	33
東京	1,467	49	60	115	130	128	165	162	155	209	163	93	40
八丈島	3,127	196	180	295	225	227	390	205	195	363	444	239	170
静岡	2,322	72	102	213	237	222	283	280	245	304	172	133	60
名古屋	1,565	43	64	115	143	156	202	218	140	250	117	80	37
大阪	1,306	44	59	100	121	140	201	155	99	175	109	66	38
潮岬	2,534	99	109	169	234	247	359	265	240	332	219	178	84
高知	2,627	62	102	183	262	261	373	315	317	404	159	137	52
鳥取	1,898	187	164	127	110	126	154	198	127	235	143	158	175
広島	1,541	47	67	121	156	157	258	236	126	180	95	68	35
福岡	1,632	72	71	109	125	139	272	266	188	175	81	81	54
長崎	1,960	70	88	129	161	176	361	330	207	208	93	80	57
宮崎	2,457	72	90	180	218	250	418	304	269	337	180	89	52
鹿児島	2,279	79	105	181	228	232	443	314	224	227	105	74	68
那覇	2,037	115	125	160	181	234	212	176	247	200	163	124	101

平年値は、昭和46年～平成12年平均。

資料来源：総務省統計研修所：『日本の統計 2009』，http://www.stat.go.jp/data/nihon/01.htm．

三、气候温暖化趋势

日本近年也受到气候温暖化的影响。日本的平均气温在二战结束以前相对较低，战后以来、特别是60年代显著升高，80年代后半期开始气温上升更加急剧。据推算，日本的气温上升速度达到每100年上升1.0℃，高于世界平均水平。导致气候温暖化的国内因素有大城市的发展和经济增长带来的二氧化碳的高排放量。抑制温暖化已经成为日本政府和全社会的共识。

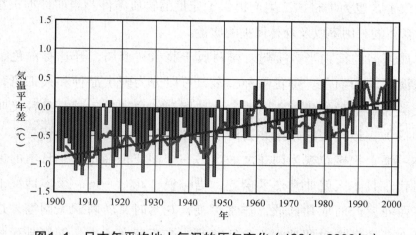

图1-1　日本年平均地上气温的历年变化（1901～2000年）
资料来源：日本气象厅网页http://www.data.kishou.go.jp/climate/cpdinfo/20th/1_2_2.htm.

第三节　日本的资源

一、森林与植物资源

日本气候温和多雨，适合植物生长。森林覆盖率达到66.4%，人均拥有森林面积为0.2公顷，是世界上森林覆盖率最高的国家之一。日本地跨亚寒带、温带和亚热带，气候多样化，植物种类很多，目前已知的有2700多种。针叶树有冷杉、柏树和松树，落叶阔叶树有山毛榉、枫树等。常绿阔叶树有樟树、橡树、肉桂等。常绿阔叶树特点之一是叶面有光泽，日本把分布在亚热带和暖温带的常绿阔叶树林称为"照叶树林"（照葉樹林）。60年代，日本文化学界注意到照叶树林与水稻、火烧旱地农业、饮茶习俗等生活文化的关系，认为日本传统文化是"照叶树林文化"，"照叶树林文化论"风行一时。

日本木材蓄积量为35亿立方米，其中60%为私人或企业所有的私有林。由于木材销售价格长期维持较低水平，而采伐成本太高，很多林地所有者不愿意对森林进行采伐和管理，森林长期被放置不管，木材的采伐量呈减少趋势。1995年到2002年之间日本每年采伐木材平均为2600立方米，平均每年木材积蓄量为8000立方米，年采伐量仅占木材总积蓄量的0.52%。日本的森林资源在不断增加，这有利于环境改善，也为木材加工生产提供了充足的物质条件。当前日本正在采取措施，提高森林的利用率以及森林保护的质量。

日本最著名的植物当数樱树。樱树属于蔷薇科李属，开花有白色、粉红和深红等浓淡不同的颜色。樱花品种很多，可以分为野生品种和人工培育的园艺品种两大类。野生种的代表有山樱、大岛樱和江户彼岸，园艺品种又叫做"里樱"（里桜さとざくら），最典型的是染井吉野（染井吉野そめいよしの）和枝垂樱（枝垂桜しだれざくら）。近代以来日本习惯上把樱花视为国花之一（另一个国花是菊花）、日本的象征。早在平安时代，日本人就非常热爱樱花，当时说"花"一词，很多情况下就是专指樱花。樱花盛开时成片开放，非常烂漫，花落时又转瞬飘飞凋零，这种特点使得樱花在武家社会时期被视为象征着武士毫不留恋人生、慷慨赴死的精神。明治以后，日本近代国家政权和知识界都把樱花与国民性以及武士道精神联系起来，如志贺重昂、大町桂月与和辻哲郎等学者借樱花阐释日本人的性格，如"淡泊"、"达观"、"视死如归"等等。大町桂月认为："其色淡红无造作态，突然开放而后转瞬无所眷恋的凋零，群树齐生，满山皆花，蔚为壮观。若论日本国民之气质，淡泊恬然，达观慷慨，不畏生死，非个人而依靠整体抱团方显强大。"[2] 日本人自古以来就保持着观赏樱花的习俗，在樱花开放时节，一家人或者公司、学校集体组织去赏樱。樱花开放是在3、4月间，从日本南部到北部依次盛开。日本的气象厅每年发布"樱花开花预测"信息，在此基础上产生了一个专有名词——"樱前线"（桜前線さくらぜんせん）。把预计同一天开放的地区连成一条线，就成为"樱前线"。媒体每天都报道樱前线到达哪些地方，人们据此了解各地樱花开放的情况，选择外出赏樱的时机。

---

2. 转引自舒方鸿：《日本樱花象征意义的考察》，《日本学刊》，2009年第2期，第128页。

二、矿产资源

日本地质条件复杂，矿产资源呈现出种类较多、但是蕴藏量和可开采量较少的特点。矿产资源贫乏是近代日本走上侵略道路的背景之一。已知存在的矿产资源主要有煤炭、金、银、铜、锌、硫磺、铁、铅和石油等。煤炭主要分布在北海道和九州北部，铜矿主要分布在关东到东北地区。明治以后的工业化时期，日本采矿业曾经很繁荣，当时大的煤矿有北海道的石狩煤矿、九州的三池煤矿和筑丰煤矿，佐渡有闻名全国的金矿，而主要的银矿有石见和生野银山，铜矿有栃木县的足尾铜矿等。20世纪60、70年代，由于进口石油替代了煤炭，而且开采成本大，考虑到经济效益，日本逐渐放弃了开采本国矿产资源，选择通过进口来获得工业所需的矿产资源。

三、水产资源

四面环海的日本拥有丰富的水产资源，渔业和水产养殖业都很发达。2004年渔业（包括海水和淡水渔业）生产量为578万吨。日本人在饮食方面喜欢吃鱼贝类（魚介類ぎょかいるい），人均鱼贝类消费量居世界第一，每人每天消费200克。主要的海产鱼贝类有鲱鱼（ニシン）、鲑鱼（鮭）、金枪鱼（まぐろ）、鲷鱼（鯛）、鳟鱼（鱒）、比目鱼（カレイ）、鲣鱼（鰹）、秋刀鱼（秋刀魚）、沙丁鱼（いわし）、五条鰤（ぶり）、乌贼（いか）、章鱼（たこ）、海胆（うに）、蟹（かに），另外海洋植物如海带、裙带菜等也是日本餐桌上的常见食品。常见的淡水鱼有香鱼（あゆ）、鲤鱼（こい）、鲫鱼（ふな）等。

第四节 日本的交通

一、公路交通

日本是一个"汽车社会"。无论在客运还是货运方面，公路都是最主要的运输手段。日本拥有完善的公路网，到2005年4月为止，公路总里程为119万

表1-7　国内货物运输量

	1980		2004		2005	
	百万トン	百万トンキロ	百万トン	百万トンキロ	百万トン	百万トンキロ
鉄道…………	163	37428	52	22476	52	22813
JR…………1)	118	36688	37	22264	37	22601
民鉄…………	45	740	15	212	16	211
自動車……2)	5318	178901	5076	327632	4966	334979
内航海運………	500	222173	440	218838	426	211576
航空………3)	0.3	290	1.1	1059	1.1	1076
計…………2)	5981	438792	5570	570004	5446	570443

表1-8　国内旅客运输量

	1980		2004		2005	
	百万人	百万人キロ	百万人	百万人キロ	百万人	百万人キロ
鉄道…………	18005	314542	21686	385163	21963	391228
JR…………1)	6825	193143	8618	241977	8683	245996
（新幹線）……	126	41790	291	74461	301	77908
民鉄…………	11180	121399	13068	143186	13280	145232
自動車……2)	33515	431669	65991	947563	65947	933006
バス…………	9903	110396	5995	86286	5889	88066
乗用車等……3)	23612	321272	59995	861277	60058	844940
航空………4)	40	29688	94	81816	95	83242
旅客船…………	160	6132	101	3869	103	3871
計…………2)	51720	782031	87871	1418411	88108	1411347

资料来源：『日本国勢図会07/08』，矢野恒太記念会編集，407頁

2972公里，其中铺装公路占79%。私家车普及率高。1990年日本汽车保有数量为57,698,000辆，2005年达到75,686,000辆左右。日本公路分为高速公路、一般国道、都道府县道和市町村道等四种，其中高速公路和一般国道统称为"国道"（国道）。高速公路开始兴建的时间是20世纪60年代。第一条高速公路是名古屋

与神户之间的名神高速公路。其他高速公路还有东名高速公路、中央自动车道、东北自动车道等。高速公路通车总里程为7641公里。[3] 2005年以前日本的收费公路（包括高速公路）的建设、维护、经营都由日本道路公团负责。除此之外还曾经有三个与公路有关的公团，即首都高速公路公团、阪神高速公路公团、本州岛四国连络桥公团。它们与日本道路公团合称"有关道路的四公团"（"道路関係四公団"）。2005年，小泉纯一郎（小泉 純一郎）推行结构改革之际，这四个公团实现了拆分和民营化。其中，日本道路公团拆分为东日本高速公路株式会社、中日本高速公路株式会社、西日本高速公路株式会社，其他三个公团分别改名为首都高速公路株式会社、阪神高速公路株式会社、本州四国连络高速公路株式会社。一般国道是用数字编号，目前已有的一般国道达507条。

二、铁路交通

　　铁路曾经是日本最重要的运输手段，但现在其重要性已经让位给公路。特别是货运方面，1965年铁路货运占总货运量的30.7%，但2005年下降到4%。铁路运营总里程为27190.4公里。铁路运输的特点是运输技术先进、运行准时、安全性好、旅客服务水平高。1988年连接本州和北海道的青函隧道（青森—函馆）开通，全长53.85 km，是目前世界上最长的海底铁路隧道。它开通以后，原来运营多年的青函联络船（青函連絡船）停运。此外，本州与四国之间修建了跨海大桥——濑户大桥，本州与九州之间开通了关门隧道，它连接山口县的下关和福冈县的门司，这样日本主要的四个岛之间都由铁路连接起来。新干线（新幹線）是日本开发的高速干线客运铁路。日本第一条新干线是1964年开通的连接东京和大阪的东海道新干线。后来又修建了从大阪到九州博多的山阳新干线。目前日本的新干线共有东海道—山阳新干线、东北—秋田新干线（东京—盛冈—秋田）、山形新干线（福岛—山形）、上越新干线（东京—新潟）、长野新干线（东京—长野）。新干线的车型名称一般使用爱称，如东海道—山阳新干线上运行的机车有"回声号"（こだま）、"光号"（ひかり）和"希望号"（のぞみ）等车型，新干线列车上装备了列车自动控制装置ATS，使列车在恶劣天气或者发生地震时能够自动减速以至停止。

---

3. 『国土交通行政ハンドブック』2008，大成出版，756頁。

日本的铁路原来长期实行国营，由"国铁"承担营运业务。但是国铁经济效益低下，亏损严重。1985年国铁成功地进行民营化，拆分成7个民营公司，即北海道旅客铁道（JR北海道）、东日本旅客铁道（JR东日本）、东海旅客铁道（JR东海）、西日本旅客铁道（JR西日本）、九州旅客铁道（JR九州）、四国旅客铁道（JR四国）以及日本货物铁道（JR货物）。这些由原国营企业转制而成的大型铁路公司经营跨地区的长距离铁路线。此外日本还有"私铁"，即由民营企业建设和经营的铁路，私铁承担地区性运输业务。主要的私铁公司和运营路线如下：

关东地区：东武铁道株式会社的东武线、西武铁道株式会社的西武线、京王电铁株式会社的京王线、小田急电铁株式会社的小田急线、京成电铁株式会社的京成线等。

中部地区：主要有名古屋铁道株式会社经营的名古屋本线。

近畿地区：近畿日本铁道株式会社的近铁线、京阪电气铁道株式会社的京阪线、阪急电铁株式会社的阪急线、阪神电铁株式会社的阪神线、南海电气铁道株式会社的南海线。

九州地区：西日本铁道株式会社的天神大牟田线。

地铁是大城市重要的交通工具。日本目前开通地铁的城市有11个，即东京、大阪、名古屋、神户、横滨、札幌、京都、福冈、埼玉、仙台和广岛。东京地铁交通最为发达，主要的地铁线路有新宿线、银座线、南北线、东西线、三田线等。

三、海运

日本海运业在二战后经历了一个由盛转衰的曲线。日本是一个海洋国家，明治维新以后在贸易立国战略的指导下，大力发展远洋航运，60年代日本成为世界第一海运大国。但是以70年代石油危机为起点，日本海运业遭遇到越来越多的不利因素。比如几次经济危机导致进出口贸易的低迷；日元升值带来的船员人事费用成本较高；来自中国、韩国、东盟等新兴工业国家日益壮大的海运业的竞争等等。70年代后半期开始，日本海运业无论从世界范围看、还是从国内其他交通手段的比较来看，基本都处于下降通道。60年代以后在日本整个交通运输业中水运业所占比重一直处于下降趋势，其中货运的地位相对重要一些，很多货物的进出口是以海运形式实现的。1965年时，日本的内航海运所占比例是43.3%，2005年减少到37.1%。客运方面战后一直是铁路和公路占据了大半江山，1965年以来水上客运仅占0.9%，到了2005年更是减少到0.3%。主要大港口有横滨、神户、名古屋、大阪、北九州等。

表1-9　日本船舶保有量和载重量的推移

年	乾貨物船 隻数	乾貨物船 千総トン	乾貨物船 対前年伸び率	タンカー 隻数	タンカー 千総トン	タンカー 対前年伸び率	その他 隻数	その他 千総トン	その他 対前年伸び率	合計 隻数	合計 千総トン	対前年比増減 隻数	対前年比増減 千総トン	対前年比増減 伸び率	全体に占める油送船の比率
1930	944	2,892	-	24	97	-	402	1,073	-	1,370	4,062	-	-	-	2.4
1935	924	2,716	-	39	155	-	392	1,018	-	1,355	3,890	-	-	-	4.0
1939	1,242	3,893	-	79	370	-	419	1,119	-	1,740	5,382	-	-	-	6.9
1941	1,435	4,424	-	94	401	-	433	1,270	-	1,962	6,094	-	-	-	6.6
1945	528	987	-	83	168	-	185	189	-	796	1,344	-	-	-	12.5
1950	650	1,240	-	116	281	-	178	190	-	944	1,711	-	-	-	16.4
1955	755	2,407	-	220	674	-	162	172	-	1,137	3,253	-	-	-	20.7
1960	1,328	4,406	-	407	1,422	-	184	174	-	1,919	6,002	-	-	-	23.7
1965	3,251	6,453	-	1,566	3,642	-	257	207	-	5,074	10,302	-	-	-	35.4
1970	5,282	14,563	-	2,113	8,883	-	472	269	-	7,867	23,715	-	-	-	37.5
1975	4,945	18,754	-	2,451	18,239	-	1,436	1,204	-	8,832	38,198	-	-	-	47.7
1980	4,808	19,593	-	2,466	18,138	-	1,551	1,284	-	8,825	39,015	△ 11	1,023	-	46.5
1985	4,435	21,197	-	2,172	15,568	-	1,618	1,376	-	8,225	38,141	△ 124	128	-	40.8
1990	3,986	14,121	-	1,992	9,502	-	1,690	1,563	-	7,668	25,186	△ 109	△ 1,181	-	37.7
1992	3,739	13,053	-	1,954	8,956	-	1,718	1,727	-	7,411	23,736	△ 157	△ 1,005	-	37.7
1993	3,611	12,309	△ 5.7	1,989	9,517	6.3	1,723	1,769	2.4	7,323	23,595	△ 88	△ 141	△ 0.6	40.3
1994	3,503	11,110	△ 9.7	1,951	8,978	△ 5.7	1,711	1,800	1.8	7,165	21,888	△ 158	△ 1,707	△ 7.2	41.0
1995	3,388	9,147	△ 17.7	1,890	8,104	△ 9.7	1,672	1,779	△ 1.2	6,950	19,030	△ 215	△ 2,858	△ 13.1	42.6
1996	3,333	8,389	△ 8.3	1,834	7,692	△ 5.1	1,657	1,764	△ 0.8	6,824	17,845	△ 126	△ 1,185	△ 6.2	43.1
1997	3,275	7,782	△ 7.2	1,814	8,021	4.3	1,667	1,778	0.8	6,756	17,582	△ 68	△ 263	△ 1.5	45.6
1998	3,159	7,171	△ 7.8	1,716	7,884	△ 1.7	1,660	1,798	1.1	6,535	16,853	△ 221	△ 728	△ 4.1	46.8
1999	2,905	6,352	△ 11.4	1,626	8,128	3.1	1,609	1,718	△ 4.4	6,140	16,198	△ 395	△ 655	△ 3.9	50.2
2000	2,779	5,924	△ 6.7	1,540	7,332	△ 9.8	1,561	1,618	△ 5.8	5,880	14,874	△ 260	△ 1,324	△ 8.2	49.3
2001	2,696	5,619	△ 5.1	1,473	6,283	△ 14.3	1,564	1,617	△ 0.1	5,733	13,519	△ 147	△ 1,355	△ 9.1	46.5
2002	2,541	5,110	△ 9.1	1,389	6,258	△ 0.4	1,543	1,587	△ 1.9	5,473	12,955	△ 260	△ 564	△ 4.2	48.3
2003	2,359	4,978	△ 2.6	1,333	6,035	△ 3.6	1,512	1,567	△ 1.3	5,204	12,579	△ 269	△ 376	△ 2.9	48.0
2004	2,209	4,845	△ 2.7	1,299	5,655	△ 6.3	1,460	1,558	△ 0.6	4,968	12,058	△ 236	△ 521	△ 4.1	46.9
2005	2,161	4,633	△ 4.4	1,294	5,736	1.4	1,393	1,467	△ 5.8	4,848	11,836	△ 120	△ 222	△ 1.8	48.5
2006	2,134	4,652	0.4	1,257	5,448	△ 5.0	1,345	1,435	△ 2.2	4,736	11,535	△ 112	△ 302	△ 2.5	47.2
2007	2,096	4,671	0.4	1,237	5,420	△ 0.5	1,289	1,349	△ 6.0	4,622	11,440	△ 114	△ 95	△ 0.8	47.4
2008	2,110	5,138	10.0	1,217	5,268	△ 2.8	1,244	1,271	△ 5.8	4,571	11,677	△ 51	237	2.1	45.1

出所：国土交通省海事局、当協会資料により作成。
(注)　①100総トン以上の鋼船で、漁船・官庁船・その他特殊船を含まない。
　　　②1972年までは運輸省海運局資料、同資料は1973年以降発表中止。
　　　③1972年以降は当協会発表の各年央の「日本商船船腹統計」による。
　　　④1939、1941、1945年は推計である。1950年は引揚可能の沈船を含む。
　　　⑤1966年以降、貨客船は3,000総トン以上のものは貨物船に、3,000総トン未満のものは客船に含む。
　　　⑥対前年伸び率は総トン数による。
　　　⑦タンカーは油送船、化学薬品、液化ガス船の合計である。

资料来源：総務省統計局統計研修所：『日本の統計 2009』，http://www.stat.go.jp/data/nihon/01.htm。

四、航空

　　日本的航空业从长期来看是逐渐向好的，70年代以来航运距离和运送旅客、货物的数量都大幅增加。近年来，国内航线运输量保持良好的发展势头，而国际运输量有所减少。例如，2005年以后国际航线运送旅客人数呈下降趋势，主要是由于恐怖主义的猖獗、国际经济危机等因素导致出国旅游的人数下降。日本主要的航空公司有日本航空（日本航空にほんこうくう或者JAL）、全日本空输（全日空ぜんにっくう或者ANA）、日本货物航空、国际航业控股（国際航業ホルディングス）、天马航空（スカイマーク　エアラインズ）等。主要机场有东京附近的成田国际机场（成田国際空港なりたこくさいくうこう）、羽田机场（羽田空港はねだ）、位于爱知县的中部国际机场（セントレア）、位

于静冈县的静冈国际机场、大阪附近的关西国际机场（関西国際空港、関空）、大阪国际机场（又名伊丹机场）、位于札幌附近的新千岁国际机场（新千歳空港）等。

表1-10　日本航空运输量推移表（1998—2008）

1 国内定期

项目 年月	旅客				货运	
	旅客数 （千人）	人公里 （百万）	座席公里 （百万）	座席利用率 （%）	重量 （吨）	吨公里 （千）
1998	87,910	75,988	122,822	61.9	855,814	830,753
1999	91,590	79,346	124,191	63.9	891,262	875,565
2000	92,873	79,698	126,072	63.2	929,837	905,732
2001	94,579	81,459	126,779	64.3	836,076	817,297
2002	96,663	83,950	129,373	64.9	831,814	820,887
2003	95,487	83,311	132,605	62.8	861,344	851,814
2004	93,739	81,786	128,471	63.7	879,130	869,207
2005	94,490	83,220	129,420	64.3	889,607	877,372
2006	96,971	85,746	133,166	64.4	934,114	923,000
2007	94,849	84,327	131,452	64.2	951,618	946,619
2008	90,662	80,931	126,238	64.1	995,889	1,006,780

项目 年月	旅客				货运	
	旅客数 （千人）	人公里 （百万）	座席公里 （百万）	座席利用率 （%）	重量 （吨）	吨公里 （千）
平成10年	16,264	83,148	120,847	68.8	993,967	6,389,549
11	17,844	89,202	127,508	70.0	1,156,794	7,226,431
12	19,543	97,873	130,140	75.2	1,160,819	7,228,471
13	16,905	80,864	118,009	68.5	1,032,865	6,275,915
14	17,891	85,791	123,545	69.4	1,215,470	7,158,221
15	14,454	72,834	111,192	65.5	1,242,889	7,186,863
16	18,274	84,666	119,928	70.6	1,323,451	7,616,153
17	17,676	82,328	117,367	70.1	1,325,408	7,729,052
18	17,410	79,457	110,363	72.0	1,310,415	8,516,824
19	17,681	78,611	109,397	71.9	1,376,071	8,501,863
20	15,886	69,809	105,260	66.3	1,201,880	6,579,518

资料来源：日本国土交通厅网页http://www.mlit.go.jp/k-toukei/11/annual/11a0excel.html.

练习题

一、填空

1. 日本的国花是_____。

2. 构成日本国土的4个主要岛屿的名称是_____、_____、_____、_____。

二、选择

1. 富士五湖中除了精进湖、本栖湖以外，还有哪三个湖泊，从下列选项中选择（　　　）

A. 河口湖　　　B. 山中湖　　　C. 西湖　　　D. 田泽湖

2. 日本国土总面积有_____平方公里。

A. 28万平方公里　B. 38万平方公里　C. 48万平方公里　D. 58万平方公里

三、判断对错

1. 日本最高的山是日本阿尔卑斯山。（　　　）

2. 连接本州岛与北海道的海底隧道是青函隧道。（　　　）

四、名词解释

里亚斯式海岸

五、简述现代日本是如何进行海洋开发的。

第二章　日本历史

第一节　从上古到大和王权时代

一、绳纹时代

目前的考古学证据显示，日本列岛上出现了人类的活动是在距今3万年以前，从3万年到1万年前之间，日本列岛上的人类处于使用打制石器的旧石器时代。从距今1万年前开始，日本进入新石器时代，磨制石器的发明提高了生产效率，弓箭的出现提高了狩猎的技术。新石器时代最有代表性的考古遗存是绳纹陶器，这种陶器以粘土为材料，经低温烧制而成，质地较厚，表面上有绳状花纹，故被称为绳纹陶器（縄文土器）。日本的新时期时代也因此通称为"绳纹时代"（縄文時代）。这一时代主要的生产方式是采集、狩猎和捕鱼。绳纹时代人们已开始定居生活，这不同于旧石器时代没有固定住宅的生活方式。绳纹人创造出竖穴住宅（竪穴住居），即在地上挖半米深的方形或圆形竖穴，穴中立几根木棍，其上盖上木板，铺以茅草而成。一户人家住在一个竖穴里面，几户到十几户人家构成一个竖穴住宅聚落。绳纹时代一直从3万年以前持续到约公元前3世纪。日本各地进入绳纹时代的时间与气候有着密切关系，九州南部的鹿儿岛地区由于温暖湿润，最早进入绳纹时代。鹿儿岛发现了目前已知最早的绳纹社会的遗址——扫除山遗址。

近年的研究发现，绳纹时代晚期（距今4000年以前）在九州北部到濑户内海沿岸出现了水稻种植，这打破了学术界原有的日本水稻农业开始于弥生时代的定论。

二、弥生时代

史学界一般把公元前3世纪到公元3世纪称为弥生时代（弥生時代）。该时代的命名来自弥生式陶器（弥生土器），这种陶器特点是质地薄而坚固，形状简单划一，表面没有绳状花纹。由于最早发现于东京文京区弥生町（今东京大学本乡校区内），故称为弥生式陶器。这一时期正值大陆上战国秦汉交替时期，大批人为躲避战乱迁移到日本列岛。伴随着人员移入，中国先进的水稻种植技术以前所未有的规模传播到日本，同时传入的还有青铜器、铁器。弥生中期以后，制铁技术也传入日本，铁器与农业生产相结合，大大加快了社会发展的步伐。弥生式陶器和水稻种植、青铜器、铁器构成弥生时代文化的主要标志。公元前3世纪在日本西部首先形成农业社会。青铜器有铜铎（銅鐸）、铜剑（銅剣）、铜戈（銅戈）、铜矛（銅矛）等，主要作为祭祀用品应用于信仰活动领域。近畿地区祭祀中使用铜铎，而九州、濑户内海地区则使用铜剑、铜矛等武器形祭祀用具，这样日本形成了铜铎祭祀文化圈和铜剑·铜矛祭祀文化圈。

农业的传入深刻地影响了弥生时代人的社会组织状况。在生产力先进的九州北部，出现了日本历史上最初的国家。《汉书·地理志》记载"乐浪海中有倭人，分为百余国，以岁时来献见。"由此可以窥知当时出现了100多个小国。57年，倭地区的奴国派使者到中国，向东汉光武帝朝贡。光武帝赐予刻有"汉委奴国王"字样的金印一颗。倭奴国的位置一般认为在今天福冈县的福冈市和春日市。在众多倭人国家中，邪马台国（邪馬台国）是一个较大的地区性国家。关于邪马台国的位置，日本史学界长期以来有很多争论，称为"邪马台国论争"，大致分为九州北部说和近畿大和说[4]两种。据陈寿写的《三国志·魏志》中的"倭人"一条（日本的史学界一般称为《魏志倭人传》）记载，该国以一个"事鬼道，能惑众"的女性——卑弥呼（卑弥呼）为王，女王独掌政治和宗教大权，其弟辅佐她处理政事。邪马台国控制了周围20多个小国，中央机构有掌管市场交易、征收赋税的"大倭"、负责外交事务的"大夫"，对于各附属国的事务则派遣称为"大率"的官员检查之。邪马台国国王虽然是女性，但社会基本上已进入一夫多妻制的父权制社会阶段。《魏志倭人传》记载"国大人皆四五妇,下户或二三妇"。邪马台国积极与三国中的魏国发展关系，238—239年遣使朝贡，获得"亲魏倭王"的封号。邪马台国通过获得魏国的支持加强了对附属国的统治。

---

4. 今大阪、奈良县一带。持邪马台国大和说的学者认为位于奈良县樱井市的箸墓古坟就是埋葬卑弥呼的坟墓。

三、古坟时代与大和王权

　　266年以后邪马台国与中国王朝的朝贡关系中断，原因之一是此时中国的周边民族进入中原，战争频繁，社会动荡。这一时期，日本进入了国家形成史上的新阶段，以大和（大和）地区为中心形成了倭国政权。倭国的统治者——王或者大王就是今天日本皇室的祖先。关于大和王权形成的过程，有的学者认为大和王权是不同于邪马台国的另一个国家，有的则主张是九州北部的邪马台国向东攻入大和后建立了大和王权。这一时期出现了大型的坟墓，以前方后圆形坟（前方後円墳）为主，也有前方后方坟、方坟等多种形态。历史学界把这些大型坟墓称为"古坟"（古墳）。一般认为古坟是各地部族首长的坟墓，因此3世纪到5世纪之间被称为古坟时代。各地古坟的形状基本一致，其中大和地区的古坟修建时间最早，规模也最大，这表明大和是政治权力的中心，其他地区的部族首长已经被组织到以倭国政权为顶点的统一的政治秩序中。四世纪末到五世纪初大王赞和珍进行了激烈的征服战争，统一了西南到九州，东北到关东、北陆的广大地区。中国正史上记载了五个倭王赞、珍、济、兴、武先后向中国南朝朝廷遣使朝贡，受封官爵的经过。倭国方面一直希望中国朝廷承认它对百济的支配地位，但是没有成功。502年之后，倭国停止对中国南朝的朝贡。

　　大和王权的基本政治制度是氏姓制（氏姓制度），氏（氏）又叫氏族（氏族），是中央和地方的豪强氏族，也是倭国的统治阶级。中央的"氏"有葛城氏、平群氏、大伴氏等，地方的"氏"有筑紫氏、吉备氏、纪氏等等。"氏"的首长称为氏上（氏の上），其下的部族成员称为氏人（氏人），氏上统率氏人服从于大王。氏在倭国政权中承担一定的职能，如物部氏（物部氏）承担军事职能，中臣氏（中臣氏）负责作为人与神的中介、沟通人神的祭祀事务。姓（姓）是表示各个氏的等级差别的标志，从高到低有臣、连、伴造、君、直等姓。氏姓制是统治阶级体现等级化的制度。倭国的劳动者则是按照"部"制组织起来。部从其名称看一般分为三类，第一类是根据所从事的职业命名的部，如从事农业的"田部"、生产宝石的"玉作部"，捕捞海产品的"海部"等。来自中国、朝鲜的大批移民带来纺织、冶铁、制陶技术和汉字知识，他们被编为织锦部、韩锻冶部、土师部和文部等。第二类是以隶属的大王、王室成员的名号来命名的部，如小长谷部、白发部，这样的部直属于大王或者某个王室成员。第三类是受氏族支

配管理、以氏族名称来命名的部，如苏我氏支配的苏我部，大伴氏支配的大伴部。部的生产者称为"部民"、"部曲"，部民既是豪族的私有民，同时也具有隶属于国家政权的性质。这种体制称为"部民制"。

第二节 古代（6世纪—1192年）

日本的历史学界的时代划分通常把从圣德太子统治的时期到1192年源赖朝建立幕府之间的约600年称为古代。圣德太子时期政权的中心位于飞鸟，故称为"飞鸟时代"（飛鳥時代）。从大化改新到持统天皇统治时期在文化史上称为"白凤时代"（白鳳時代），710年迁都至平城京后直到794年这一时期称为"奈良时代"。794年迁都到平安京以后到1192年之间称为平安时代。

一、圣德太子的统治（574—622年）

圣德太子（聖徳太子）是6世纪末到7世纪初期重要的政治人物。这个时期的天皇是推古天皇（推古天皇），但是政治事务主要由圣德太子主持。他的政治理想是按照中国儒学的政治思想，抑制豪强氏族势力，建立以王室为中心的中央集权制国家。603年他制定了"十二阶冠位"（冠位十二階），包括大德、小德、大仁、小仁、大礼、小礼、大信、小信、大义、小义、大智、小智等十二个等级，授予各个氏族，用紫、青、赤、黄、白、黑等不同颜色的冠来区别身份的高低。冠位制（冠位制度）与氏姓制的不同之处在于，氏姓是整个氏族的身份等级标志，是世袭的；冠位则授予个人，并且可以晋升，有利于发挥个人的才能。604年圣德太子制定了"十七条宪法"（十七条憲法），吸收儒家、法家和佛教等思想，主要宣扬儒家的君臣父子等级伦理，要求氏族首领履行作为国家官吏的义务和道德规范，如"以和为贵、以无忤为宗"、"以礼为本"、"承诏必谨"、"绝餮弃欲、明辨诉讼"、"每事有信"、"使民以时""笃敬三宝"等等。不过有的日本学者认为上述宪法条文并非是圣德太子亲自撰写，而是经过《日本书纪》编修者的润色、改写，关于条文的真实性问题目前还存在争论。

圣德太子还鼓励传播佛教，主持修建了四天王寺和法隆寺。佛教是在6世纪中叶以前传入日本，目前一般认为佛教正式传入日本是在钦明天皇在位的538年。最初，佛教与日本原有的神祇信仰发生文化摩擦，以物部氏为首的豪族反对信仰佛教，但是苏我氏比较倾向于外来文化，主张积极引进佛教。经过一番崇佛还是排佛的争论以后，苏我氏胜利，佛教被统治者视为统一人心、镇护国家的法宝。王室和各大氏族纷纷修建寺院。

圣德太子积极开展对隋朝的外交，607年派小野妹子（小野妹子）为遣隋使谒见隋炀帝。这次遣隋与倭五王时代向南朝的朝贡不同的是，倭国采取了试图与中国对等的姿态，不接受隋朝的册封。圣德太子在国书中写道："日出处天子致书日没处天子，无恙？"把隋朝皇帝和日本的王（此时尚未正式使用天皇称号）都称为"天子"，表现出希望与隋朝皇帝平起平坐的要求。《隋书》记载，隋炀帝对于这份国书的态度是"览之不悦"。

二、律令制国家的建立

圣德太子之后，中大兄皇子（中大兄皇子）和中臣镰足（中臣鎌足）继续进行建立中央集权制度的努力。645年中大兄皇子等人发动宫廷政变"乙巳之变"（乙巳の変），消灭了威胁王室统治的豪族苏我入鹿（蘇我入鹿），事变之后孝德天皇（孝德天皇 594—654）即位，中大兄皇子成为太子。孝德政权从646年（大化2年）1月发布改新诏书，进行了一系列改革，史称"大化改新"（大化の改新）。改新的主要目的是学习隋唐封建制度，主张建立像隋唐那样的中央集权制国家。其主要内容有：（1）废除部民制，部民和土地收归国家所有。（2）对于上层豪强氏族一方面赐给一定数量的土地和封户作为食封，另一方面"去旧职，新设百官，著位阶，叙以官位"，把氏族改组为新的国家机构中的官僚。（3）实施班田收授法（班田収授法），国家向6岁以上的男女公民班给口分田（口分田），口分田每隔6年重新收授一次，不能终生使用，也不能买卖，受田人死后必须收回。（4）赋税制度方面模仿隋唐的租庸调制。15岁—60岁的男性负有缴纳租税和兵役的义务，称为"正丁"。大化改新是中央集权制国家体制建设的一个重要阶段。

668年中大兄皇子正式即位，称为天智天皇（天智天皇）。他继续引进唐朝法制体系，并结合本国的国情，制定律和令，建立起律令体制。671年天智天皇死，本来传位于大友皇子，但是其弟弟大海人皇子（大海人皇子）发动"壬申之乱"（壬申の乱），夺取政权，成为天武天皇（天武天皇）。天武时期制定的法律是681年制定的《飞鸟净御原令》。天武死后，701年制定了《大宝律令》（大宝律

令），718年制定了《养老律令》（養老律令），其中大宝律令标志着古代国家的律令法体系初步确立和律令制国家的形成。710年朝廷迁到平城京（平城京，今奈良市），此后到794年之间以平城京为首都的时代称为"奈良时代"（奈良時代）。奈良时代继续进行律令体制的建构。

律令制国家的中央机构主要有太政官（太政官）和神祇官（神祇官）两大部分。神祇官掌管宗教祭祀，独立于负责行政事务的太政官之外，这是不同于唐朝政府机构之处，是天皇作为"天日之嗣"所拥有的传统宗教权威的体现。太政官的最高长官为太政大臣（太政大臣），下设中务、式部、治部、民部、兵部、刑部、大藏、宫内等八省。地方行政分为国、郡、里三级，国政府叫国衙，郡级政府叫郡衙，一些特别重要的地区如九州北部设立了太宰府。

三、平安时代（平安時代）

794年日本的首都从平城京迁至平安京（平安京，今京都），平安时代开始。10世纪，律令制国家体制出现动摇，社会的政治、经济、文化等各个方面都发生了深刻的变化。在政治上，摄关政治（摂関政治）代替了太政官制度。中臣镰足由于在大化改新中的功绩，被赐姓藤原（藤原）。藤原家族采取把女儿送入后宫的方式，成为天皇的外戚，这样以重臣加外戚的身份掌握了朝廷大权。藤原氏排挤其他氏族出身的官僚，直至打击皇族，千方百计立有藤原家族血统的皇子为太子。藤原氏掌握政权的途径是担任摄政和关白，摄政（摂政）是在天皇年幼时代行皇权，关白（関白）则是在天皇成年亲政之后，总率百官，辅佐天皇，有预先审阅百官呈给天皇的奏折（称为"内览"）的权力，还垄断了奏请权力，把天皇与其它官僚隔开。第一个任摄政的是藤原良房（藤原良房），858年开始摄清和天皇之政。877年藤原基经又成为阳成天皇的摄政。887年55岁的光孝天皇即位，藤原基经成为第一任关白。藤原家族依靠与皇室千丝万缕的关系，独揽大权，因此平安时代的政治状况又称为"摄关政治"（摂関政治）。

"摄关政治"大致延续到11世纪中期。11世纪后期中央的政治形态出现了新的变化，形成了院政，这是由天皇的父亲"上皇"（上皇）掌握实权的政治形态。1086年白河天皇（1053—1129年）为了防止自己的异母弟抢夺皇位，主动退位，让年仅8岁的儿子继位，自己成为上皇，同时以幼帝监护人的身份继续理政。当时上皇居住的地方称为"院"，因此这一政治形态叫做"院政"（院政）。上皇能够掌握实权的关键是从摄关手中夺取了下一任皇位继承的决定权。白河上皇以后又相继出现鸟羽、后白河和后鸟羽三个上皇的院政。上皇利用武士做警卫，这为武士提高阶级地位，参与朝廷事务提供了一个重要契机。

　　古代日本国家在土地制度方面虽然实施公地制，但并不能阻止土地的私有化动向。奈良时代以后随着新的土地不断开垦，贵族、佛寺、神社纷纷利用权力广占田地，而土地开发的过程中产生了一批拥有小块私有土地的上层农民，称为"田堵"（田堵），土地私有化迅速发展。政府为了鼓励开垦田地，容许土地私有制，723年颁布《三世一身法》，743年颁布《垦田永年私财法》。这样班田制逐渐解体。拥有私有土地的既有贵族、寺院、神社等社会上层，也有部分农民，其中前者拥有的私有土地一般称为"庄园"。各地的田堵为了抵制国衙的征税，维护自己经营土地的权益，纷纷把自己的土地投献给贵族、官僚或神社、佛寺。接受投献的一方称为"领家"，领家依靠其权力、地位，向朝廷申请免除赋税、禁止国衙官员进入土地抓捕犯人等，即获得"不输不入权"。作为回报田堵要进贡给领家一部分土地收入，自己保留耕作权，成为领家土地的实际管理人。有的领家本身权势不够大，就把庄园投献给更高一级的贵族或寺社，称为"本所"，藤原家族就是全国最大的"本所"。这种由投献关系产生的庄园在史学界称为"投献地系庄园"（寄進地系荘園）。11世纪各地都出现了投献地系庄园，这构成摄关政治的经济基础。庄园制妨碍了原有的租庸调制税收制度的实施。另一方面，国衙的官僚阶层，如"国守"，为了保证税收，在国有土地——"公田"或"公领"实施新的土地和赋税制度——"负名体制"。其办法为把公田划分为一个个纳税单位——"名"（名），每个名指定一个田堵负责生产和纳税。朝廷和国衙采取维持公领的政策，多次发布庄园整理令，抑制庄园的过快增长。因此直到镰仓时代，公领在全国土地中的比例基本没有低于50%。因此11世纪后半期以后出现的庄园与公领并存的土地所有体制被称为"庄园公领制"（荘園公領制）。

　　对于日本史和日本文化带来巨大的影响的武士阶级（武士階層）是在平安时代产生的。贵族、国守、寺社、大小庄园领主和农民等各种社会势力为了争夺土地和权力展开激烈的对抗，迫切需要依靠武力来保护私有财产，于是专门以武为业的武士阶级就应运而生了。一般认为武士是由富有的田堵和庄园的实际领主（下司、庄司）阶层经过武装化而形成的，他们按照血缘关系和主从制将家族成员和仆从组织成武士团（武士団）。小的武士团追随、服从一个更强大的首领，组成大的武士团。在古代,武士是一种世袭身份,把武艺作为以家族为单位世代传承的职业。武士为天皇、上皇、藤原氏等贵族担任警卫工作,因此武士又被称为"侍卫"(侍_{さむらい}),他们由此介入皇室、贵族之间的权力斗争。平安时代日本发生一系列叛乱,朝廷需要依靠武士来镇压叛乱。天庆之乱(天慶の乱)在武士形成史上具有重要的意义,当时社会上形成一种共识——只有在平定天庆之乱过程中为朝廷立下功劳的家族才是武士家族,这些家族出身的人才具有武士身份。这些家族包括清和源氏(清和源氏)、桓武平氏(桓武平氏)和秀乡流藤原氏。特别是清和源氏和桓武平氏等乘平叛之机崛起,成为"武家之栋梁"(武家の棟梁)。1156年崇德上皇(崇徳上皇)和后白河天皇(後白河天皇)为争夺皇权而产生尖锐矛盾,藤原氏、源氏、平氏都卷入其中,朝廷陷入一场混战,史称"保元之乱"(保元の乱),最后平清盛(平清盛)家族在政变中崛起,掌握了国家大权。当时年仅13岁的源赖朝(源頼朝 1147—1199)被迫逃往关东。平清盛死后,反平氏的势力迅速开始反击。1180年源赖朝在伊豆起兵讨伐平氏。1185年源平两军在坛浦(壇ノ浦)海面决战,平氏军失败,平氏家族灰飞烟灭。

  征讨平氏过程也是源赖朝逐渐建立自己的统治机构的过程。源赖朝在镰仓建立了自己的军事权力机构——幕府(幕府),从朝廷那里获得了总地头、总追捕使的职位,掌握了镇压叛乱、没收叛乱者的领地、向各地庄园和公领征收赋税等权力。1192年,源赖朝终于得到了垂涎已久的"征夷大将军"(征夷大将軍)的称号,镰仓幕府成为拥有政治军事权力、独立于朝廷之外的国家政权机构。平安京的朝廷被迫把军事权和一部分土地的管理权委交于幕府。日本出现了东与西、贵族和武士两个政权并立的局面。平安时代结束了,日本从此进入了长达700多年的武士统治的时期。

第三节　中世(1192—1573年)

一、镰仓时代的政治

  1192年源赖朝出任征夷大将军,在镰仓建立了统治机构——幕府,揭开了镰仓时代(鎌倉時代)的序幕。源赖朝死后,其妻族北条氏(北条氏)成为镰仓幕府真正的统治者。北条氏策划了政变,导致源赖朝以后的两任将军源赖家和源实朝相继被暗杀，源赖朝的妻子北条政子（北条政子）掌握了幕府的实权。由北条氏独占的执权（執權）一职就成为幕府的最高首脑。1221年京都的后鸟羽上皇利用幕府内部的矛盾，计划武力打倒幕府，但是被北条氏领导的关东武士击败。后鸟羽等共3个上皇全部遭到流放。这就是承久之乱（承久の乱）。此后镰仓幕府加强了对朝廷的控制。

镰仓时代武士阶级按照御家人制度组织起来。御家人（御家人）本义是指与源赖朝结成主从关系、成为源赖朝的家臣的各级武士（领主），后来泛指在主从关系中处于下属地位的武士。将军（或执权）要给御家人以"御恩"（御恩），主要包括"本领安堵"（本領安堵），即确认并保证御家人原有的领地的所有权；还有"新恩给与"（新恩給与），即依照军功封赏新的领地。御家人对将军的义务称作"奉公"（奉公），如战时随将军出征、守卫京都、镰仓，负担皇宫、神社、佛寺的修建费用等等。

镰仓幕府的中央机构主要有管理御家人事务的"侍所"（侍所），处理将军、执权家族事务的"政所"（政所），以及处理土地纠纷的裁判机构"问注所"（問注所）。北条氏（北条氏）掌握幕府权力后，1225年设立"连署"一职，以辅佐执权。又设立评定众（評定衆），由关东11个较大的御家人担任。执权、连署和评定众组成评定会议，对于重要政务和诉讼进行协商和决策。

1232年幕府制定了独立于朝廷律令的武家法律——《御成败式目》（御成敗式目，又名"貞永式目"），《式目》标榜的基本理念是追求审判的公正性，不允许由于当事人的权势大小而影响审判结果。内容涉及守护、地头的职责，御家人的家族关系，领地的赐予、继承和转让，幕府和朝廷的关系神社佛寺事务等，贯穿于式目中的基本精神是儒教的忠孝思想，要求"从者效忠其主，子孝其亲，妻从其夫"。《式目》的适用范围限于关东的御家人及其家族、仆从和领地内的民众，不适用于贵族，而且并没有否定朝廷的律令。式目与律令法的并存是幕府—朝廷二元政治体制的表现。

尽管镰仓幕府和朝廷之间经常关系紧张，甚至兵戎相见，但是镰仓幕府从一开始就不以推翻朝廷、建立武士的一元性统治为目的，因为将军获得统治权力采取的是由天皇任命和授予的形式。从管辖范围来看，幕府的权力主要在关东，而京都周围的畿内和西国一带仍由朝廷和贵族管理。朝廷保留了传统的文化性权威和在自己的领地上收税、解决诉讼的权力。

二、元军侵略日本与镰仓幕府的灭亡

　　13世纪，东亚大陆上蒙古民族逐渐征服了西夏、金、高丽和南宋，发展为世界性的大帝国，其扩张的锋芒也指向了日本。1273年和1281年元军两次进攻日本，以执权北条时宗（北条時宗）为首的镰仓幕府调动所有在九州拥有领地的御家人进行抵抗，结果元军两次入侵皆因士气不高和遭遇暴风雨而大败，这就是文永、弘安之战（文永、弘安の役）。日本社会上下对于挽救了日本的暴风雨非常惊讶和感激，认为是神显灵保佑日本，故称之为"神风"（神風），进而出现了"神国意识"（神国意識）的高涨。元军被击退之后，幕府内部的权力斗争呈现激烈的趋势。北条时宗死后，其子北条贞时就任执权，而实际能够左右幕府是两个人，一是贞时的舅父安达泰盛，另一个是贞时的亲信平赖纲。1285年，平赖纲发动突然袭击，杀死安达泰盛，这就是"霜月骚动"（霜月騒動）。平赖纲的专权引发幕府上下的恐慌与不满。此后1293年北条贞时又下令诛杀平赖纲，史称"平禅门之乱"（平禅門の乱）。

　　在元军入侵这一外来原因之外，日本社会内部此时出现了货币经济发展的趋势。御家人为了获得金钱，往往不得不出卖领地或者把领地抵押给称为"土仓"的高利贷者，导致领地的大量流失和御家人的贫困化，幕府统治的阶级基础开始动摇。为了稳固御家人制度，1297年幕府发布德政令（徳政令），禁止御家人抵押和出售领地，规定已出售给非御家人和商人的领地可以无偿收回，今后不再受理金钱债务诉讼等等。然而这并不能从根本上解决御家人贫困化的问题，反而造成金融、经济的混乱，并最终带来政治的动荡。

　　13世纪后期，朝廷方面出现了所谓"两统迭立"（両統迭立）的奇特局面。皇室家族分成"持明院统"（持明院統）和"大觉寺统"（大覚寺統），天皇职位分别由两个皇统出身的人轮流担任。"两统迭立"反映了皇室内部矛盾的尖锐。1333年大觉寺统出身的后醍醐天皇（後醍醐天皇）乘幕政混乱举兵讨幕，得到武士新田义贞（新田義貞）、足利尊氏（足利尊氏）、楠木正成（楠木正成）等人的支持。新田义贞攻破镰仓，执权北条高时与家属集体自杀，镰仓幕府灭亡。后醍醐天皇直接掌握了国家的统治权，他实施的一系列政策被称为"建武新政"（建武の新政）。　后醍醐天皇的特点是有着极其强烈的独裁倾向，丝毫不顾贵族一向重视的政治惯例，扬言："朕的新政策就是将来的先例"。他发布一系列关于土地方面的命令，宣布此前的土地所有权全部无效，必须经过朝廷重新认可，这导致武士围绕领地发生激烈争夺，土地诉讼多如牛毛，令后醍醐天皇难以招架。在对武士的论功行赏方面，很多立了战功的武士没有得到足够的奖赏，故而产生怨气。后醍醐天皇的极端独裁，威胁到贵族和武士阶级的利益，使两者都极为不满。足利尊氏与后醍醐的矛盾尤其尖锐。1336年足利氏攻破京都，迫使后醍醐逃到京都南部的吉野山中，又新立光明天皇，建立了室町幕府。

三、室町时代（1336—1573年）

　　1336年11月，足利尊氏依靠军事优势，建立室町幕府（室町幕府むろまちばくふ），拥立持明院统的光明天皇即位，此后直到1392年，朝廷一直分裂为在京都的持明院统和在吉野的大觉寺统两个部分，这一段时期又称为南北朝时代（南北朝時代なんぼくちょうじだい）。室町幕府的中央机构基本上继承了镰仓幕府的体制，也设有侍所、问注所、引付众。将军之下设"管领"（管領かんれい），相当于镰仓幕府的执权，由足利家族中的细川氏、斯波氏和畠山氏担任，称为"三管领"（三管領さんかんれい）。侍所的首长则由赤松氏、一色氏、京极氏、山名氏担任，称为"四职"（四職ししき）。

　　足利尊氏还继承了镰仓幕府的守护制度（守護制度しゅごせいど），一般一个国设一个守护，制定了让足利家族中的有力分支担任地方上各国的守护以统治全日本的方针。除了足利家族的分支以外，一些有势力的外姓豪族也被任命为守护，如土岐氏为美浓、伊势、尾张的守护，大内氏为本州南部的长门、周防的守护。在一些重要的地区，如镰仓，设立镰仓府，其首脑为镰仓公方，由足利尊氏的儿子足利基氏担任，基氏家族世袭公方一职。北方的奥羽设奥羽探题，九州设九州探题，这些地区由斯波氏、细川氏、畠山氏、一色氏等足利家族的分支管辖。镰仓公方和各地的探题、守护具有很大的自治权和独立于室町幕府的倾向。

　　室町初期，将军足利氏与土岐氏、大内氏等外姓守护之间、以及足利家族内部都存在着盘根错节的矛盾。第三代将军足利义满（足利義満あしかがよしみつ）统治时期加强了中央集权，基本上遏制住守护独立的倾向，建立起自己的独裁统治。他不满足于幕府将军的职位，进一步觊觎上皇和天皇的地位。1401年他派使者向明朝朝贡，自称为"日本国王"，正式得到明朝的册封，表明他作为日本的最高统治者得到明朝承认。但是义满死后，室町幕府的统治阶级严重的分裂趋势无法遏制，多次发生内讧、叛变。比如第五代将军足利义教以专横残酷著称，1438—1439年他消灭了镰仓公方足利持氏，使得守护大名们人人自危。1441年赤松满佑先发制人，借举行庆祝宴会的机会，刺杀了足利义教。对日本历史影响最大的莫过于应仁文明之乱（応仁文明の乱）。1467年管领细川胜元和山名持丰的矛盾达到白热化，终于在京都爆发了一场恶战，京都在战火中化为废墟。其他守护大名也卷进来，这就是应仁文明之乱。战乱持续了几十年，室町幕府的权力和权威受到沉重的打击，甚至丧失了对京都的控制力，基本上无力发挥作为政权的功能。

室町时代的中日关系

13世纪左右开始，中国东南沿海经常受到倭寇的军事袭扰，倭寇（倭寇）成为危害中国的一个大问题。倭寇的活动分为前期和后期，前期倭寇主要是日本人；后期则成分比较复杂，有日本人，也有中国的武装走私集团。明朝把这些来自不同国家的走私与海盗群体笼统地称为"倭寇"。

面对倭寇猖獗的形势，中日双方都希望通过建立正式的邦交关系来遏制倭寇的活动。1401年幕府正式派遣商人肥富和僧侣祖阿为使者，请求与明朝通交。1402年明成祖遣使节随日本使者赴日，在诏书中称足利义满为"日本国王源道义"，向日本颁示大统历，使奉正朔。这样日本成为明朝的朝贡国。1403年足利义满对明朝的表文中自称为"日本国王臣源"。1404双方缔结永乐条约，规定以勘合的形式开展官方贸易。勘合（勘合）是贸易时为了防止倭寇假冒日本商船而使用的凭证，由明朝制作，每一道勘合分为两半，分别由中日双方保存。日本商船来华时，一律在宁波港停靠，先交验勘合，然后才能上岸贸易。日本输出到中国的货物主要是金砂、刀剑、硫磺、水银、木材、铜等，从中国购买的货物品种则更加繁多，有绫罗绸缎等各种高级丝织品、青瓷、白瓷、绘画、书法作品、铜钱、香料、药品等。中国舶来的物品被称作"唐物"（唐物），唐物广为日本统治阶级喜爱，成为身份、地位的象征，人们争相求购唐物，并在茶会、花会等社交聚会中展示炫耀。

足利义教时期，幕府本身不再派商船出海，派遣的商船基本都属守护大名细川氏和大内氏所有，细川氏和大内氏掌握了勘合贸易的主导权。两家激烈争夺，互不相让，终于于1523年制造了宁波争贡事件。明朝对勘合贸易的态度更加消极，最终于1529年停止了勘合贸易，并进一步加强海禁政策。严厉的海禁使得中国沿海居民面临失去生计的困境，他们更加依靠走私，并发展为海盗集团。明朝笼统地称他们为倭寇，但实际上嘉靖前后倭寇的主体和领导人是中国沿海的走私者。例如称雄海上的倭寇首领汪直（又名王直）为徽商出身，1545年他和他手下的走私海盗集团在日本平户建立根据地，后于1557年被胡宗宪擒获。[5]

战国时代的政治与社会

应仁之乱使得室町幕府权威扫地，守护对所辖国的统治也受到地方上的国人（国人）和农民等势力的严重挑战，这叫做"下克上"（下剋上）。一部分守护，如骏河、远江的今川氏、甲斐、信浓的武田氏、中国地区的大内氏、九州的大友氏和岛津氏勉强度过"下克上"的危机，而大多数守护，如斯波、畠山、山名、赤松等守护逐渐败落下去，家臣出身的武将上升为割据一方的大名（大名），如越前的前田氏、关东的北条氏、三河的松平氏（德川氏）、周防、长州的毛利氏等等。大名之间为了争夺地盘，不断发动战争，因此应仁之乱以后到织田信长掌握政权之前的将近100年的时间称为战国时代（戰國時代）。

由于长期的战乱，以及守护和国人、土豪阶级对庄园管理权的侵蚀以及封建小农的反抗，寺社贵族等本所领主对庄园的控制越来越弱，庄园数量也越来越少。战国大名对于土地的控制加速了残留的庄园的解体，新的土地和赋税制度正在萌芽。战国大名对于自己领地的统治手段有实施土地清查、确定军役和制定分国法等。通过实施土地清查来掌握领国的土地和农民，并作为分封、征收赋税和兵役的根据。大名给家臣分封土地和征税时使用的土地数量单位有贯数（貫高）和石数（石高）两种。所谓石数是由领国当局确定的一块土地一年的标准收获量，用粮食容积单位石、斗、升来表示；贯数则是将一块土地的产出的收获物换算成货币，用货币单位贯文来表示。浅井氏、毛利氏等采用的是石数制，而关东的北条氏以实行贯数制而著称。后来石数制被丰臣秀吉和德川家康沿用，成为近世基本的土地制度。

第四节　近世（1573—1868年）

一、织丰政权（織豊政權）

中世漫长的战乱使得社会上广泛地产生了对和平和秩序的期盼，始自织田信长的封建领主统一全国的动向适应了这一要求。战国大名合纵连横、群雄争战之

---

5. 参照樊树志：《倭寇新论——以嘉靖大倭寇为中心》，《复旦大学学报》（社会科学版），2000年第1期。

间，尾张国的大名织田信长（織田信長 1534—1582）凭借过人的军事才能脱颖而出。他抱有统一日本的志向，为此不断发动战争，消灭大名势力，1573年驱逐了不肯顺服的将军足利义昭，最终灭亡了室町幕府。

织田信长在进行统一战争的同时，延续了战国大名的土地清查的做法，主要在近江、山城、播磨、大和、伊势等畿内一带开展土地清查（検地），清查方式以让地方领主、土豪提交土地帐册为主，清查中完全否定了寺社领地的"不入"的特权。1568年织田信长进入京都后不久，宣布撤消自己领国内的所有关卡，此后随着统一战争的进展，陆续裁撤了伊势、越前、甲斐、信浓等领国的关卡。裁撤关卡有利于交通和商品流通。1569年对混乱的货币流通进行整顿，颁布"选钱令"（撰銭令），规定了金银铜三种货币的兑换比价和交易时良钱、劣钱的混用比率。1576年织田信长在琵琶湖畔修建雄伟的安土城堡（安土城），强制家臣迁到城堡周围居住，并且在安土城堡的城下町实行乐市乐座政策（楽市楽座，意为自由交易），宣布城下町为乐市，以不设"座"（行会）、允许自由买卖、在领国内自由通行、废除以往所负债务、免除各种税役为条件，吸引手工业者和商人居住。

1582年，织田的部将明智光秀（明智光秀）发动本能寺之变（本能寺の変），织田信长被迫自杀。此后丰臣秀吉（豊臣秀吉 1537—1598）以织田的继承者自居，继续进行统一战争，1590年左右基本上统一了全国。丰臣凭借强大的军事力量，对大名实行没收旧领地、转封新领地的政策，割断了大名与原有领地领民长久以来形成的联系，加强了对大名的控制。

在土地和赋税制度方面，丰臣秀吉在全国范围内开展土地清查，由于丰臣秀吉自称为"太阁"，故史学界把他实施的土地清查称为"太阁检地"（太閤検地）。太阁检地的特点是把土地清查与石数制结合起来。水旱田地都划分为上、中、下、下下等级别，又将各地不同的粮食容积单位统一为京升。对于每一块土地的石数（即用大米数量表示的标准年收获量）进行计算核准，不仅水田要计算石数，不种稻子的旱田甚至住宅用地的价值也一律换算成石数来表示。农民交纳地租（年贡）和参加劳役全部以拥有土地的石数为依据，武士家臣为主君提供军役的数量同样以领地的石数为标准。这种土地和赋税制度就是石数制（石高制）。石数制是中世末期近江一带的大名如京极氏、浅井氏、六角氏等采用的制度，后来被丰臣秀吉沿用。每一块土地指定了一个直接耕种该土地的农民作为年贡负担者，彻底否定了庄园制下长期存在的同一块土地上复杂分散的权利关系，

这种"一地一耕者"（一地一作人 いっち いっさくにん）制度将土地所有权集中到丰臣本人和各个大名手中。

丰臣秀吉加强了对于社会身份的管制，1591年发布三项身份法令，主要内容有禁止村、町容留当年7月以后改变身份成为农民或町人的武士；禁止农民抛弃土地从事商业和务工。身份法令的实质是禁止武士成为町人、农民，也禁止农民町人成为武士，其结果使得社会各个阶级的身份趋于凝固化，为江户时代的士农工商身份等级制度开了先河。为了防止农民武装暴动，1588年发布"刀狩令"（刀狩令 かたながりれい），没收农民手中的刀、剑、弓箭、枪等武器，解除农民的武装。丰臣秀吉实施的不少政策是前所未有的，为后来的幕藩体制打下了基础。

丰臣秀吉一向抱有侵略扩张的野心，早在1577年他就曾表示要"领兵攻朝鲜，进而席卷明之四百余州，以为皇国之版图。"[6]掌握政权后向琉球、台湾、吕宋和葡萄牙驻印度果阿总督派遣使者，要求他们向日本称臣纳贡。1592年丰臣纠集158,700人的军队，正式发动侵略朝鲜的战争。4月小西行长的军队直扑釜山，一天之内攻下釜山，然后沿途北上，5月占领首都汉城，6月平壤沦陷。虽然朝鲜政府军抗战不力，但民众组织的义兵却给日军很大的打击。1592年6月明朝援军渡过鸭绿江，赴朝作战。然而由于明朝政府兵备松弛，援朝战争进展并不顺利，7月的平壤战役因为轻敌而失败。1593年1月，李如松率大军一举收复平壤，但在碧蹄馆遭遇日军埋伏，被迫北撤。此后明朝采取了边打边谈的方针，派沈惟敬与小西行长和谈。沈惟敬与小西勾结，共同使用欺骗手段，制造出丰臣秀吉愿意向明朝称臣纳贡的假象。和谈前后历时五年。1596年明使到日本宣布封丰臣为日本国王，丰臣因未达到侵略目的而大怒，和谈彻底破裂。1597年2月丰臣挑起第二次侵朝战争。但他在1598年8月病死后，侵朝日军仓惶撤退。明军和朝鲜军在露梁海乘机展开攻势，大败日军，朝鲜收复全部国土，日本的扩张梦想完全化为泡影。

二、江户幕府和幕藩体制的成立

1603年丰臣秀吉政权的重臣之一德川家康（德川家康 とくがわいえやす 1542—1616年）正式任征夷大将军，在江户设立幕府。1605年把将军职位传于其子德川秀忠，自己成为"大御所"（大御所 おおごしょ，意为退休将军）。1614年德川家康发动大阪冬季战役

---

6. 转引自張玉祥：『織豊政權と東アジア』，六興出版社，1988年，204頁。

和夏季战役（冬の陣・夏の陣），灭亡了丰臣氏，迫使其他大名臣从自己，成为日本最高的统治者。德川将军颁布各种法令，完善土地所有制、年贡赋役制度、身份等级制等一系列政治社会制度，到第三代将军德川家光时期，基本形成了幕藩体制。

幕藩体制下的土地制度是封建领主土地所有制。将军对全国土地拥有最终的所有权，将军直辖领地（称为"天领"）达400万石，其直属家臣——旗本（旗本）和御家人的领地有400万石，合计共约800万石，远远超过任何一个大名拥有的领地，是德川幕府的主要物质基础。其余的土地由将军分封给大名、寺社等等，向他们颁发确认土地分封和领有关系的"领知朱印状"（領知朱印状）。大名将一部分土地划归自己直辖，其余的分封给家臣。地位较低的家臣不受封领地，仅从大名那里领取禄米，后来发放禄米的做法逐步取代了直接分封领地，大名借此强化了对土地的控制。

幕府对于武士阶级的支配在法律上的体现是幕府制定的《武家诸法度》（武家諸法度）。1615年德川家康发布第一次《武家诸法度》，后来幕府又进行多次修改。其中规定了武士的行为准则、大名统治藩国和人民应遵守的原则，如"专心修炼文武弓马之道"、"为政清廉，不可有违法之举，不可使国郡衰弊"、"禁止群饮游乐"、"不可窝藏罪犯"，以及修建城堡和大名间缔结婚姻时要上报幕府批准等等。

幕府将大名分为"亲藩"（親藩）、"谱代"（譜代）和"外样"（外様）三大类。亲藩是德川本族的大名，谱代是在关原之战以前已经臣从德川氏的大名，外样则是在关原之战以后新归附的大名。外样大名是幕府防备的对象，幕府将他们中的大多数安排在九州、东北等偏远地区，并使亲藩、谱代和外样的领地处于彼此交错的状态，三者互相监视和牵制，以利于幕府总体上控制大名。幕府控制大名的手段还有调换、削减、没收大名领地和实行交替参觐制度，交替参觐（参勤交代）是指大名必须一年住在本藩，一年住在江户。在江户和本藩之间的往来交通费用极高，加上在江户的生活开销巨大，从而消耗了大名的经济力量。但另一方面交替参觐客观上加强了各藩与江户的人员和文化交流，有利于形成统一的文化和统一国家的意识。另一方面大名在不违反幕府法令的前提下，在本藩内拥有独立的处理军政事务的权力。幕府和藩的关系是集权与分权相结合的关系。

在对农民的统治方面，幕藩制国家沿用了丰臣秀吉时期的一地一耕者的原则和石数制，为每一块土地指定了固定的耕作者兼年贡负担者，称为"本百姓"

（本百姓），本百姓是农民家庭的户主，带领家庭成员及依附农民从事耕作。农民所交年贡的数量是从承包土地的石数中按一定比例抽取，年贡率由各藩自己决定，有四公六民、五公五民、六公四民不等，最多的高达八公二民。农民除了交纳年贡以外还要负担修路筑堤等徭役。

江户时代在兵农分离的基础上形成了身份制度，俗称"士农工商"（士農工商），实际上存在的身份有"侍"（侍，武士）、"百姓"（百姓，农民）、町人（町人，城市中从事手工业和商业者）、公家（公家，朝廷公卿）、神官、僧侣、秽多（穢多）、非人（非人）等。身份制是在职业分工基础上形成的凝固化的社会组织制度，各个身份都有专属于本身份的职业，其它身份的人不得染指。比如武士脱离物质生产，垄断政权和军事权，专门从事统治、管理社会、"教化"人民的工作；百姓专事农业，向武士交纳年贡；町人专门承担着手工业和流通活动；秽多、非人是贱民，从事当时被视为不洁低贱的行业，如处理死牛马、制造皮革、拉犯人游街和行刑。[7]一定的职业对于本身份的人来说既是必须世袭的义务，也是不受其它身份侵犯的权利，各个身份之间的界线十分严格，一个人一生下来身份既已固定，不得变更。幕藩制国家还对各身份及同一身份内部的各等级的衣食住行、行为举止等生活方式做出详细严密的规定，形成了生活方式要与身份相符合的伦理观念。身份制使江户时代的社会资源、结构和思想文化呈现多元化，但也把个人牢固地束缚在封闭的小集团之中。

三、天皇与幕藩体制

德川幕府保留了天皇，天皇在江户时代的政治生活、社会体制中发挥着一定的作用，史学界把天皇视为幕藩体制的一个组成部分。天皇（及以天皇为首的京都朝廷）的政治作用最主要的表现是将军权力正当性的来源问题。德川家康秉承镰仓、室町两幕府的政治传统，没有废除天皇，而是以征夷大将军的身份掌握政治军事权力，迫使全国的大名归附、服从自己。将军的权力在形式上来源于天皇授权，形成了"大政委任论"（大政委任論）的观念。即天皇把统治全国的权力委托于将军，将军再把统治各地区的权力委托于大名或旗本，这样武士阶级的统治权力被认为是最终来源于天皇，以天皇为顶点、政治权力层层向下委托，

---

7. 参见沈仁安：《日本史研究序说》，香港社会科学出版社，2001年。

将军在名义上处于天皇之下。天皇、朝廷的存在在江户时代是关系到国家权力之根本的重大问题,天皇在政治中具有独特的地位和功能,并不是可有可无的"摆设",这也是日本传统的政治文化的特色之一。

四、江户时代初期的对外关系

16世纪以来随着新航路的开辟,西班牙、葡萄牙人不断到东亚掠夺殖民地,开展贸易,传播天主教。葡萄牙与日本之间的生丝贸易十分活跃,同时也以传教为手段加紧向日本渗透。幕府在海外贸易方面采取的是逐渐加强垄断和控制的政策。实行"丝割符"(糸割符)制度,授权京都、堺和长崎的商人组成丝割符会,确定生丝价格,并包买所有生丝。德川幕府一直对天主教抱有反感和警惕心理,试图通过与新教国家荷兰和英国建立贸易关系来取代葡萄牙、西班牙,这是因为荷、英只贸易,不传教,正符合幕府抵制天主教的政策。1609年允许荷兰在平户开设商馆。英国在日本竞争不过荷兰,1623年从与日本的贸易中退出。

统治阶层始终忧虑基督教对于日本人的民族认同造成极大的威胁。1611年德川家康下决心禁教,8月正式发布禁教令,首先在旗本阶层和天领禁教。1637年岛原、天草爆发由信仰天主教的浪人领导、主要由农民参加的起义,即"岛原之乱"(島原の乱),给幕府造成很大震动。幕府更加害怕天主教与农民运动结合,因此其禁教措施益发严厉。1639年发布第五次禁教令,取消朱印船贸易,严禁日本人信教和出海,已经在海外的日本人禁止回国和与国内通信往来,禁止葡萄牙人到日本贸易。幕府对于剩余的贸易对象国——中国和荷兰的前来贸易者也严加管制,1641年将荷兰商馆从平户移到长崎的人工岛屿——"出岛"(出島)。不许荷兰人走出出岛活动,也禁止日本人进入出岛,试图切断荷兰人和普通日本人的接触渠道。这样就形成了"锁国体制"(鎖国体制)。锁国的本质是禁止天主教和幕府控制贸易,并不意味着断绝一切对外关系,中日、荷日贸易依然存在,天主教以外的书籍基本上可以自由流通。这样介绍西方天文、地理、医学等自然科学的汉译西书和荷兰语书籍大量传入日本,促成了江户时代兰学的兴起。总体上锁国体制下日本与世界的贸易和外国文化传入的渠道尽管很狭窄,但一直存在。[8]

---

8. 参见赵德宇:《日本江户"锁国论"质疑》,《南开大学学报》(哲学社会科学版),2001年第4期。

五、享保改革

17世纪到18世纪初期，在商品经济的影响下，本百姓体制开始出现两极分化的苗头。贫苦小农为得到货币，往往把土地典当给富农或城市商人，到期后无力赎回，死当的土地就流入富农、商人之手。后者再将土地出租给小农耕种，收取地租。这样在清一色的本百姓体制中产生了地主—佃农关系。

第八代将军德川吉宗（徳川吉宗，1684—1751年）时期，幕藩体制经过100多年的发展，积累的矛盾逐渐暴露出来。幕府面临着财政入不敷出，本百姓分化，土地流失，武士贫困，勇武精神消靡，享乐思想流行，社会风气颓废等诸多问题。1716年德川吉宗上台后，打出"一切都要恢复到权现大人（指德川家康）的定法"的口号，采取了一系列措施，史称享保改革（享保の改革）。首先，为了解决幕府财政困难，吉宗提倡节俭，实行年贡的固定租率制——"定免制"（定免），以增加年贡收入；鼓励农民种植商品作物，并对此征税，以开辟贡租米以外的赋税来源；对于武士拖欠町人债务的问题，1719年下令停止受理与债务有关的诉讼，由当事人自行协商解决，于是欠债的武士纷纷赖债，这是一种袒护武士的政策。对于小农因抵押土地无力赎回的问题，本着维护本百姓体制的原则，1722年下令禁止债权人没收小农抵押的土地，典地即使过期，只要在借款本金上加上15%的利息，原来土地的主人即可赎回土地。然而这一法令实施过程中遭到天领代官、村官阶层的抵制，两年后幕府只好撤回，事实上默认了死当现象和地主的兼并行为。

六、18世纪中期到19世纪中期的日本

18世纪中期，江户时代的社会经济处于一个转折期。商品经济对农村自然经济的侵蚀不断加强，商品生产已经成为农民维持生计、完纳年贡的必不可少的手段。

18世纪70年代田沼意次（田沼意次，1719—1788年）当政期间采取的是重商主义的政策，与商业资本相结合，从商品经济发展、从流通领域中寻求幕府财政来源的政策，绞尽脑汁为幕府找到更多的钱。他下令承认手工业和商业的行会（株仲間），目的在于对其征收"运上"、"冥加"等税，同时通过同业公会控

制中小城市和农村的商品生产。对于重要商品实行专卖制，包括人参、铜、铁、明矾、石灰等很多品种。田沼意次的执政业绩主要是增加了幕府的财政收入。但是他鼓励行贿，助长了武士阶级道德的败坏，从武士到民众都对其激烈抨击。1784年重用他的将军德川家治死亡，田沼意次也随即倒台了。

　　田沼派失势后，老中松平定信（松平定信，1758—1829年）主政，转入实施紧缩性政策，称为"宽政改革"（寛政の改革）。松平定信倾向于恢复农村原有的体制，为此多次下令禁止农民进城务工，鼓励已流入江户的农村人口归农，在石川岛设立了流民收容机构"人足寄场"（人足寄場），向农民提供贷款，帮助重垦荒地，禁止杀婴、弃婴风习，以增加农村人口。在解决武士债务问题方面，宽政改革比享保改革更激进，1789年发布弃捐令（棄捐令），宣布天明四年12月以前武士欠插票人（札差）的债务全部作废。松平定信重视思想控制，整肃武士的精神，扭转追求享乐的社会风气。多次发布俭约令，禁止制造、销售和使用奢侈品，禁止暗娼、赌博等不良生活方式。1790年在幕府的学校——昌平黉禁止古学派、阳明学等"异学"，只允许教授朱子学（"宽政异学之禁"）。松平定信对当时的思想领域影响最大的当属其"大政委任论"，他教育年幼的将军德川家齐，"六十余州乃禁廷（指天皇、朝廷）所托付，丝毫不可当作自身之物，身为将军治理天下，此将军之职责也。"他的本意是为了加强将军的政治责任感，但是幕府最高官僚发表尊皇言论，对于尊王思潮的上升起到很大的推动作用。

　　19世纪30年代以后体制疲劳的江户社会面临内忧外患的危机。天保年间（1830—1843年）的大饥荒又一次引发民众暴动的高涨，特别是1837年发生下级武士大盐平八郎（大塩平八郎，1793—1837年）起兵事件。虽然行动很快失败，但是表明幕府面临的政治危机已经非常严峻。而1840年的中英鸦片战争以及中国的战败，18世纪末以来俄美等国不断侵入日本的海域要求日本开国通商，表明国际形势越来越紧急。在内外交困的形势下，老中水野忠邦（水野忠邦）领导幕府又开始新一轮"改革"——天保改革（天保の改革）。水野忠邦着手平抑物价，其措施是解散行会，企图取消行会对物价的控制，通过自由贸易引导物价下降。但由于实施草率，反而招致经济混乱，最后不得不恢复行会。增加幕府财政收入的具体举措是1842下半年开始在琵琶湖沿岸的天领进行土地清查，准备向新辟土地征收年贡。当地4万农民掀起反对清查的一揆，清查措施无果而终，民众一揆表明大幅度增征年贡已不可能。为了增加幕府收入，并加强江户、大阪抵御外来进攻的能力，1843年9月幕府发布"交还领地令"（上知令），命令江户、大阪周围大名的飞地和旗本领地交还给幕府，幕府拨付另外的土地作为补偿。交还领地令遭到从领主到民众的共同反对，发布不到两个月就被迫撤回。交还领地的失败说明幕府已无力调换武士的领地，幕府权威的下降已经成为无法回避的事实。

七、开国和幕藩体制的崩溃

　　18世纪后半期西方殖民主义者扩张的矛头指向了日本，日本海防频频告急。俄国使者和英国军舰都曾到达日本，制造事端。美国出于开辟横跨太平洋航线的需要，逐步确立了用武力迫使日本开国的政策。1853年7月8日美国东印度舰队司令佩里带着总统的国书，率领4艘军舰驶入江户附近的浦贺港，要求日本与美国通商。在武力的威慑下，幕府被迫接受国书，并与佩里约定在翌年春天答复。这一事件被称为"佩里来航"或者"黑船来航"（ペリー来航，黒船来航）[9]。1854年2月13日，佩里率领7艘军舰再次到来，幕府于3月31日被迫签订了《日美亲善条约》（「日米和親条約」），规定开放下田、箱馆两港，为美国船只提供燃料、水、粮食和必要的救助。不久后，日本与英、俄、荷相继签订亲善条约。这一系列不平等条约标志着日本的国门被打开，由于日本与欧美列强巨大的实力差距，幕府不得不放弃了坚持200多年的锁国祖法。

　　列强的扩张不仅使日本面临半殖民地化的危机，也给日本国内政治体制带来前所未有的变化。日本维护本国领土和权益的意识空前高涨，上上下下绝大多数都主张以武力打击外来侵略者，当时称为"攘夷"。"攘夷"的主张与从江户前期就存在的"尊王论"结合起来，形成"尊王攘夷论"（尊王攘夷論）。在佩里叩关以前的19世纪20年代，水户藩的官员会泽安出于对列强侵略的危机感，写了《新论》一书，极力主张"尊王攘夷"。《新论》是后期水户学的代表性著作，成为幕末的下级武士发动尊王攘夷运动的指导思想。软弱的幕府在应对佩里叩关时缺乏信心，破例向朝廷、大名咨询意见，朝廷和各藩因此获得了参与幕政决策的机会，而且朝廷和大多数大名都主张"攘夷"。"攘夷论"的代表有水户藩主德川齐昭、朝廷贵族岩仓具视等。1858年美国公使哈里斯到日本，就签订《日美友好通商条约》与幕府进行谈判。老中堀田正睦（堀田正睦）思想相对开放，积极主张开国和签订条约。而攘夷派强烈反对签约，并要求必须得到天皇的许可才

---

9. 由于佩里的舰队船体为黑色，当时日本称之为"黑船"。

能签约。为了使签约获得合法性，堀田正睦只好破例请求天皇"敕许"。不料孝明天皇（孝明天皇）本身也顽固排外，并且希望借机提高政治发言力，因此不同意签约。1858年7月幕府大老井伊直弼（井伊直弼，1815—1860）在未获敕许的情况下签订了《日美友好通商条约》，被认为违背天皇的意志，舆论一片大哗。这称为"条约敕许事件"（条約勅許事件）。

日本开国后，迅速卷入世界资本主义经济体系，快速发展的对外贸易引起国内经济的剧烈变动。最明显的表现是物价上涨，导致一般民众甚至武士的生活越加陷入困境，排外主义情绪蔓延。开国以后农民暴动、城市贫民捣毁运动进入多发期，不过这些斗争的矛头一般并非指向幕藩政权，也没有提出推翻幕藩政权的要求，而是主要针对地主、高利贷者、粮店经营者和从事对外贸易的豪商。领主阶级对于民众运动往往持一种袖手旁观的态度。民众运动客观上动摇了幕藩权力的统治秩序，但并不构成直接导致幕府灭亡的力量。而受到民众运动打击的地主、豪商则充满危机感，开始寻找新的政治代言人，其中一部分人支持尊攘—倒幕派，成为倒幕运动的社会基础之一。

条约敕许事件使得尊王攘夷派猛烈抨击井伊直弼的政策。1858年，井伊直弼采取强力手段，把尊王攘夷派和在将军继承人问题上反对他的大名、甚至一些开明的官员或杀或关或流放，统统镇压，史称"安政大狱"（安政の大獄）。幕府的重镇德川齐昭也未能免予处罚。井伊直弼大搞镇压的目的是维持传统的幕阁主导的政治，拒绝雄藩参与政治的要求。1860年3月24日水户藩士在将军城堡的樱田门外刺杀井伊直弼，史称"樱田门外之变"（桜田門外の変）。该事件使幕府的政治体制进入迅速崩溃的阶段。各种势力都在按照自己的利益探索政治出路。为了收拾井伊被暗杀造成的幕府"御威光"严重受挫的局势，幕府采取了"公武合体"（公武合体）方针，1860年5月奏请天皇让皇妹和宫（和宮）下嫁给将军德川家茂（徳川家茂），企图依靠天皇来修复破绽百出的幕府的权威。与此同时，大名也积极借助天皇权威来参与幕政。最有代表性的是萨摩藩大名岛津久光（島津久光），他既主张开国，又要求打破幕府对政治的垄断，建立大名合议体制，同时镇压在京都活动的尊王攘夷派"志士"（以下级武士、脱藩浪士为主）。尊攘派的活动也方兴未艾。长州藩的尊攘派成功地掌握了藩政，在木户孝允（木戸孝允）、久坂玄瑞、高杉晋作（高杉晋作）、伊藤博文（伊藤博文）等人的主导下，确立了尊攘路线，并于1863年5月10日付诸实施，在下关海峡炮击美国商船。这样1859年—1863年是幕府的公武合体路线、雄藩的"诸侯会议政体"路线以及草莽志士的尊王攘夷路线相互冲突又相互利用、激烈角逐的时期。

1863年长州藩的尊攘派接连遭遇打击，9月（阴历8月18日）幕府与会津、萨摩藩联手在京都发动政变，将在京都活动的长州藩的尊攘派驱逐出去，史称"八一八政变"。长州藩方面出兵反击，1864年8月与幕萨联军交战，并攻打皇宫的蛤御门，企图夺回在京都的政治优势，史称"禁门之变"或"蛤御门之变"。长州藩尊攘派的冒险行动以失败告终，幕府也乘机宣告长州藩为"朝敌"，发动第一次征长战争。不久下关又遭到英美荷法四国联合舰队的报复性进攻。尊攘派势力内外交困，他们意识到盲目攘夷不可能成功，于是很快转变了政治方针，确立了打倒幕府、建立统一国家和开国的路线。这样长州的尊攘派迅速转化为开国倒幕派。被尊攘派衷心拥戴的孝明天皇本人却顽固坚持保留幕府体制，并厌恶尊攘派。1867年1月他突然死亡，即位的明治天皇（明治天皇）年仅16岁，形势有利于开国倒幕派，他们很快借助尊攘派公卿，控制了明治天皇。

萨摩藩因为镇压攘夷派，与长州藩一度势不两立。然而幕府固守独裁体制，使萨摩藩建立雄藩联合政权的希望落空。英国对萨摩藩的进攻，以及不断高涨的人民运动，促使掌握藩政的中下级武士如大久保利通（大久保利通）、西乡隆盛（西郷隆盛）也转变思想，倾向于倒幕开国。在土佐藩武士坂本龙马、中冈慎太郎的斡旋下，萨摩和长州化解了旧怨，于1866年3月幕府第二次征长战争之前结成倒幕同盟。

为了阻止倒幕派的军事行动，1867年11月3日（西历）第15代将军德川庆喜（徳川慶喜）向天皇"奉还大政"（大政奉還）。但是萨长倒幕派坚决执行倒幕方针，以大久保利通、西乡隆盛和岩仓具视为中心，于1868年1月3日（西历）发动政变，由明治天皇发布"王政复古大号令"（王政復古の大号令），宣布废除幕府，要求德川庆喜辞官纳地，即辞掉内大臣官位，交出对领地人民的统治权。这就是改变日本历史的"王政复古政变"。被逼上绝路的幕府出动军队与新政府军在京都附近的鸟羽（鳥羽）、伏见（伏見）开战，三天后败归江户。政府军发动东征，1868年4月德川幕府投降，江户时代宣告结束。

第五节　近代（1868—1945年）

1867年12月的王政复古政变后建立了以明治天皇为首的日本新政府，在政治经济、社会、文化等各个领域进行了前所未有的改革，这就是明治维新（明治維新）。经过20多年的改革和反复的政策调整，1889年颁布《大日本帝国宪法》，以宪法的形式把近代天皇制的国家体制和基本制度确立下来，至此可以把1889年视为明治维新完成的时间。明治维新以1881年明治十四年政变为标志，分为前期和后期两个时期。前期政策的主要决策者是大久保利通、木户孝允和西乡隆盛，他们被称为"维新三杰"（維新の三傑）。

一、明治维新前期的各项改革措施

1868年3月明治政府成立伊始，以天皇向祖先神立下誓言的形式，发布其施政纲领——《五条誓文》（五箇条のご誓文），其内容有：1. 广兴会议，万机决于公论；2. 上下一心，盛行经纶；3. 公武同心，以至于庶民，各遂其志，务使人心不倦；4. 破旧来之陋习，立基于天地之公道；5. 求知识于世界，大振皇基。

明治政府中的维新派官僚制定了政权的基本国策，既"富国强兵"（富国強兵）、"殖产兴业"（殖産興業）、"文明开化"（文明開化），目标是把日本建设为能够"与万国对峙"的近代国家。

（一）政治改革方面，废除幕藩体制，建立中央集权的近代国家体制。1869年6月明治政府正式颁布《奉还版籍令》，将各藩对领地和人民的统治权收归中央，原来的藩主转为中央政府任命的藩知事。1871年又进一步实施"废藩置县"（廃藩置県）。7月14日天皇发布"废藩置县诏书"，具体措施有：把藩体制改为府县制，全国的行政区划分为3府302县（1888年合并为3府42县）。所有藩知事辞职，举家迁往东京居住，但其家禄数额和华族身份不变。府的长官府知事与县的长官县令都由中央政府任命，藩原有的征税权和背负的债务一并收归中央。经过奉还版籍（版籍奉還）和废藩置县，幕藩体制最终被废除。

（二）废除武士阶级，取消武士的社会特权地位，建立"四民平等"的近代社会关系。1876年8月发布《废刀令》（廃刀令），规定除军队、警察以外，所有士族一律不许佩带腰刀。在封建时代，武士是一个世袭的职业军人集团。明治政府废除武士对军事、武业的垄断，从全社会征召士兵，建立近代军队。1872年11月太政官发布《征兵告谕》，批评传统的兵农分离为"封建之势"，提出无论武士还是一般平民，"均为皇国普通之子民，报国之道本应无别"。1873年颁布《征兵令》，规定凡年满20岁之国民，身体检查合格者即可参加陆军和海军。这样，武士的军事职能被取消。实行秩禄处理（秩禄処分），废除武士阶级的经济基础。秩禄是明治政府向士族和华族发放的薪饷，包括家禄、赏典禄。明治初期，秩禄是政府一大财政负担。明治政府选择采用赎买的方式解决这个问题。1876年颁布《金禄公债证书发行条例》，规定废止所有士族和华族领取的家禄和赏典禄，改为政府按照个人原有秩禄的种类数额发给金禄公债证书，就是把秩禄变为一种政府债务，从1882年起在30年内政府偿还个人所持金禄公债的本金和利息。这就是秩禄处理。国家停止为武士提供经济来源，促进了武士社会身份的转型。华族一般成为企业主或者地主，一般士族获得的金禄公债不过39日元，最终成为一般商人、小学教师或者雇用工人。通过以上各个领域的改革，改造武士阶级的政策得到相对平稳的推进，有利于近代化事业的顺利展开。

（三）经济方面：1.实行地税改革（地租改正），废除封建税收制度，建立近代土地和税收制度。1872年开始允许土地自由买卖，向土地所有者发放地券，承认土地的个人所有权。1873年7月颁布《地税改革条例》，规定废除江户时代的石数制实物地租的做法，改为以货币形式征收地税，课税标准是地价的3%，征收对象为土地所有者。由于地价3%的课税标准较高，给农民造成很大经济负担，引发农民反抗，1877年政府降为地价的2.5%。地税改革废除了封建领主土地所有制，为日本近代寄生地主土地所有制奠定了制度基础。2.实行殖产兴业。重点在于政府投资兴办资本主义工商业，同时扶植民间企业，推动产业发展。政府创办了很多官营的模范工厂，包括军工企业、棉纺厂、缫丝厂等。政府经营这些工厂企业的目的在于集中人力财力，引进外国先进技术，奠定富国强兵的基础，为民间企业经营树立样板。

（四）社会文化方面，政府推行文明开化，在衣食住行等生活方式、教育、传媒、思想等方面积极引进欧美文化，日本社会生活与国民的精神面貌发生了巨大的变化。西式服装开始取代传统和服，特别是学校、军队采用西式制服，在庆典等正式场合穿西式大礼服的习惯很快固定下来。日本本来由于佛教禁吃荤腥戒律的影响，一直不吃家畜肉类。明治初期开始，牛肉成为人们喜爱的食物。

明治政府初期并不拒斥西方的三权分立、议会民主等政治制度和自由民主等思想。1871年派遣岩仓具视率领使节团赴欧美（岩倉使節団），一方面进行关于修改不平等条约的外交谈判，另一方面认真考察欧美政治和社会，为日后制定宪法做准备。1875年天皇发布诏书，宣布要"逐步确立国家立宪"。知识界几乎一边倒地批判落后的封建制度与文化，大力引进和弘扬西方政治社会思想，包括自由民主观念、功利主义、改良主义、天赋人权论、社会契约论、人民主权论、

社会达尔文主义等。"自由"、"民主"、"天赋人权"、"立宪"等概念深入人心。在知识界的革新中福泽谕吉（福沢諭吉）的影响非常大。他本人出身于下级武士阶层，青年时期受到等级制度的压抑，对此非常痛恨。因此他写了《劝学篇》一书，宣传人人平等思想，鼓励人们通过学习新知识，摆脱封建文化的束缚，提高社会地位，创造幸福生活。《劝学篇》开头"天不生人上之人，也不生人下之人"，成为传诵一时的名句。西方政治和社会思想的普及，为自由民权运动的兴起创造了思想基础。

文明开化政策实施过程中虽然出现了全盘否定日本本国传统历史和文化、盲目崇洋等现象，但是符合日本建立资本主义社会这一方向，其主流应给予肯定。

二、自由民权运动与政府的立宪进程

自由民权运动（自由民權運動）是明治初期出现的一场全国规模的政治运动和思想解放运动，其基本内容为要求开设国会、制定宪法、减轻地税、修改不平等条约等。自由民权运动的发起人是1873年因"征韩论"（征韓論）政治斗争而失败下野的主张征服朝鲜的官僚，主要有板垣退助（板垣退助）、后藤象二郎（後藤象二郎）、副岛种臣（副島種臣）等。1874年1月，板垣退助等人向太政官左院提出《设立民选议院建议书》（民撰議院設立建白書），抨击当时大久保利通主导的政府是"有司专制"，主张"唯有设立民选议院"、"伸张天下公议"，才能消除"有司专制"的弊病。《设立民选议院建议书》的问世，是自由民权运动兴起的标志。与明治维新一样，自由民权运动也是以明治十四年政变为界分为前期和后期两个阶段。在前期，民权派积极建立政党和社团，开展思想宣传，进而发展为政治斗争。

1874年1月，《设立民选议院建议书》的起草者由利公正（由利公正）等人组建了近代日本第一个政党——爱国公党。4月，板垣退助在高知县建立了"立志社"。当时民权派的社团如雨后春笋般纷纷出现，1975年"立志社"积极促成各个社团的联合，成立了"爱国社"。板垣、副岛等民权派与立场相对保守的加藤弘之围绕是否立即开设议院的问题开论争。1880年3月爱国社改名为"国会期成同盟"，4月发起呼吁"允许开设国会"的大规模请愿运动。

面对自由民权运动的冲击与压力，明治政府一方面加强镇压，一方面确立了渐进式实行立宪政治的方针。1875年4月，天皇发布《渐次确立立宪政体诏书》。

但7月份公布《谗谤律》（讒謗律），把发表触犯皇族、官吏的文章的人定为诽谤罪，予以处罚。1886年又修改《集会条例》，严厉禁止一切政治性集会、结社和演说。

在立宪方面，明治政府宣布要"逐步树立国家立宪之政体"。不过政府高层在讨论国会和立宪的问题上发生分裂。伊藤博文、岩仓具视一派主张制订宪法的原则是天皇总揽统治权、宪法由天皇钦定，在时间上应当渐进缓行，伊藤给出的开设国会制定宪法的时间表是1890年召开国会。大藏卿大隈重信（大隈重信）则主张采用英国式君主立宪政体，给出的时间表是1882年举行大选，1883年召开国会。明治天皇支持伊藤一派，于1881年10月罢免了大隈的参议职务，大隈被赶出政府。这就是"明治十四年政变"（明治十四年の政変）。

1881年10月在罢免大隈的同时，政府发布《召开国会诏敕》，定于明治23年即1890年召开国会。以"明治十四年政变"和《召开国会诏敕》的发布为标志，自由民权运动进入了后期。民权派纷纷建立政党，为大选做准备。1881年10月板垣退助、后藤象二郎和思想家中江兆民（中江兆民）、植木枝盛（植木枝盛）筹建自由党，其社会基础为农民、小生产者以及中小企业主；1882年4月大隈重信等人建立立宪改进党，社会基础为大企业主和大地主。明治政府对民权派实行拉拢分化策略，由三井公司提供经费，说服自由党领导人的出国考察，挑起自由党内部斗争。该党的中下层党员不满板垣、后藤的妥协行为，走上武装反对政府的道路。在1882年11月到1884年12月之间以自由党为主的民权派发起7次反政府暴力事件，如福岛事件、加波山事件、秩父事件等。这些暴力行动均被明治政府镇压。而板垣等自由党的高层领袖则在中日两国关系因朝鲜半岛局势而紧张的国际背景下，抛弃民权思想，转而宣扬国权论。1884年10月板垣解散自由党，自由民权运动至此走向终结。

三、明治后期的政治动向——明治宪法与近代天皇制的确立

1889年颁布的《大日本帝国宪法》又名《明治宪法》，规定日本由"万世一系"（万世一系）的天皇统治，天皇神圣不可侵犯，天皇是国家元首，总揽统治权，主要包括立法权（由帝国议会协助）、召集与解散议会的权力、官吏任命权、陆海军统率权、宣战、讲和、缔结条约权力等等。明治宪法把日本国民称为"臣民"，规定了赋予"臣民"的权利和应履行的义务。"臣民"权利包括言论

出版自由、集会结社自由、宗教信仰自由、居住和迁居的自由；义务包括服兵役和纳税等。

帝国议会由贵族院和众议院组成，贵族院议员是由皇族、华族和敕任议员构成，众议院议员由选举产生。议会的职能是协助天皇行使立法权，两院对于政府提出的法案进行议决，并有权分别提出自己的法案。国务大臣的职责是辅弼天皇，枢密院则是天皇行使统治权的顾问咨询机构。司法权由法院以天皇的名义依照法律行使。

明治宪法是亚洲近代第一部宪法，标志着近代天皇制国家的建立，这种政体基本属于近代君主立宪政体，近代日本部分地采用了西方三权分立的政治制度。宪法确立的近代君主立宪政体、臣民获得部分权力等规定表明，日本近代国家与幕藩制封建社会相比具有一定的历史进步性。但是该宪法重点在于维护天皇主权，这使得议会、内阁和法院都成为天皇权力的附属品，近代天皇制就意味着天皇专制主义。另外，军事统率权由天皇独立行使，赋予军部独立于政府和国会以外的权力，并拥有直接奏请天皇的"帷幄上奏权"，这为以后日本走上军国主义和对外侵略的道路提供了法律依据。

天皇专制主义体现在教育和文化领域，就是政府极力强调国家主义和崇拜天皇的思想。明治天皇本人在视察地方的过程中，对学校教育中重视个人自由的情况非常不满，于是1890年政府以天皇名义发布了《教育敕语》（教育勅語）。这是一个关于日本国民教育的总方针，主张"我皇祖皇宗肇国宏远，树德深厚；我臣民克忠克孝、亿兆一心，乃国体之精华、教育之渊源"，要求臣民遵守"孝父母、友兄弟、夫妇相和、朋友相信、恭俭持己、博爱及众"的儒教精神，做到"一旦有缓急则义勇奉公，以辅翼天壤无穷之皇运。"《教育敕语》充满以天皇为中心的国体观念、儒教的忠孝观念，该敕语的方针指导下的日本近代教育，发挥了把天皇制意识形态灌输给国民的作用。

四、明治时期的对外扩张

日本把"与万国对峙"作为国家战略的总目标，一方面韬光养晦，建立近代国家体制，大力发展经济和军事力量，谋求逐渐修改不平等条约，获得与西方平起平坐的地位；另一方面在维新初期开始就暴露出对外侵略扩张的野心，朝鲜半岛和中国就成为日本对外侵略的主要受害国。

近代以前，东亚地区的国际关系方面形成了以中国为中心的册封体制（又称为"宗藩体制"），朝鲜是册封体制的重要成员。日本由于地理位置等因素，首先把侵略矛头指向朝鲜，而这必然引起与中国的矛盾，因此日本通过侵略朝鲜达到了一箭双雕的效果。1875年日本与朝鲜展开恢复邦交的交涉，由于日本在外交文书中自称为"大日本"、称天皇为"皇上"、"天子"，遭到朝鲜拒绝。日本对朝鲜进行武力威胁，1875年5月派遣军舰"云扬号"进入釜山港，后来炮轰江华岛，制造了"云扬号事件"。1876年日本与朝鲜签订不平等的《日朝修好条规》（又名《江华岛条约》）。1882年7月朝鲜国内发生"壬午兵变"，对日本妥协退让的闵氏集团倒台，大院君代表的守旧势力夺取了朝鲜政权。事件发生后，日本抢在清朝前面向朝鲜派兵，8月与朝鲜签订《济物浦条约》。1884年12月朝鲜以金玉均为首的主张革新但同时亲日的势力在日本的支持下发动政变，宣布脱离与中国的宗藩关系。清政府应朝鲜方面的要求派袁世凯出兵汉城，打垮了金玉均的新政权，驱除了日本公使。史称"甲申政变"。中日两国在朝鲜发生正面冲突。此后两国签订《中日天津条约》，规定在朝鲜发生重大变乱时，中日双方在派兵前应互相照会，这意味着日本在朝鲜获得了与中国对等的外交地位。

　　1890年现役军人山县有朋（山県有朋）担任内阁首相，山县提出了日本的"主权线"和"利益线"的观点。山县把"国家的疆域"作为"主权线"，把"与我主权线之安危密切相关之邻近区域"作为"利益线"，认为"不能保卫利益线，则无望成为完全独立之国家"。"主权线"和"利益线"的观念为日本侵略亚洲大陆提供了理论基础。

　　1894年2月朝鲜东学道发生农民起义，日本把起义视为武力介入朝鲜的好时机，于是在6月，又一次抢在清政府之前派兵，借口帮助朝鲜改革内政，蓄谋挑起战争。7月25日日本海军在丰岛海域攻击清军运兵船，中日甲午战争（日本称为"日清战争"）爆发。中国被1000多年以来虚心向自己学习的"蕞尔小国"日本打败，被迫签订《马关条约》（日本一般称为"下関条約"）。日本勒索到白银2亿两的战争赔款和3000万两的"赎辽费"，并且强迫清政府割让台湾。甲午战争刺激了日本国内上上下下大国意识的膨胀，在军国主义道路上越走越远，变本加厉进行侵略扩张。打败中国之后，日本把俄罗斯视为下一个对手。

　　甲午战争以后，日本与俄国在朝鲜半岛展开竞争，日本逐渐占据优势，决心用武力把俄国排挤出去。1904年2月日军在仁川登陆，同时日本的联合舰队偷袭驻扎中国旅顺的俄国舰队，日俄战争爆发，日本最终击败俄国。1905年9月15日日俄双方签订《普茨茅斯条约》，俄国承认日本单独享有在朝鲜半岛的特殊权益。11月日本与韩国政府签订第二次日韩协约，剥夺了韩国政府的外交权，把韩国变成日本的保护国。此后日本加紧实施吞并韩国的政策，1910年8月日本与韩国签订《日韩合并条约》（「日韓合併条約(にっかんがっぺいじょうやく)」），规定"韩国皇帝将韩国的全部统治权完整且永久地让于日本国皇帝陛下"。韩国灭亡，沦为日本的殖民地。

　　日俄战争、吞并韩国之后，紧接着日本参加第一次世界大战，这是走向世界大国的重要一步。1914年7月，第一次世界大战在欧洲爆发。日本把一战视为夺取德国在东亚特别是在中国的利益的大好机会，于是在8月23日对德国宣战。日本对德国的进攻主要在黄海、东海和山东省展开，与英国组成日英联军，控制了胶济铁路。11月驻山东的德军向日英联军投降，后来德国占领的南洋各岛屿也落入日本控制之下。

　　日本在一战之初就确立了把中国变成其保护国的目标，1915年日本驻华公使日置益（日置益(ひおき えきます)）按照日本政府的指示向袁世凯政府提出"二十一条"（二十一箇条(にじゅういっかじょう)）要求，主要内容包括要求把德国在山东的一切殖民权益转让给日本；日本在"南满"和"东蒙"享有优越地位；禁止把中国的港湾和岛屿租借给他国；中国中央政府以及警察机构必须聘用日本人为政治、财政、军事顾问，等等。二十一条充分暴露了日本独霸中国的图谋。在英美的压力下，袁世凯政府接受了二十一条中的绝大部分要求。日本以空前苛刻的条件，把中国逼到沦为日本保护国的危险境地。

　　1918年11月德国宣告投降，一战结束。参加协约国阵营作战的日本，在战后国际格局中一跃成为五大国之一。1919年1月，在巴黎和会上，日本提出把德国在山东的权益无条件转让给自己，为此不惜拒绝在即将成立的国际联盟的章程上签字，以此要挟欧美。欧美压迫中国接受日本的无理要求。中国同为协约国阵营成员、参与对德作战，却遭遇到和战败国一样的屈辱待遇。日本对中国的侵略行为引起中国人民的强烈抗议，以北京大学的学生为首，北京青年学生发起五四运动。中国代表最终拒绝在《凡尔赛和约》上签字。

　　一战的结果是英法势力衰落而日美崛起，在国际事务中日美竞争成为一个主要问题。日本独霸中国的动向引起美国的不满。为了抑制日本的扩张势头，1921年11月美国主持召开华盛顿会议。在会上终止了日英同盟，并签署美英日法意《五国条约》，主要内容是限制日本海军军力的膨胀，规定上述五国海军主力舰吨位比例为5∶5∶3∶1.75∶1.75，日本海军实力居世界第三位。同时还通过了关于中国问题的《九国公约》，宣布"尊重中国之主权独立及领土与行政的完整"，贯彻"门户开放"和在华工商业"机会均等"原则，以抑制日本声称的在中国"满蒙"地区的特殊利益和在整个中国的"优越地位"。美国又出面协调，使日本同意放弃二十一条中的部分条款。

五、政党政治时期的内政与外交

　　1912年明治天皇病死，大正天皇（大正天皇）即位。由于日本通过甲午战争和日俄战争，掠夺到大量的战争赔款和资源，国内资本主义经济迅速发展。在此背景下，主要由城市工商业者和新兴的白领群体构成的中间阶层开始要求民主主义，在政治、社会和思想等诸多领域都兴起了民主主义运动，史称"大正民主运动"（大正デモクラシー）。"大正民主运动"的思想旗手有东京帝国大学教授吉野作造（吉野作造），他把英语的"democracy"译为"民本主义"，主张实行政党政治、扩大选举权，对当时的思想界产生巨大影响。同时在俄国十月革命胜利的背景下，社会主义思想的影响也扩大了，工人运动和农民运动蓬勃发展。1918年以富山县的群众抢米运动为契机，日本各地发生"米骚动"（米騒動）。民众运动推动了政党政治的确立。

　　1918年9月，众议院第一大党立宪政友会的总裁原敬（原敬）担任首相。他是日本第一位以众议院议员身份出任首相者，因此他的组阁成为日本近代政党政治的先声。政党政治是近现代资本主义国家普遍采用的政治制度，就是通过选举，由在众议院获得多数席位的政党组织内阁。1921年11月原敬被右翼暴徒暗杀。此后内阁频繁更迭，政局很不稳定。特别是1924年枢密院议长青浦奎吾出面组成内阁，这是一个以贵族院为中心的特权内阁，遭到舆论的抨击。政友会、宪政会和革新俱乐部等护宪三派发起第二次护宪运动，积极参与选举，号召民众支持由众议院的政党组阁。5月10日举行众议院大选，护宪三派赢得多数席位。6月，宪政会总裁加藤高明（加藤高明）出任首相，护宪三派组成联合内阁，这样日本正式进入政党政治时期。政党政治维持了约8年时间，1932年五·一五事件导致政党内阁最终结束。

　　政党内阁在内政方面按照竞选时期的承诺，着手制定普选法。1925年国会通过了《普通选举法案》（普通選挙案）。由于枢密院、贵族院等特权势力对于选举权条件进行各种限制，致使"接受公私费救助者"，即全部大学生和无职业的青年都没有获得选举权和被选举权。但是这部法律毕竟使得日本拥有选举权的人数从330万增加到1250万人，应该说是日本议会选举制度史的一个进步。政党内阁一方面在推进议会制度方面有所作为，另一方面却继续镇压反体制势力，主要是针对无政府主义者和共产主义者。1925年制定了《治安维持法》，1928年又对该法进行修改，主要是加大了对共产主义者的镇压。

政党内阁在外交方面的路线是对中国强硬、对欧美列强追随与"协调"。20世纪20年代后期，中国北伐战争爆发。1927年到1928年之间，田中义一（田中義一）内阁为了阻挠北伐军，维护日本在华权益，3次出兵山东，还制造了济南惨案。由于感到东北军阀张作霖难以控制，1928年6月，关东军制造皇姑屯事件，炸死张作霖，企图制造东北地区的"独立"。对欧美的妥协、协调表现在海军裁军问题上，政党内阁不顾海军方面的反对，承诺削减舰艇数量等。

六、军队与政权的法西斯化

政党政治时期，日本国内各种社会思想纷纷出场，不同诉求的社会运动也此起彼伏。其中，法西斯（ファシズム）思想的流行和法西斯势力的猖獗化是一个不可忽视的问题。日本法西斯思想产生于20世纪早期，主要创始人是北一辉（北一輝），他阐述法西斯思想的代表作是《国家改造案原理大纲》（后改称为《日本改造法案大纲》），其核心观点是对内主张以天皇为中心进行国家改造，对外夸大日本面临的国际威胁，叫嚣进行侵略战争。北一辉等人提出"反对资本主义"、"限制私有财产"、"保护劳动者的权利"等貌似正义的说法，在当时具有相当大的迷惑性。法西斯团体多达100多个，既有民间的，也有军队内部的。其中军队的法西斯化是导致侵华战争爆发的直接因素。军人组成的法西斯团体主要有行地社、一夕会、樱会等。1929年全世界爆发空前的经济危机，日本经济受到极大的打击，农村的情况尤其悲惨，而城市上层阶级生活养尊处优、灯红酒绿，与穷困的农村形成强烈的对比。军队中出身农村的下级军人目睹城乡的贫富差距，十分不满。而政党内阁相对温和的外交政策，也与以战争为己任的军队方面产生矛盾，被军队攻击为"软弱外交"。这样法西斯提出的"反权门"、建立中央集权、通过侵略战争抢夺领土等主张与军队的立场非常契合。因此进入30年代，日本军队迅速倒向法西斯主义。其中，陆军的法西斯势力分为"皇道派"（皇道派）和"统制派"（統制派）两个阵营。前者成员主要是一批下层军人，主张以天皇为中心建立军事独裁政权；后者则由将校级高级军官组成，主张以军部的体制为中心，"以外制内"，通过扩大侵略战争渐进地推进法西斯化。在两者的较量过程中统制派逐渐占据优势。

在日本国内，法西斯势力制造了多次恐怖刺杀事件，目的是发动政变，杀死政府主要官员，消灭政党政治，实行军队独裁统治。1930年11月14日，法西斯团体爱国社成员刺杀首相滨口雄幸（浜口雄幸），致使其重伤后不治身亡。1932年5月15日，海军的法西斯军人和民间法西斯团体合谋发动政变，杀死首相犬养毅（犬養毅）。政党内阁被颠覆，这就是五一五政变（五一五事件）。此后退役海军大将斋藤实（斎藤実）组建了"举国一致内阁"，军部掌握了政权，政党政治消亡。

军部夺取日本政权以后，军队内部皇道派和统制派的分歧越来越严重。处于弱势的皇道派于1936年2月26日发动武装政变，企图杀死首相、大藏大臣等政府要员，推翻当时内阁，建立军人内阁，打击统制派。事变中，内大臣斋藤实、大藏大臣高桥是清被打死，侍从队长铃木贯太郎受重伤，首相冈田启介（岡田啓介）则侥幸逃过一劫。"皇道派"一贯狂热崇拜天皇，但是裕仁天皇（裕仁）对于下层军人的暴力行为大为愤怒，不能容忍皇道派杀害"朕最为信任的老臣"，下令镇压发动兵变的军人。这样"二·二六"政变失败，皇道派势力溃败。统制派最终掌握了日本军事和政治的主导权。3月9日上台的广田弘毅（広田弘毅）内阁完全成为军部的工具。

七、侵略战争

日本在合并韩国之后，立即把中国东北地区作为下一个侵略目标。1927年政友会的田中义一就任内阁首相，6月27日在东京举行"东方会议"（東方會議），中心议题是对华政策，"东方会议"上制定了《对华政策纲领》（『対支政策綱領』），即鼓励"满蒙"独立，如果日本在"满蒙"的地位、权益受到危害，日本必须采取"防卫"措施。日本政党内阁与军部就侵略中国东北的方针达成一致。此后日本蓄意在东北制造事端，在国内煽动战争狂热。1931年关东军制订了武力行动的计划。9月18日，炸毁奉天（沈阳）柳条湖附近的铁路，攻击中国东北军的北大营驻地。由于张学良按照蒋介石的命令采取了"不抵抗"路线，中国东北军撤回关内。关东军轻易占领了长春、鞍山等多个主要城市，控制了辽东半岛。1932年3月，日本利用被赶下台的清朝末代皇帝溥仪作傀儡，在东北地区建立伪"满洲国"（満州国）。

九一八事变爆发以后，除了苏联以外，欧美大国都明确表示反对。9月22日，中国驻国联代表向国联提出申诉，10月国联理事会通过决议，要求日军撤出中国东北地区。12月又正式通过决议，派遣李顿调查团到中国东北进行调查。日本对调查活动百般阻挠，甚至动用威胁、恐吓等手段。1932年10月李顿调查团的报告书否认了日本对东三省的占领，拒绝承认伪"满洲国"。1933年2月国联大会通过决议要求日本从东北撤军，日本却以蛮横的态度拒绝国联的决议，并且宣布退出国联。日本悍然自绝于国际社会，也意味着此后在侵略战争的道路上越走越远。

日本为了抢夺东北地区，不惜与国联决裂，而且其侵略中国的胃口越来越大，华北地区成为下一个目标。1935年日本通过与国民党政府签订《塘沽协定》、《何梅协定》和《察哈尔协定》，策动"华北五省自治"。

1936年日本在广田弘毅内阁主持下与纳粹德国签订《反共产国际协定》，后来意大利的法西斯政权加入，三国形成法西斯轴心国集团。

1937年7月7日日本制造卢沟桥事变，借机把局部战争扩大为全面侵华战争。在北方占领北平、天津之后，8月13日开始进攻上海。日本狂妄地认为三个月就可以消灭中国。但是国共两党实现合作，中国军队和民众团结起来顽强抵抗，粉碎了日本速战速决的梦想。1937年12月13日军攻陷南京，制造了灭绝人性的南京大屠杀（南京大虐殺）。

美国对于日本的侵华战争一开始采取不介入的立场，事实上纵容了日本的侵略扩张。然而日本在占领中国大片土地之后，选择了"南进"（南進）战略，企图占领印度支那、东南亚，掠夺当地丰富的资源。美国在这一地区的利益受到严重威胁，美日战争已经不可避免。1941年12月7日日本偷袭珍珠港（真珠湾），偷袭开始后才向美英宣战，太平洋战争爆发。美国的参战，意味着第二次世界大战的全面展开。

太平洋战争初期，日本在远东战场对美国、英国和荷兰的攻击连连得手，气焰非常嚣张。但是帝国主义侵略战争失道寡助，遭到被侵略国的人民的顽强抵抗。特别是中国人民与军队，以英勇无畏的精神和极大的民族牺牲，沉重地打击日军，牵制了日本大部分兵力。美国凭借雄厚的经济和军事实力，在较短的时间内扭转了战局。1942年5月的珊瑚海之战中，美国获胜，夺得太平洋战场的主动权。此后，在6月的中途岛（ミッドウェー）战役、8月的瓜达尔卡纳尔岛（ガダ

ルカナル）战役中日本大败，注定了日本侵略战争失败的结局。走投无路的日军采用"神风特别攻击队"（简称"神风特攻队"，神風特攻隊(かみかぜとっこうたい)）自杀式袭击的方式，但依然无法挽回败势。美国的反攻由南向北逐渐推进，1945年5月攻占冲绳岛，逼近日本本土。

欧洲战场上纳粹德国投降以后，1945年7月26日，中美英三国发表《波茨坦公告》（「ポツダム宣言(せんげん)」），敦促日本投降。日本军队和政府内部经过一番激烈争吵，决定在保留天皇制国体的条件下投降。其间美国为了逼迫日本早日投降，于8月6日和9日分别在广岛和长崎投下原子弹。8月15日天皇裕仁发表《终战诏书》（終戦(しゅうせん)の詔書(しょうしょ)），9月2日日本在投降书上签字。日本发动的血腥的侵略战争以失败而告终。

练习题

一、填空

1. 794年到1192年之间的时期在日本历史上叫做_____。

2. 日本战前军队中的法西斯势力发动二·二六事变是在_____年。

二、选择题

1. 镰仓时代从中国宋朝传入的新的佛教形态是（　　）
   A. 净土宗　　　B. 法华宗　　　C. 禅宗　　　D. 真宗

2. 江户幕府的创建者是（　　）
   A. 德川家光　　B. 德川齐昭　　C. 德川吉宗　　D. 德川家康

三、判断对错题

1. 日本水稻种植最早开始于弥生时代。（　　）

2. 1890年担任日本首相，提出了日本的"主权线"和"利益线"论调的是广田弘毅。（　　）

四、名词解释

1. 太阁检地

2. 二十一条

五、简述大化改新的内容与历史意义。

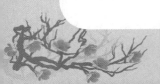

第三章　日本人的生活

第一节　人际交往

　　与欧美社会相比，日本人人际交往在语言和动作方面的特点十分明显，比如，日本人不停的点头哈腰、嘴里说着"哈依哈依"等都给人留下深刻印象。决定日本人社会交往行为的精神因素主要是集团主义、等级意识以及"和"的观念。这促成了日本人的性格与西方人相比呈现出相对谨慎、低调、有节制的特点。

一、日本人的语言表达

（一）爱沉默的日本人

　　中国传统文化往往把说话少视为有城府、有能力的表现，日本传统人际交往中也曾经有这样的观念，即把沉默、少说话视为美德。而且在实际的人际交往中，日本人的沉默倾向更有甚于中国人。日本人重视行动，把"不言实行"（不说话，做实事）视为美德，对于讲话多、喋喋不休的人往往并不认可，直接表露感情或者看法，往往被视为不成熟、不懂事或者无礼。有很多谚语表达着日本人崇尚沉默的价值观，比如"言わぬが花"、"口は災いの門"、"以心伝心"，推崇通过言外之意体察对方心意的默契。即使是在国际化的今天，这种观念依然根深蒂固。日常生活中日本人非常重视通过语言以外的方式传达意志，特别是需要表达不快、反对等否定性的情绪时，有一种尽可能控制语言表达、用语言以外的方式表达想法的倾向。同时日本的交往规则也要求听者一方学会通过察颜观色来揣测说话人的意图。日语中有"腹芸"一词，指的就是这种不借助语言而是互相猜测对方心理的交流方式。比如，AB两个人说话，A提出一种观点，B说："たしかにおっしゃるとおりと思いますが……"这句话容易被理解为B同意A的观点，但其实B是持反对态度，只是其语言非常委婉。另一个例子是需要催促别人做某件事时，比如A以前委托B做某事，几天后A问起此事办得如何，一般的说法是"この間の件ですが……"，其实这句话从语法角度来说是不完整的，省略了"まだですか"、"もうできましたか"等等。虽然这是说话人的真意所在，但日本人认为全说出来会使听话人难堪，因此把最重要的部分省略了。

（二）委婉与模糊的表述

完全的抑制语言表达毕竟是不现实的，大多数情况下还是需要语言来表达自己的想法和情绪。无论是主张自己的意见还是反对对方的观点，或者是拒绝对方的要求，日本人一般倾向于委婉、模糊、拐弯抹角的表达。比如陈述自己的意见的时候，不说"わたしの意见はこうだ"，而是大量使用推量句型代替直接肯定，比如"だろう、であろう、でしょう、ようです"。在电视台的天气预报节目中，对于未来的天气判断用"でしょう"，如"明日は晴れでしょう"、"雨は続くでしょう"。对于别人的要求表示拒绝时，常用的是"考えておきましょう"、"考えてみます"，而不是直接说"だめです"或者"いやだ"。在受到别人邀请却不想去时，可以完全不用否定句式就能表达否定意义，比如甲邀请乙一起去朋友田中家里玩，乙不想去，其拒绝的说法可以是这样的："そうですか。ぜひお伺いしたいと思っていたのですが、明日はゼミがありますからすこし本を読んでおきたいと思っておりますので、田中さんにどうぞよろしくお伝えください"。

日语中委婉和模糊的表达语言非常发达，产生这种现象的心理根源是日本人重视"和"的价值，希望保持和谐的交流气氛，自我克制、照顾对方的面子，避免冲突。日语中委婉模糊的表述非常发达，与日本人打交道时，一定注意听他们的"弦外之音"，否则会很难理解他们的真实意图。当然对于特别亲近熟悉的人，比如家庭成员之间就不必如此客气。

（三）异常丰富的"待遇表现"

"待遇表现"是日本语言学领域的术语，是指在语言交际中所涉及的人物之间的上下、利害、亲疏等人际关系，以及这些关系在语言表达中的反映。所有语言中都存在着待遇表现。日本人的语言行为受到集团心理和等级意识的影响，十分注重对不同的人说不同的话，以显示交往双方的身份、地位、年龄、关系亲疏等因素的不同。首先日本人在谈话中注意区分内外、亲疏关系。对于陌生人或者较生疏的人，如市民到政府部门去办事等场合中，双方往往使用郑重体，即用"ます、です"。对于互相熟悉关系亲密的朋友或者家庭成员之间，则使用简体。其次，等级高低关系也是日本人在谈话时一直考虑的重要因素，对于地位比自己高的人，日本人会使用多种多样的敬语形式，如尊敬语、自谦语、郑重语、美化语等。第三个要考虑的因素是谈话的场合性质，是公共场合还是私人场合。

在举行会议时，一个发言者面对多个听众，就是置身于一个公共的、正式的场合，发言者把听众视为一个必须要尊重的整体，因此要使用敬语。而会议中间的茶歇时和个别听众的谈话则可能是私人性的，因而可以不用敬语。在具体的交际过程中，内外原则、等级原则和场合原则结合起来，使得日本人的交际语言表达显得十分复杂且微妙。以表示让别人做某事的句型为例，根据内外、亲疏、地位高低、场合的严肃程度，可以用"ていただけますか？いただいたら幸いです、ようお願いします、お……ください、てください、なさい"，直至动词命令型。以命令型为例，日语命令型一般多见于公共场所的警示牌，人际之间用于上司对下级或十分熟悉的朋友、伙伴关系，而且是男性使用。例如电视剧《搭档》（相棒）中有一个情节，警察龟山到宾馆客房找一个儿时好友，敲门却无人应答，于是留了一张字条："こら！連絡をよこせ！亀山"。在这里，省略对方称呼、动词命令型和粗暴的语气词"こら"都表示两人之间关系紧密，完全无须客气。

（四）随口附和

日本人在两个人以上的对话以及打电话时，听者往往会对讲话者随声附和，同时伴有点头动作。一边听，一边说"はい"、"ええ"、"そうですか"、"そうですね"、"なるほど"等。要注意的是很多时候附和不意味着听话人同意说话人的讲话内容，而是表示"我在注意听"，帮助说话人继续说下去。这种随声附和出现的频率非常高，有的调查发现，1分钟可以达到20次左右。很多初次接触日本的外国人对于这种语言交流习惯觉得不可思议，感觉自己的谈话被打断了，或者误以为日本人完全赞同自己的观点。而日本人在谈话中，如果没有听到附和，会怀疑对方根本没有在听自己说话。打电话时由于看不到对方的表情，听者的附和就显得更加重要。日语中附和叫做"相づち"，"つち"（槌）是指打铁使用的锤子，"相づち"本来是指铁匠锻造刀的时候，徒弟配合着师傅的节奏，在师傅敲打铁片之后跟着敲打。"相"有配合的意思。随口附和是表示对对方的谈话感兴趣、向对方表达善意、乐意把谈话进行下去的意思。

二、面部表情的特点

日本人处事讲究含蓄内敛，倾向于无论内心情绪喜怒哀乐多么强烈，都尽量控制面部表情，使表达保持在一个温和的范围内。所谓喜怒不形于色。这与中国传统为人处世的原则有共同之处。与西方和中国人相比，日本人面部表情较少较呆板。很多西方或者中国常见的表情动作在日本却很少见。比如眨眼，中国人有时眨一下眼表示暗示、暗地里提醒对方注意，或者表示亲近，但是日本人很少这样做。中国表示轻蔑的表情——快速把头转向一边，同时撇一下嘴，鼻子里或者嘴里发出"哼"的声音，这种动作日本人也很少做。因为日本人一般尽量不直接表达轻视对方的心理。克制否定性的情绪，克制自己的意见，这种文化心态是导致日本人表情较单调呆板的主要原因。

　　日本人最常见的就是微笑和惊讶表情。日本人的微笑对外国人来说往往留下深刻印象。因为日本人不仅用微笑表示友好、亲近、赞同，还是克制内心波动的必用手段。因此日本人在遇到悲伤的事情，或者自己不小心做错了事，或者失望的时候，往往会用微笑掩饰负面情绪。小泉八云（小泉八雲）从一个英国人的角度观察日本人的微笑，写了著名的《日本人的微笑》。他发现"即使内心乱做一团麻，脸上也要洋溢着矜持的笑容，这是一种社交上的义务。"在一些明显不适合笑的场合，日本人也是脸上挂着微笑，这种独特的自我克制意义，往往使很多外国人产生误会，以为他们不近人情。小泉八云提到一个具体事例，有个日本妇女在英国人家里做佣人，某一天她面带微笑对主人说，她的丈夫死了，需要请一天假。这时的微笑其实就是克制内心的悲伤情绪，不至于影响别人，以此表示对人的尊重。但是英国人对此大惑不解，甚至产生反感。日本各种服务业的从业人员，比如商店售货员，他们都经过特殊的严格的微笑训练，高级商场的女导购员甚至通过化妆画出微笑的唇角，保证随时给顾客留下良好的印象。

三、常用的手势与身体动作

　　行与不行：日本习惯用○表示肯定，用×表示否定禁止。使用动作表示的时候，拇指和食指构成圆形，形成一个圆形，表示行、可以。两手食指交叉，形成×，表示不行、禁止。如果离得较远，为使对方看清楚，可以用幅度更大一些的肢体语言，比如双臂上举，两手相碰围拢成圆形表示行、可以；两个胳膊交叉成×形，表示不行、禁止。

　　用食指指自己的鼻子，表示"是我吗？""是叫我吗？"

　　招手叫人过来的动作：日本叫人过来时把手掌朝下，向着自己身体的方向来回摆动几次。注意这个动作对于上级和长辈是失礼的，因为下级不能叫上级走到自己身边来，只能自己主动走到上级身边去。

鞠躬（お辞儀）：西方人之间见面问候时要握手，中国清朝时期人们互相问候的礼节是拱手作揖，现代变成握手，但是日本至今基本还是保留鞠躬的传统做法。日本式鞠躬动作要求背部要挺直。倾向的角度因礼貌要求的程度而有所不同。关系亲近的人，或者上级对下级礼貌程度较低，简单的点一下头就可以，90度大鞠躬多见于商店饭店的服务员接待顾客的时候。很多在中国用不着鞠躬的场合，日本出于礼貌与尊重对方的理念也鞠躬，如电视台新闻节目播音员在播送新闻之前以及节目结束时都要鞠躬。日本人人际交往中原则上不接触对方的身体（恋爱关系除外），因此很少握手。如果见面的场所是在日式房间，则要先跪坐下来，然后两手扶地鞠躬。

其他一些有趣的肢体语言有：

大拇指和食指做成一个圆圈，除了表示OK之外，还可以表示钱，因为圆形代表硬币。

用手接触对方的肩膀上，表示自己比对方地位高，所以一般见于上级夸奖或安抚下级。

小幅劈掌：从别人面前通过，特别是在开会时候，从坐着的人前面通过时，向前伸出右手，像刀上下小幅劈砍，日语称为"手刀を切る"，表示"从您前面通过，失礼了"的意思。

在相扑比赛中，获胜的力士接受奖金的时候，要用手分别在中间、左、右三个方向做劈掌动作，表示对神的感谢。

四、注意与人保持一定距离

人际交往中根据双方的关系和交往的需要，在空间上和心理上保持一定的距离，这是人类社会普遍存在的现象。身体之间的距离，即近体距离是心理距离的表现。社会学把这种距离分为四类：亲密区、个人区、社交区及公共区。近体距离的远近程度因民族、文化等因素存在着很大不同。日本人与人保持的距离与中国相比要远一些。有一种说法认为，在日本，日常会话时的标准距离为一米左右。特别是刚刚认识的人，互相都注意维持较远的距离，然后通过日后多次的交往，增进了解，逐渐拉近距离。日本在日常交往中对于刚刚认识或者认识不久的人，一般主动不打听对方的私事，也避免讨论一些敏感、有争议的问题。在中国，同性友人特别是女性朋友之间一起走路时往往喜欢手牵手，或者把手搭在对方肩上，而日本没有这样的习惯。

五、赠送礼物的习惯

相对而言，日本人比较注重礼尚往来，赠送礼物和回赠构成人际交往的重要方式。日本人会在很多交际场合中用送礼来表达友好感情。中国人送礼往往选择较昂贵的物品，如名牌烟、酒、茶叶、珠宝、工艺品等等，日本人的选择范围更广一些，像手帕、袜子、以及名片夹、小点心等等，许多在中国人看来"拿不出手"的小东西都可以作为礼品赠送。中国人送礼重视礼物本身的价值，以大或者价格昂贵为佳。日本更加重视购买礼物的场所和包装。在高岛屋、伊势丹等高级购物中心购买的礼物，哪怕本身微不足道，仅凭商场的名号就显得身价百倍。

日本的礼品包装繁复精致，礼品包装俨然是一门学问、一种文化。日本人认为包装精美程度反映了送礼者的心意。首先要注意的是庆祝喜事的礼物和吊唁死者、慰问生病遭灾者的礼物，在包装方法有严格的区别。正规的包装至少需要两层包装纸，还要系上礼绳、插上礼签。礼物本身一般放在方形盒子里，外面用纸包好，用胶带粘牢。喜庆性的送礼，这层纸要选用红色等鲜艳的颜色；丧事和慰问性送礼则要用灰色等比较暗淡的颜色。然后再覆上一层外包装纸，比较正式的是白色有皱纹的檀纸。包装方法是把纸端正地蒙在盒子上，左右两侧往下折，再往内折，把盒子的两个侧面和底部包上。如果用于喜庆场合，盒子底部的纸应该右侧在上，左侧在下；而用于吊唁、慰问场合的则反过来。

包上两层纸之后是打礼绳（水引〈みずひき〉）。"水引"是用和纸搓成细绳，涂上胶水制成。有的说法是用于喜事的礼绳是用3、5、7等奇数条纸捻成一束礼绳，而丧事用偶数条作为一束，但现在基本上都是5条为一束。一束礼绳有两种颜色，如金银、红白、红金、黑白、黄白，前三种用于喜庆性的赠送，黑白、黄白的搭配主要用于吊唁。礼绳打结的方式常见的有4种，即死结（結びきり）、鲍鱼结（あわび結び）、蝴蝶结（蝶結び）、圆形结（輪結び）。凡是那些不希望再次发生的事情，如婚礼和葬礼，都要用"結びきり"或"あわび結び"。而生孩子、上学、祝寿等希望反复发生的事情，则用蝴蝶结或圆形结。系好礼绳之后是插礼签（のし），注意礼签只用于喜庆事务，所以在探病慰灾时送礼则不能插礼签。"のし"的全称是"のしあわび"，即鲍鱼干，是将鲍鱼切成块状捫长后晒干而成。古代日本人视鲍鱼为珍品，常作为礼物馈赠他人，后来在赠送其他物品时也配以鲍鱼干。江户时代，礼品配上鲍鱼干的习俗已经在民间流行。现在一般用彩纸做成鲍鱼的样子来代替，更加简单的是直接印在包装纸上。

除了赠送物品之外，日本人也有赠送金钱的做法，尤其是庆祝某人结婚或哀悼死者的时候，往往要送礼金。用于喜事的礼金要用崭新的纸币，用于丧事或慰问疾病灾害时则用普通的纸币，据说这是为了不让事主觉得送礼人是早就准备好了新纸币来专门等着他生病遭灾似的。

日本人在送礼的时候，一般会说"つまらないものですが/粗品ですが、ご笑納ください。"相比西方人来说中国人更能理解日本人这样说的原因，即是出于谦虚，但是其实谦虚只是原因之一，这样说还体现了减轻受礼者的心理负担的用意。因为日本在人际关系中重视"恩"，赠送礼物被视为一种给予恩惠的行为，而接受礼物则被视为受恩，受恩一定要报恩，这才符合"义理"原则。越是贵重的礼物，受礼者给予相应的报恩的压力越大。反过来，设身处地从受恩受礼者的角度来讲，给人造成受恩的心理负担是不礼貌的。因此日本人在送礼的时候一般不强调礼品的价值。

日本一年中有两个时间段专门用于向亲友或者有商业往来关系的客户赠送礼物，表达感谢，一个是在6月下旬到7月15日之间，一次是在12月上旬和中旬，前者叫做中元（お中元（ちゅうげん）），后者叫做岁暮（お歳暮（せいぼ））。同时，这两个时期送的礼物本身也是分别叫做"お中元"、"お歳暮"。中元送礼的习俗起源于中国的中元节，传入日本以后，一方面演变为盂兰盆节，另一方面从江户时代开始庶民之间出现了互相赠送礼物的习俗，这就是"お中元"。过去在年末祭祀家族祖先的时候，分家的人送给本家的人一些供品，后来演变为给需要表达感谢的人赠送礼物，这就是岁暮的由来。所送礼品多为肥皂或者成套洗浴用品、毛巾、床单、咖啡以及时鲜水果等。"お中元"、"お歳暮"原来都是需要送礼人亲自送到对方家里，但是现在多到商场的礼品专柜订购，委托商场快递到对方家里或者公司等。

除了众所周知的中元、岁暮这两个专门送礼的时节外，在结婚、生孩子、小孩上幼儿园、上学、毕业、就业和去世等等重要的人生转折关口，亲友往往给当事人送礼；当事人生病、遇到灾害时亲友或者部下要送礼表示慰问（病気見舞い・災難見舞い）；当事人要举行或者正在举行重大的活动，如参加考试、竞选、演出、有著作发表的时候，周围人也送礼以祈祷或预祝成功，这统称为"陣中見舞い"。受到别人帮助之后，日本人会很快地赠送一个价格不太贵的小礼物，比如手帕、袜子之类的日用品。中国人遇到这种情况，有时不免觉得尴尬。

总的来说，日本人比中国人还喜欢送礼。不过也有需要慎重的时候，比如，给官僚、政界人士送贵重的礼物或大额钱款，弄不好会有行贿之嫌，反而可能会给他们带来麻烦。对于一些在工作中接触的人，也不必以私人身份送礼。

第二节　饮食生活与文化

一、日本人饮食生活的变化趋势

二战后随着日本经济实力的提高，日本人的饮食生活也发生了很大的变化。首先是饮食结构的西方化。近代以前，日本的主食基本上是米饭或者麦饭，副食为鱼贝类，很少吃肉。战后日本整个社会都倾向于美国化，在饮食方面面包、肉类、奶制品以及进口蔬菜的消费量增加很快，20世纪60年代开始大米的消费量逐渐减少。

70年代开始，日本人的用餐方式悄然改变，人们越来越多地在饭店等家庭以外的地方就餐，自己做饭的次数开始减少，用于在外吃饭的支出也逐年增多。这种现象是由于人们追求方便省力，避免自己做饭的麻烦，以及追求娱乐的需求。80年代以后，对于方便性的追求带动了食品加工技术的发展，加工过的成品、半成品熟食越来越普及，如盒饭和"总菜"（総菜〔そうさい〕）。人们或者在各种大大小小的饭店、酒馆吃饭，或者从超市、食品店里购买已经做好的食品带回家里，简单加热后吃。总之做饭烹调的过程已经很大程度上商品化了。调查显示从1970年到2000年，加工食品实际增加了123.3%，在外用餐增加了35.1%。现在日本人的饮食总开支中在外用餐和购买加工食品的开支约占30%。[10]

二、日本饮食的基本结构

现代日本人日常饮食生活的特点是多样化与混合性。首先，中国饮食文化对日本的影响长达千年。现在日本到处都有中餐馆，饺子、拉面、麻婆豆腐、八宝菜等中国食品都普及到日本的寻常百姓家中。西餐在明治维新以后的影响巨

---

10. 日本統計協会編：『統計で見る日本』2008，61頁。

大，日本接触西方饮食文化是在16世纪前后，当时葡萄牙、西班牙等商船和传教士到达日本进行贸易和传教，也带来了其饮食习俗。面包、天妇罗（てんぷら、油炸海鲜和蔬菜）、蛋糕（カステラ）等传入日本，当时人们称之为"南蛮料理"。明治维新以后日本取消了吃肉的禁忌，同时根据本民族的口味感觉对西餐进行改造，产生了日本化的西餐。如咖喱饭（カレーライス）、蛋卷包饭（オムレツ）、炸猪排（トンカツ）、猪排盖浇饭（カツ丼）、油炸丸子（コロッケ）等，这些日式西餐成为民众的家常菜。可以说，多样化的饮食文化是日本人善于接受与改造外来文化的一个典型表现。

主食：日本传统上把大米视为比较高级的主食。在明治以前，大米是作为年贡交给幕藩政府，贫穷的农民生产大米却吃不上大米，只能以麦子、小米等作为主食。明治维新的文明开化政策拉开了生活西方化的序幕，面包开始进入日本人的生活。但是直到二战时期，大多数日本人还是以大米作为主食，并且给大米赋予一层浓厚的文化色彩，产生了日本文化属于"稻作文化"的观念。传统的日式早餐就是以蒸米饭为主食，加上烤鱼、腌咸菜、酱汤、海苔，就成为一套典型的日式早餐。

副食方面，日本传统上受佛教影响，把吃家畜肉视为禁忌；同时日本又是海洋国家，鱼虾等海产品资源丰富，明治以前蛋白质、脂肪主要靠吃鱼虾和贝类摄入。江户时代末期，在美国等西方国家迫使日本开国的过程中，日本人开始认识到肉类食品对于增强体质的积极作用。明治维新时期，国家大力提倡西方化的生活方式，1872年天皇带头吃牛肉锅，这一消息立刻引起轰动效应。人们争相模仿，牛肉、猪肉、鸡肉等肉制品开始摆上普通日本人的餐桌。不过日本至今羊肉、鸭肉的消费很少，也不太吃动物内脏。

水产食品的传统烹调方法有生吃（"刺身"）、煎（焼く）、炖（煮る）、油炸（揚げる）、制成鱼肉糕（蒲鉾）等。其中生吃是把鱼虾贝类等用刀切成片状，蘸以酱油和青芥辣，最大限度地保存了水产品的新鲜度，是日本料理中最有代表性的食品。制作鱼肉糕也是日本传统的烹制水产品的方法，就是把鱼肉、蟹肉等加上盐、糖等调味品，捣碎成泥状，蒸熟或者烤制成蒲鉾（蒲鉾）、竹轮（竹輪）、氽鱼丸（つみれ），也有将其油炸的方法，如"萨摩炸"（薩摩揚げ）。

寿司（寿司）也是以水产品与大米为原料做成的富有日本特色的食品，主要分为手握寿司（握り寿司）、散寿司（散らし寿司）和卷寿司（まき寿司）。最有名的当属手握寿司，据说它是江户时代19世纪初期江户一个叫华屋与兵卫的人发明的。寿司所用的原料多种多样，一般常用的有金枪鱼、鲑鱼、北极贝、贝柱、烤鳗鱼、大虾、乌贼等。

　　日本的调味品多种多样，其中酱油、醋、盐等基础调味品与中国相同。比较有日本特色的调味品有"酱"（味噌(みそ)）和鲣鱼茸。酱其实也是古代从中国传到日本的，奈良时代的文献中就出现了酱，当时写作"未酱"、"未噌"。日本的"酱"是一种发酵调味料，原料有大豆、麦类，或者两者混合，加上曲和盐，发酵而成。根据原料不同可以分为豆酱、米酱和麦酱，根据颜色不同可以分为红酱、白酱和混合酱。长野县是著名的米酱产地，此处生产的酱称为信州酱。京都、大阪等关西地区产生的白酱也很有名，特点是口味偏甜。鲣鱼茸在日语中叫做鰹(かつおぶし)節。鲣鱼是一种季节性洄游的海鱼，肉质嫩，不宜保存。日本人发明了把鲣鱼制成调味品的方法。即把鲣鱼剖成三片，用90度热水炖，注意不要使鱼身开裂，然后把骨头剔掉，捏成一定的形状后熏烤，然后常温下冷却，削称刨花状的薄片，就可以食用，这被称为粗鲣鱼茸（荒節(あらぶし)）。粗鲣鱼干进行日晒、加霉，反复四次左右，去除腥味，就成为高级鲣鱼茸（本節(ほんぶし)），用来调制汤汁（だし），为菜肴提味。

　　传统日本烹调的特点是重视菜肴本身的色泽、形状美以及餐具的美感，菜肴小巧精美、赏心悦目，被称为"用眼睛享受的料理"（目で楽しむ料理）。调味方面重视保持材料的原味，因此口味清淡的菜较多，用油较少。烹饪方法中多用生食与水煮、炖法。日本料理被称为"五味五色五法的烹饪"（五味五色五法の料理），所谓"五味"是指酸、甜、苦、辣、咸五味，"五色"是指红、黄、白、绿、黑五色，五法是指生吃、炖、煎烤、油炸、蒸等五种烹饪方法。这是从中国的五行思想中产生的烹调观念。炖菜的代表之一是"御田"（おでん）。煎烤的原文为"燒く"，有用油和不用油两种。煎烤类菜肴的代表有烤鱼（燒き魚）和煎鸡蛋。油炸类食物中最常见的是"唐式炸肉"（唐揚げ）、天麸罗（てんぷら）。蒸的典型食品是蒸蛋羹（茶碗蒸し）。

三、传统正式日本料理

　　一套传统的日本料理的基本构成包括米饭、汤、主菜和咸菜等。其中最基本的是米饭与汤。主菜包括炖类、煎烤类和生鱼片等三种。中国有四菜一汤的说法，日本讲一顿饭的构成多用"一汤三菜"（一汁三菜）或者"二汤五菜"（二

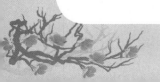

汁五菜)等说法。日本传统烹调的分类是依据用餐场合的不同，分为"本膳菜"（本膳料理）、"怀石菜"（懐石料理）、"会席菜"（会席料理）。这些在现在都是正式场合吃的饭菜。

本膳菜：起源于室町幕府将军的宴会用餐，经过改良和简化而成。一套菜分成五个餐盘（膳）端上来，分别叫做本膳、二膳、三膳、与膳（忌讳"四"而改成发音为"よ"的"与"）和五膳。20世纪以后随着生活西方化的影响，本膳菜日渐式微，目前仅在寺院和少数名门望族还有所保留。

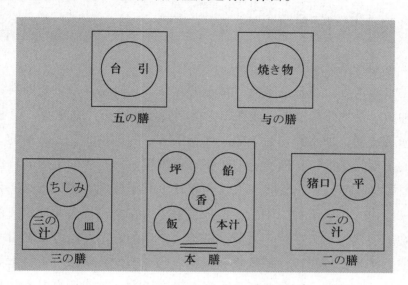

图3-1　本膳料理的配膳图

资料来源：川端晶子、寺本芳子：『新版調理学』、地球社、27頁。

会席菜：这是本膳菜的简化形式。古代日语中会席是指很多人聚会的意思，古代日本人的社交习惯之一是聚在一起品茶或者吟诵俳句和歌，在这样的场合吃的菜就是会席菜。会席菜最基本的构成是生鱼片或者醋拌鱼（向付）、汤类（吸い物）、冷盘（口取り）、煮炖菜。

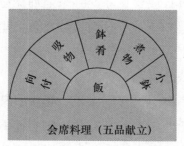

图3-2　会席料理の構成

资料来源：熊倉功夫、川端晶子：『献立学』、建帛社、90頁。

怀石菜：怀石菜原本是举行品茶（茶道）的时候食用的简单食品。其名称起源于禅僧的修行方法，修行期间为了御寒和缓解饥饿感就是把一块焐热的石头揣在怀里。茶道最初是从禅寺中产生的，与禅宗有着不解之缘，所以茶会中吃的饭菜便叫做"怀石菜"。"怀石菜"是一种档次很高的菜，对于餐具、食品摆放形式、上菜的顺序以及吃的动作都有严格的规定。"怀石菜"与僧侣吃的斋饭（精进料理）不同，前者可以有动物性食品。

四、日本的节庆食品

（一）年糕（餅_{もち}）

年糕是日本人在过节日或聚会时常吃的食品。它以糯米为主要原料，作法大致分为两种，一是把糯米蒸熟后放在臼中捣制，例如过正月时吃的"鏡餅_{かがみもち}"；二是先把糯米磨成粉，加水拌匀后蒸熟，如端午节吃的"柏餅"。日本的"餅"不同于中国的用面粉做的饼，而更近似于年糕或糍粑，所以中国出版的日汉词典上往往把"餅"译成年糕。古代日本人认为年糕里有稻魂或者稻灵，是一种有神性的食品，一般作为供奉给神的供品，祭神结束之后在举行神人共食仪式的时候大家一起分吃。现代日本人在过年过节、婚礼、一年的农活开始等重要日子都有吃年糕的习惯。糯米比较压饿，稍微吃一点就能感觉很饱，所以自古日本人在从事体力消耗大的活动之前往往吃年糕。古时农民在干农活间隙休息时吃年糕以补充体力，现在有的运动员在比赛之前也吃年糕。年糕也是日式点心的主体。

（二）节日饭（おせち料理）

"おせち料理"又简称"おせち"，是节日或节日供品的意思。近代以前日本有"五节供"习俗，即人日、上巳、端午、七夕和重阳，"おせち"本来泛指在这些节日供奉给神的供品和吃的饭菜，不过现在这个词专门指过新年时吃的具有吉庆意义的成套饭菜。节日饭要在除夕到来之前做好，供奉给年神，到元旦之后就把供品撤下来全家一起分享。节日饭是装在食盒里，正式的装法是需要四个食盒，分别称为"一の重"、"二の重"、"三の重"、"与の重"。每一层食盒里都有一些表达吉祥如意的食物，如黑豆，发音为"まめ"，寓意身体健康；青鱼子，读做"数_{かず}の子_こ"，寓意为多子多福。鲷鱼，读做"たい"，寓意"めでたい"（喜庆吉祥）。藕（蓮根_{れんこん}）因其有孔，寓意能看得见未来，前途光明。鰤鱼（ぶり）也是比喻出人头地的喜庆食品。海带发音为"こんぶ"，与"喜ぶ"（よろこぶ）谐音，故代表喜庆。

五、日本的酒文化

　　日本把酒的种类分为酿造酒、蒸馏酒和混成酒等三大类。清酒、啤酒和葡萄酒属于酿造酒；日本的"烧酎"（焼酎^{しょうちゅう}）、"泡盛"（泡盛^{あわもり}）和西方的威士忌、白兰地、伏特加等属于蒸馏酒；混成酒是以酿造酒或者蒸馏酒为基础原料，加上水果或香料、草药等制成的酒。传统的梅酒、80年代以来畅销的"Chuhai"（チューハイ、烧酎兑碳酸水）、酸味鸡尾酒（サワー、蒸馏酒兑上酸味果汁和糖）以及发泡酒都属于混成酒。

　　清酒和烧酎是日本的传统酒类，其中清酒知名度最大，以至于被称为"日本酒"（日本酒^{にほんしゅ}）。日本《酒税法》规定，清酒的主要原料必须是大米和大米曲，在酿造过程中必须有"滤"的工序。这两个要素缺少任何一个都不成其为清酒。水质和大米的品质是决定清酒质量的关键因素，兵库县的滩（灘^{なだ}）、京都伏见（伏見^{ふしみ}）、广岛的西条（西条^{さいじょう}）以及新潟县（新潟県^{にいがたけん}）是著名的日本酒产地。

　　日本酒中比较高级的酒有着特定名称，因此叫做"特定名称酒"。例如吟酿酒（吟醸酒^{ぎんじょうしゅ}）、纯米酒（純米酒^{じゅんまいしゅ}）、本酿造酒（本醸造酒^{ほんじょうぞうしゅ}）等。"特定名称酒"在制作上必须达到一定的工艺标准，即使用的白米必须是三等以上，曲的比例超过15%。"特定名称酒"以外的清酒统称为"普通酒"，目前市场销售的清酒中80%都是普通酒。清酒饮用温度的范围比啤酒等其他酒类要大，一般在5℃—55℃之间都可饮用。有一个说法是清酒是"燗してよい、冷やしてよい"（烫着也好喝，冰镇也好喝）。这是与啤酒和洋酒不同的、具有日本酒特色的地方。

　　烧酎类似中国的烧酒，以大米、麦或者甘薯为原料经过蒸馏而成，工艺的特点之一是没有"滤"的工序。烧酎主要在九州生产，其中熊本县南部的米烧酎，长崎县壹岐的麦烧酎，宫崎县和鹿儿岛县的甘薯烧酎（芋焼酎）比较有名。泡盛是冲绳地区出产的酒，属于烧酎的一种，特点是以大米和黑米曲为原料。

　　酒在日本人的人际交往中占有非常重要的地位。日本人中爱饮酒的人很多，也不介意喝醉，反而以醉酒为乐事。日本人白天是认真奋进的"工作狂"，晚上下班以后，很多人不回家吃饭，而是和同事到小酒馆里喝酒，这是日本人社交的重要形式。白天工作紧张，人与人之间保持着必要的距离和戒心，等到两三杯酒下肚，人们就打开话匣子，滔滔不绝地谈论很多工作时不好谈的事情，比如发牢骚、抱怨上司。因此饮酒也是日本人消除工作压力、放松心情的重要方法。日本人由于体质的缘故，比较容易醉，所以日本城市里晚上经常可以看见醉酒的男性在踉踉跄跄地走路，有的还放声高歌。旁边的行人都对此习以为常，熟视无睹。与中国人一样，聚会饮酒被日本人视为沟通感情、深化友谊的强大手段。商业谈判中很多让步与妥协都是在酒桌上达成的。日本人饮酒礼仪与中国有所不同，没有中国的劝酒甚至变相强迫饮酒的习惯。多人聚会的场合，一般先由年长或者地位高的人带领大家干杯（"乾杯の音頭をとる"），然后各自随意饮用。而且日本人说干杯，一般只是饮一口酒，并非真的把一杯酒一口气喝完。

日语有不少关于酒的谚语，比如赞美酒的益处的谚语有"酒は百薬の長"、"酒に十の徳あり"。也有劝诫饮酒适度的，比如"酒は飲むべし、飲まるるべからず"（要喝酒但不要酗酒失态）、"酒はホロ酔い、花は蕾（半開）"（花要半开、酒要微醺）。

六、茶与日本人

饮茶的生活习惯最早出现于我国。饮茶习俗传入日本是在平安时代初期，12世纪到13世纪，日本禅僧荣西到中国学习禅宗，回国时把制茶技术带到日本。饮茶首先在寺院僧侣中间流行开来。当时寺院饮用的是茶粉，在此基础上日本发展出了茶道。江户时代茶叶代替茶粉成为人们日常的饮品。日本制作茶叶的方法与中国有所不同，中国一般采用炒的方式，而日本多用蒸。有的日本学者认为在日本文化中茶与酒处于一种双峰对峙的关系。酒使人陶醉、意识模糊，祭祀神的时候要供酒，酒味道较苦、较浓烈，一般男性饮用较多，酒与节庆典礼关系密切。而茶则使人清醒，佛教仪式的时候需要献茶，茶口味较温和，是女性化的饮品，也与日常生活关系密切。[11]

第三节　服装文化

"和服"（和服<ruby>わふく</ruby>）一词是日本传统服装的统称，类似的词还有"着物"（きもの）和"呉服"（ごふく）。"着物"一词在明治以前泛指所有衣服，随着西式服装的普及，"着物"的含义逐渐变成专指传统的和式服装，或者特指一套和服中最外面的长衫（長着 なかぎ）。在日本专门经营和服衣料的商店叫做"呉服屋"。

---

11. 熊仓功夫、石毛直道『日本の食100年（のむ）』，ドメス出版社，1996年，187頁。

一、和服的历史

　　日本在6—8世纪时受中国唐朝服装文化的影响，上层社会服装无论男女服装都模仿唐朝式样。平安时代在唐朝服装式样的基础上，逐渐发展出了具有日本特点的服装。平安时代贵族的服装以繁复著称，在日本服装史上占有重要地位。最复杂的服装当属女性的"十二单"（十二单〈じゅうにひとえ〉），一套十二单包括"单"（贴身的衣服）、"袿"（"单"外面叠穿的衣服，一般叠穿5层，有时多至20层）、"打衣"、"表着"、"袴"（宽大的红色裙裤）、裳（系在腰间垂在身后的衣服）等很多件衣服。这些衣服之间的色彩搭配很有讲究，形成了复杂的规则，称为"叠穿配色法"（襲ねの色目）。日本服装史上存在一个有趣的现象，即内衣逐渐外衣化，以及休闲服的正装化。例如现代女性和服的外衣（长衫）最早可追溯到平安时代男女都穿的内衣——"小袖"，而平安时代男性贵族打猎时的猎装——"狩衣"到了镰仓时代演变成武士的礼服。江户时代，小袖的形态已经和现代和服的长衫基本相同，并成为男女通用的主要服装，现代女性和服中的太鼓结、束带绳也出现了，因此江户时代是和服最终形成的时期。

二、和服的构成与"格"

　　和服一般在参加酒会或传统仪式的时候穿着，比如婚礼、毕业典礼、成人节等。不过夏季很多人穿浴衣作为外出服装。另外一些从事与传统文化有关的职业的人也多穿和服，如神道教、佛教等宗教界人士；茶道、花道的师傅；日本相声、歌舞伎、文乐的演员以及艺妓等传统艺术与娱乐界人士等。

　　女性和服其实不是一件衣服，而是由身穿的衣、腰系的带、脚踏的木屐等许多部件组成的一套服饰，说起来一套和服是一个颇为复杂的服饰系统。女性穿的和服主要包括：

　　1. 里衬衣（肌襦袢〈はだじゅばん〉）

　　2. 长衫（長着〈ながぎ〉）。这是和服的外衣。里衬衣和长衫都比普通人的身高要长，因此穿时要在腰间打一个横褶（おはしょり），用细腰带系紧。

　　3. 宽腰带（帯〈おび〉）和带枕（带枕〈おびまくら〉）。宽腰带长约3.6—4米，宽约15—20厘米，系时需在身上缠绕好几圈。宽腰带一般是丝制的，高级的腰带两面都绣有花纹，

普通的则只有单面绣花。宽腰带由于比较重，在背后打的结容易下垂变形，所以需要用枕头形状的带枕，起到固定作用。

  4. 束带（帯締）。这是扎在宽腰带上的一根质地较硬的细绳。

  5. 日式袜子（足袋）和木屐（下駄）。女性一般穿白色袜子，男性则穿黑色的。日式袜子一般质地很厚，大拇指是分出来的。穿木屐时，木屐上的粗绳相交处（鼻緒）正好顶在袜子拇指与其他四趾的分杈处。

  应注意的是，未婚女性穿的和服和已婚女性的有很严格的差别。主要表现在前者的腋下不缝死，留着一个开口，叫做"身八口"；而后者的腋下都是缝上的，同时袖子较窄一些，这样的和服叫做"留袖"。

  和服根据穿着场合的不同分为许多"格"（等级、档次）。格高的和服适合隆重正式的场合，格低的适合轻松休闲的场合。不同格的衣服在织染工艺、花纹图案等方面各有不同，比如高格的和服衣料制作时先用单色丝织成布匹，然后染上图案。反过来，如果先将丝染上颜色，再织成布匹，用这样的衣料制成的和服格就低一些。再从花纹图案来看，格最高的要数带有"絵羽"花纹的和服，即在外衣上绘上一幅一幅美丽的日本画。"付下"花纹的格相对低一些，其特点是前后身的花纹图案全都朝着肩膀一个方向。另外一种较常见的花纹形式叫做"着尺"，其特点是前后身花纹方向相反，比如前身印的小鸟头朝左，则后身相应位置的小鸟头朝右。

  已婚妇女穿的最高格的和服叫"黒留袖"，其外衣底色为纯黑色，下摆上绣有一连串有喜庆意义的图案，如扇子、云、鹤、古代贵族乘的花车等等，外衣的背部、双肩和左右胸各有一个家徽。婚礼上新郎新娘的母亲以及媒人一般穿黒留袖。未婚女性的和服最高的格叫"振袖"，它全身洒满美丽的花纹，袖子很宽，穿上后走路有风飘仙袂之感。日语中"振"即是挥舞之义。和服中也有休闲服，例如"小纹"，适合参加茶会和友人聚会时穿着，小纹的意思是一块布料上印满同一种花纹。另一种较休闲的和服是浴衣（浴衣），一般是在家里穿，或者夏季过七夕节等传统节日的时候穿，其衣料有深蓝底色上印满碎白花的，也有彩色的。

  男性穿和服主要在出席婚礼、外交宴会等隆重的场合穿着。正装的格由高到低依次为家徽装（紋付）、纯白纺绸（羽二重）、特等绉绸（お召）、单色茧绸（無地紬）。最高级的礼服是由长衫（長着）、罩衫（羽織）和裙裤（袴）构成，罩衫上有五个家徽，故得名为家徽装（"紋付"意思就是"带家徽的衣服"）。

和服中本来也有适合劳动时穿着的衣服，比如半缠、法被和主要在农村干农活时穿的"蒙派服"（もんぺ　背带式劳动裤）

需要注意的是，和服无论男女，穿衣服的大襟都是左压右（从穿者的角度看），日语称为"右前"（右前みぎまえ），相当于汉语中的"右衽"。人死后给遗体穿衣服时要改成"左前"（左前ひだりまえ）。

三、近现代日本服装变迁史

明治时期，日本国民的服装开始西方化。首先，一些职业领域出于便于劳动、提高工作效率的需要，引进了西式的制服。如1887年前后产生了护士制服。20世纪初期，公共汽车售票员、饭店酒馆的服务员、女子学校的学生也相继有了自己的制服。其次，政府高官、商界巨头等上流社会从明治初年开始率先引领服装西方化的趋势，政府在鹿鸣馆（鹿鳴館ろくめいかん）频频举办舞会，加强与西方的交流，出席舞会的上层人士都穿着西式的礼服、长裙，鹿鸣馆成为文明开化、西方风格的标志。20世纪30年代，日本一步步走向侵略战争，战争导致日本物资匮乏，同时社会上也出现了反对西方化、要求过朴素生活的思潮。1939年时禁止烫发。日本人也无暇顾及追求服饰美，蒙派服成为女性最常用的服装。

战后，随着日本生活水平提高，人们越来越追求服装美。电视、服装杂志等现代传媒使得服装信息以前所未有的方式传播，新的式样的服装不断产生又迅速消失，形成了新旧不断更替的服饰流行文化。整体来说，法国的时装文化对日本影响非常大。日本设计师把巴黎视为时装的圣地，纷纷赴法国学习，以至于森英惠回顾这一段历史时感叹"当时日本包括媒体在内都有一种根深蒂固的观念，就是一流时装必须是巴黎的设计师设计的。我陷入一种绝望，自己无论怎样工作都得不到应有的评价"[12]。但经过众多日本设计师的努力，东京逐渐成为时装设计的中心和时尚流行信息的发源地。日本产生了森英惠、三宅一生、川久保玲、桂由美、高田贤三等一大批知名时装设计师。

战后日本经历过的流行服饰风格有：50年代皇太子结婚前后，女性争相模仿太子妃美智子的装束，在和服访问装上搭配动物毛皮作的披肩或者围领。60年代开始休闲式风格长期受到欢迎，代表服饰有超短裙、长筒袜。70年代开始流行牛

---

12. 木村春生：《服装流行の文化史》，现代創造社，1993年，76—77頁。

仔裤、夏天的露背露肩装、秋冬的大披巾。80年代流行运动风格的时装，如紧身裤（レオタード，由舞蹈练功服转化而来）、乞丐服等。

第四节 住 宅

一、现代日本住宅发展

战后初期，百废待兴，日本面临着严重的住宅困难问题，一个家庭拥有的住宅户数不到1套。1966年开始，日本政府实施住宅建设五年计划，至今已经实施了8个五年计划。第一和第二个五年计划的目标是解决住房难问题，达到一个家庭拥有1套住房的水平。在第5个五年计划完成时的1990年，住房面积达不到最低居住水平的家庭已经低于10%，2005年有一半以上的家庭达到"引导性居住面积"。2006年日本国会通过了《居住生活基本法》（『住生活基本法』），规定国家和地方公共团体要采取必要的措施，提升住宅质量，改善住宅管理；维护和提升各地区良好的居住环境；确保住宅交易的公正，促进住宅的流通等等。同年政府根据这部法律制订了《住宅基本计划》，其中规定了日本的居住面积标准，包括：

1. 最低居住面积水平：这是为了实现"健康且文化性的居住生活所需要的必不可少的面积"，其中单身者的住宅最低居住面积要达到25 m^2，2人以上的家户的住宅最低居住面积的指标计算方法是10 m^2×该户人数＋10 m^2；

2. 引导性居住面积：这是对居住面积的更高要求，是富裕而多样化的生活方式所必需的住宅面积。该指标又分为"一般引导性居住面积"和"城市居住型引导性居住面积"，前者面积较大而后者较小。其中城市引导性居住面积标准是单身者住宅为40 m^2，2人以上家户的面积计算方法是20 m^2×家户人数＋15 m^2。以四口之家为例，城市引导性居住面积就是20×4+15=95 m^2。

随着住宅五年计划的实施，以及民间房地产业的发展，日本住宅建设全面铺开。家庭住宅保有量在1968年达到了1个家庭拥有1套的水平。2003年日本全国住宅户数为5389万套，而家庭数量为4726万，这样一个家庭平均拥有的住宅达到1.14套。这意味着有不少家庭拥有2套以上住宅。长期以来，国际上公认日本的住宅面积狭小，欧洲人曾经用"兔子窝"（兔小屋〔うさぎごや〕）来形容日本人的住房。这是1979年欧洲共同体的一份文件中提到日本住宅问题时使用一个具有嘲笑意味的词，原意是指整齐划一、千篇一律的住宅楼，与面积大小无关。但是这个词传到日本之后，被误解为形容日本人住宅狭小。实际上日本国民的住宅情况怎样呢？每五年一次的"住宅土地统计调查"显示，60年代以来日本住宅面积增加很多。其中有产权的住宅建筑面积在1963年为77.99平方米，2003年达到121.67平方米。在住宅面积增加的同时，由于家庭人口的减少，人均居住面积相应地扩大了。1968年时人均拥有的室内居住面积是5.38铺席，2003年增加一倍，为12.11铺席。可见日本的住宅并不算狭窄。无论哪个国家，一般都是城市住宅面积较小而农村住宅面积较大。日本也不例外，太平洋沿岸地带大城市人口比较集中，住宅面积相对较小，而日本海沿岸经济相对落后，农村地区较多，因此住宅就相对宽敞。一套住宅的总面积最小的是东京，平均为62.54平方米，而最大的是富山县，达到151.88平方米。总的来说，住房狭窄的问题早已成为过去。日本对于住宅的要求开始从保证面积数量向提高居住品质转变。

　　现代日本对于住宅的要求主要有提高抗震能力、便于儿童和老年人居住等，从这些角度考虑，就要求提高安全性和隔音能力、配备完善的无障碍设备、提高节能环保水平、保证日照采光等等。在超高层大楼林立的大城市，日照不足问题尤为突出，很多低层住宅长时间隐藏在高楼大厦的阴影里。居民们为了争取日照权也经常进行诉讼。日本的住宅传统上以一家一户独立建筑为主。大多数人的居住理想就是在空气清新的郊外拥有一户西式风格的独立住宅。但实际上，很多日本人无力购买单门独户的住宅（一戸立て住宅），只能选择住宅楼。在日本用于租赁的住宅楼称为"アパート"，大型的、主要用于出售的商品住宅楼称为"マンション"。住宅楼大约从20世纪70年代开始迅速普及，尤其在大城市，进行了大规模的住宅楼建设。统计显示，1963年单门独户的住宅的比率高达72%，住宅楼仅有12.5%。但是随着城市化的进行，城市土地紧张，单门独户的住宅逐年减少，不过2003年依然有56.5%。同时住宅楼上升到40%。到2007年底，日本全国已建成的楼房式住宅存量为528.4万套。住宅楼成为城市居民主要的居住形式。

　　日本人喜欢木结构建筑。1963年时木结构住宅占到86.2%。木结构容易发生火灾，对此日本发明了防火的木结构，另外钢筋混凝土结构的现代住宅增加也很快。目前日本住宅中木结构、防火木结构和钢筋结构基本是三分天下。[13]

---

13. 『数字でみる日本の100年』改订第5版，矢野恒太記念会，2006年。

日本对住宅制定了非常详细的标准，涉及材料、设备、构件、结构、安全性等各个方面。细致严格的标准，有利于住宅建造的规模化、工业化。日本的住宅建造已经实现了标准化和构件化（部品化），采用PC工法，即钢筋混凝土预制板工法。组成住宅的各个构件，如墙壁、屋顶、门窗、壁橱以及成套厨房设备、浴室、卫生间构件等预先在工厂里按照一定的规格标准批量生产出来，然后运到建筑现场组装成一座住宅。构件化大大提高了建造住宅的速度。采用这种预制板工法建造的住宅称为"预制板住宅"（プレハブ住宅）。住宅的标准化也推动了日本房地产业的发展。

标准化虽然提高了住宅生产的效率，但是带来了住宅千篇一律、缺乏个性的问题。随着生活水平的提高，在1970年代前半期第一次石油危机以后，人们越来越追求住宅的个性化。住宅建造也从少品种大量生产型转变为多品种少量生产型。

二、战后日本公有住宅制度

现代日本的住宅供应有两大体系，一是由国家资助建造的公有住宅，占45.7%，二是由私人或民间企业建造出售的商品住宅，占54.3%。公有住宅是由国家或地方公共团体提供资金建设的住宅，包括公营住宅（公営住宅 こうえいじゅうたく）、公团住宅（公団住宅 こうだんじゅうたく）、公库住宅（公庫住宅 こうこじゅうたく）等三种形式，它们号称日本公有住宅的三大支柱。公营住宅是国家或地方公共团体为低收入人群提供的廉租住宅，对于入住资格有收入限制，地方公共团体建设公营住宅所需的资金由国家财政补贴。公营住宅建设在60年代掀起一个高潮，70年代以后建设数量减少。公团住宅是由原日本住宅公团和原都市整备公团建设并提供给劳动者的住宅，有住宅楼和独户住宅两种，以住宅楼为主。住宅楼提供方式是可出租也可出售。日本曾经有住宅金融公库，向购房者提供长期低息贷款以资助购房，使用这种贷款建设或者购买的住宅就是公库住宅。

日本公有住宅的户型设计是nLDK模式。1953年，日本根据日常生活的实际需要确立了这一户型模式，L是起居室，D是餐厅，K是厨房，n是卧室间数。总体以洋室（西式房间）为主，但也设有一个和室，这是除了起居室以外家人共同活动的第二个空间。房间布局遵循着食寝分离、亲子卧室分离、公私分离的生活理念。nLDK模式适合核心家庭居住，后来广泛在商品住宅中采用。公有住宅的设计体现出小户型和标准化的特色。

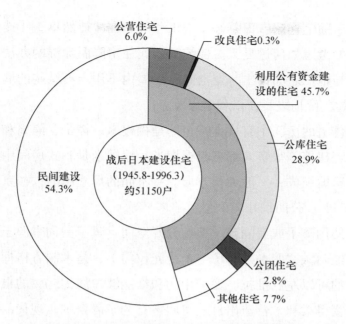

图3-3 战后日本建设住宅总量及构成
资料来源：丁士泓：硕士论文《日本公有住宅研究》，2008年，第6页

表3-1 公团住宅户型面积指标

	东京及关东社	关西社	中部社	九州社
1LDK	61平米			
2LDK	76平米	77平米		61平米
3LDK	89平米	85平米	81平米	76平米
4LDK	107平米	99平米	93平米	104平米

资料来源：卞洪滨、邹颖：《小与美——以日本、新加坡和香港公共住宅为例》，《世界建筑》2008年第3期。

三、日本的传统住宅

  日本传统的住宅在设计上重视应对夏季高温潮湿的天气，这是由于日本人的体质特点是害怕潮湿闷热、但能够忍受寒冷的缘故。一位法国学者雅克·普斯·马萨比奥在《住宅与日本文化》一书中提到，他曾经问了几个日本朋友，日本冬天很长，东北地区尤其冬季特别长，为什么盖的房子却如此简朴？结果他们的回答几乎一模一样："寒冷并不可怕，……而夏天炎热实在受不了。"[14]早在14

---

14. ジャック・プスー・マサビュオ一著，加藤隆訳：『家屋と日本文化』，平凡社，1997年，20頁。

世纪左右，著名随笔作家吉田兼好（吉田兼好<ruby>よしだけんこう</ruby>）在《徒然草》（徒然草<ruby>つれづれぐさ</ruby>）中就指出，盖房子主要考虑如何过夏天。传统的和式住房降温除湿的办法有，用柱子把地板架起来，与地面之间留出一定空间，房屋内不用土石结构的墙，而是用轻巧的便于拆装的拉门隔扇之类，以利于通风。

日本传统住宅的房间中有日本特色的是榻榻米、幛子、隔扇和"床间"。提到日本传统住宅建筑，很多人都想起榻榻米。榻榻米是和式房间中铺在地面的一种席子，用蔺草编织成，一般为长方形，有不同的尺寸标准，如京间（京間<ruby>きょうま</ruby>）、江户间（江戸間<ruby>えどま</ruby>）、公团尺寸（公団サイズ）等等。

和式房间使用障子或者隔扇（襖<ruby>ふすま</ruby>）分开空间。障子一词来源于中国，现代的障子在古代曾经叫做"明かり障子"（采光拉门），是木制方格框架上糊上半透明的和纸，有的可以左右推拉。障子用的和纸能够过滤约50%的自然光，使得射进房间的光线变得柔和，营造出日式房间特有的宁静氛围。现代的隔扇是在木制无方格的框架上两面糊上布或者纸，有的是单色的，有的隔扇则有花纹图案，比如一些大名住宅和寺院建筑用的隔扇上往往请画家在上面绘制美丽的图画。与障子不同的是隔扇不具有透光功能。

床间（床の間<ruby>とこのま</ruby>）是和式住宅的客厅里具有装饰功能的空间，由床柱、床框、床板组成。床间的墙上挂上绘画或者书法作品，床板上摆放瓶花、香炉或其他工艺品等等。床间最初起源于室町时代，此时将军和高级武士房间开始设有一个摆放高级艺术品的空间，后来逐渐发展为床间。这种住宅式样在明治维新以后普及到一般民众之间，成为和式房间的传统因素。和式住宅中并非所有的房间里都设有床间，只有最主要的房间"座敷"（客厅）里才设有床间。床间有各种不同的档次，最正规、档次最高的式样叫做"本床间"。

床间的一侧设有"书院"，另一侧空间则称为"床胁"（床脇）。书院朝向屋外的走廊，带有一个障子做的采光用的窗户，最初是作为看书的地方。正式书院在窗户下方铺一块木板，辟出一个相对独立的空间，简略式的书院则只有窗户。"床脇"一般设有"床脇棚"，相当于中国的多宝格，用于摆放古玩和工艺品。

日本式住宅保留了古代的风格，同时也合理地利用了空间。主要表现是用容易移动拆装的隔扇、拉门分隔空间。平时用障子、隔扇把大房间分隔成几个独立的小房间，分别用作饭厅、寝室等；招待客人的时候则拆下障子、隔扇，把几个小的房间合成一个大房间。这样可以简单地实现大小空间的转换。空间利用的巧妙合理可以说是和式房间最大的优点，而缺点则是障子、隔扇以及木板门不利于

80

冬季御寒，因此和式房间冬季相当寒冷。

第五节　节日习俗

一、传统民俗节日

（一）新年

日本在明治维新以前使用农历，元旦就是农历正月初一，也叫"正月（しょうがつ）"。明治维新后改用西历，所谓正月也随着变成西历1月1日。农历1月1日不再是一个节日，这一点和中国保留春节的做法不同。日本过新年的准备工作从12月开始，家庭和工作单位都要开展大扫除，将房间彻底清扫干净，以示除旧迎新之意。这叫做"扫煤灰"（煤払（すすはら）い）。古代有在12月13日扫除煤灰的习俗，表示消除一年的秽气，干干净净地迎接岁神降临。现代扫煤灰一般不迟于12月25日。很多地方把大扫除用的笤帚留到正月十五过"火节"（どんど焼き）的时候烧掉。

迎接新年的准备还包括对住宅进行一些装饰，主要有：

1）门松（門松（かどまつ）），门松一般是成对的摆放在大门口，这被认为是年神降临时的凭依处。其形制各地略有不同，正式的门松是中间竖三根竹子，周围配以松枝、小竹叶，然后用粗稻草绳捆住。摆放门松的日子也有讲究，一般在26日、27日、28日和30日这四天。29日因为9在日语里与"苦"发音相同，所以这一天摆放门松称为"苦立"（苦立て），31日摆放门松称为"一夜饰り（いちやかざ）"，这都是应该避免的。

2）注连绳（注連縄（しめなわ））：新年时普通家庭在门口拦上一条注连绳，表示将邪气妖魔拦在门外。注连绳用稻草编成，上面系上白色的垂纸（日语为"紙垂（かみしで）"），用来表示神圣区域、防止外界污秽或妖魔侵入。神社里都悬挂注连绳。

3）注连饰（注連飾（しめかざ）り）：在注连绳的基础上附加一些有吉祥意义的装饰品，就叫做注连饰。比较正式的注连饰装饰以日本花楸叶子、海带、交让木叶子、酸橙、折扇、垂纸。日本花楸（"裏白（うらじろ）"）的叶子是白色的，日本传统上重视白色，认为白色象征洁净和神圣。交让木（譲（ゆず）り葉（は））的特点是新芽萌发之后老的树叶才会凋落，日本人把它作为子孙繁衍生命延续的象征。同样酸橙在日语中叫做"だいだい"，发音与"代代"相同，也象征着家庭世代繁荣。折扇叫做"末広（すえひろ）"，其形状是逐渐展开的，寓意未来越来越美好、前景广阔。注连饰也有简化的形式，就是把注连绳做成圆环形，配上花楸叶和交让木的叶子，称为环饰（輪飾（わかざ）り）。注连饰与环饰一般挂在住宅的大门口以及室内的房门上方。

传统的迎接新年的习俗还有挂年神龛（年棚（としだな）），这是供奉年神的地方。一般要挂在半空中，朝向年神到来的方向，这个方向叫做惠方（恵（ほう）方）。日本相信每年年神来的方向不同，因此年神龛的朝向也每年更换。年神龛里要供奉镜糕和神酒，点上灯火。

糕类食品在古代属于供奉给神的具有节庆礼仪性质的食品。过新年时供神的镜糕是白色的，扁圆形，日本认为这种糕的形状与镜子比较接近，所以称为"镜糕"。镜糕的摆放方式是一大一小叠放在一起，周围饰以日本花楸叶、酸橙、大龙虾、海带等等。过完年要把镜糕撤下来，打碎后和蔬菜一起做成"杂煮"（雑（ぞう）煮（に）），或者和红小豆一起做成小豆年糕汤（汁粉）。一家人聚在一起分而食之，叫做"开镜糕"（鏡開（かがみびら）き），这是传统祭祀中神人共食习俗的一个缩影。开镜饼的日子江户时代以前在农历正月20日，到了江户时代，幕府下令改在正月11日，现在一般都在阳历1月11日了。

12月31日叫做大晦日（大晦日（おおみそか）），相当于中国的除夕。大晦日是一家团圆的时刻。日本人的年夜饭一般是吃"过年荞麦面"（年越（としこ）しそば），荞麦面的形状是长条形的，象征着长命百岁。很多人彻夜不眠，到寺庙或者神社门口等待参拜。寺庙在1月1日零点到来之际敲钟。钟声要敲108下，这是来源于佛教中人有108种烦恼的说法，敲108下钟象征着消除所有的烦恼。这称为"除夜之钟"（除夜（じょや）の鐘（かね））。零点一过、寺庙、神社打开大门，早已排队等待的人们争先恐后蜂拥而入，希望能成为第一批礼拜者。新年的第一次参拜寺庙神社称为"初次参拜"（初詣（はつもうで））。"初次参拜"习俗其实是明治时期随着东京的城市铁路建设而出现的近代民俗。"初次参拜"不限于元旦这一天，只要7日之前任何一天都可以。

新年作为时间新旧交替的时期，从节庆状态过渡到平凡的日常生活状态需要一段时间，在日本1月7日、11日和15日都是重要的过渡日。7日是把门松、注连绳、注连饰收起来的日子，因此传统上元旦到7日这一天称为松内（松（まつ）の内（うち）），是真正的新年期间。11日是把镜糕撤下来分给家人吃的日子。15日称为小正月，在1月14日晚上到15日早晨这段时间，把上述注连绳、注连饰还有初次试笔用的字纸收集起

82

来拿到神社寺庙里，集中烧掉。这是缘于火崇拜的习俗。这个节日叫做"左义长"或者"火节"（どんど焼き）。传统上小正月才是新年的结束。但是现代很多公司、医院和政府部门等都是1月5日恢复上班，新年的时间大大缩短了。

（二）节分（節分_{せつぶん}）

节分是指立春的前一天。立春相当于阳历的2月4日或5日。立春意味着春天的开始，中国传统上各地都有丰富多彩的庆祝立春的习俗，但是现代很大程度上都衰落了。日本至今还保留着庆祝立春的风俗，其核心思想是祛病避邪，时间是在立春的前一天，即2月3日或者4日。原来日本把立春、立夏、立秋、立冬四个节气的前一天都叫做节分，后来仅把立春称为节分。立春是冬去春来、季节变化的关键时期，日本俗信认为这样季节转换的过渡期容易有"鬼"给人们制造疫病和灾害，所以要在立春的前一天驱鬼。驱鬼的最重要的方法就是抛洒炒大豆。抛洒之前先把大豆盛在方形的米升里，放在神龛上，供奉给神。到晚上开始撒豆。撒豆时先把门窗打开，站在门口向外抛洒，同时说"鬼出去！"（鬼はそと），然后在房间里撒豆，同时喊："福进来！"（福はうち），表示福气进入家中。撒完以后要迅速把门窗关上，以防止福气散掉。负责撒豆的是赶上本命年的男子，如果没有本命年的男子，就由男性家长来撒。现在寺院神社举办公开的大型的撒豆仪式，邀请艺人、运动员等公众人物前来助兴，吸引大批游客参与。撒豆之后，还有吃豆的习俗。每人吃和自己年龄相同数量的炒豆，可以保佑一年平安。节分习俗追根溯源可以上溯到奈良时代宫廷里举行的大傩仪式，这是从中国传播过去的驱鬼仪式。

节分时还有其他一些驱鬼避邪的习俗，如把沙丁鱼的头、葱等烧过之后插在刺叶桂花（ひいらぎ）的树枝上，然后放在门口或屋檐下，这叫做"烧嗅"（烧_{やい}嗅_{かがし}）。俗信认为沙丁鱼头散发的臭味可以驱散鬼怪，刺叶桂花上的刺可以刺痛妖怪的眼睛。

（三）女儿节（桃花节）

3月3日是日本的女儿节（"雛祭り_{ひなまつり}"），又称桃花节（桃の節_{せっ}句_く）。这一天有小女孩的家庭会摆放女儿节偶人。关于这个节日的起源有多种说法，通常认为是在中国的3月上巳习俗的基础上演变而来。也有的学者认为女儿节保留了日本的古代贵族女孩玩偶人的习俗要素。中国从魏晋开始把3月3日作为祓禊之日。祓禊的风俗习惯后来传到日本，人们把用纸或者木片做成人的形状，称为"人形"（人_{ひとかた}形），视之为人的替身。把人形在身体上贴一下，就认为人的罪恶、邪气就转移到人形上面，然后把人形扔进水里顺水流走，表示把罪过邪气一起带走。江户时代出现摆放豪华的偶人娃娃的习俗，其目的不是为了驱走邪气，而是为了祈祷女孩子健康成长、将来婚姻幸福。摆放偶人的台子是楼梯形的，上面铺着红毡，称为"偶人坛"，偶人坛有3层、5层，也有多至7层的。偶人中最主要的叫"皇宫偶人"（内裏雛），分别是一个王子和一个公主，此外还有女官、大臣、乐师等。除了观赏偶人以外，比较正式的庆祝女儿节的习俗还有为女孩准备女儿宴，包括红豆米饭、散寿司、桃花酒、蛤蜊汤、菱糕。蛤蜊是一种贝类，其贝壳不能与别的蛤蜊贝壳配对，只有同一只蛤蜊的壳才能合得上。在古代这象征着贞女不嫁二夫，现代则成为女性婚姻幸福的象征。菱糕（菱餅）是切成菱形的糕点，共有三层，分别是红、白、绿三种颜色。红色代表桃花，白色代表洁净，绿色部分则是用艾草做成，具有祛邪的意义。

（四）彼岸节（彼岸）

彼岸节是佛教色彩的节日。一年有两个彼岸节，分别是春分（3月21日）的前后7天和秋分（9月21日）的前后7天。"彼岸"是佛教词汇，指解脱烦恼达到涅槃的境界，转义为死后世界。佛教中有彼岸会仪式，是纪念祭奠死者的仪式。平安时代日本就有了举行彼岸会的习俗，后来逐渐形成有日本特色的彼岸节。在这段时间各个家庭上坟扫墓，祭奠先人。寺院举行彼岸会。春分秋分都是季节的转折点，气温开始明显变化。所以日本有一句流传很广的谚语，叫做"寒冷炎热都是到彼岸为止（暑さも寒さも彼岸まで）"。

（五）端午节（5月5日）

端午节也是很早就传到日本。以前是在阴历5月5日，近代改成阳历5月5日。日本保留了中国端午节吃粽子、洗菖蒲浴的习俗，在漫长的武家政治时代，又加进了不少武士文化的因素。现代日本过端午节也吃粽子（粽），日本的粽子形状与中国的不同，是用竹叶包成一头粗一头尖的长条形，5个一组用细绳束起来。粽子与关于屈原的传说在日本流传很广。

除了吃粽子以外，端午节还有吃槲叶糕的习惯，这是日本特有的习俗。日语名为"柏餅"，但其实是用槲树的叶子包的糯米糕。在古代，槲树叶被用来作为盛放食物的餐具。槲树在新芽长出来之后，老的叶子才会凋落，因此日本把槲树视为家族延续的象征，吃槲叶糕以祈祷子孙香火不断。

农历五月是天气逐渐炎热、容易生病的时期。中国古代把五月视为"毒月"，用插菖蒲、艾草，喝雄黄酒等方式驱除瘟疫。这些观念也传到日本，日

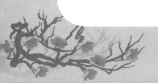

本沿用了中国插菖蒲、或者把菖蒲泡在水里洗澡的方法，依靠菖蒲的香气驱赶邪气。不过在武家掌权的漫长历史中，日本逐渐把尚武的文化融进端午节。镰仓时代前后，端午节的内容逐渐变成祝福男孩健康成长，长大后成为一名优秀的武士，飞黄腾达。菖蒲此时也被赋予新的解释，因为其发音为"しょうぶ"，与"尚武"相同，所以被用来祈祷男孩将来能够勇武过人。江户时代武士阶层有在端午节这一天摆放成套的盔甲和武士偶人的风习，町人阶层也竞相模仿，并且发展出了悬挂鲤鱼旗（鯉 幟<ruby>こいのぼり</ruby>）的习俗。中国有鲤鱼跳龙门的故事，日本由此用鲤鱼象征儿童茁壮成长，将来前途大好，出人头地。现代日本把端午节定为法定假日，称为儿童节（子供の日）。法律规定儿童节要弘扬的精神是"尊重儿童的人格，增进儿童的幸福，并感谢母亲"。有小孩的家庭在户外挂起鲤鱼旗，包括黑鲤鱼旗、红鲤鱼旗和小鲤鱼旗。有男孩的家庭摆放武士偶人（武者人形），现代的武士偶人的主体部分是一套古代武士的头盔和铠甲的模型，配以一些打仗用的物品，如军旗（のぼり）、弓箭（弓矢）和战鼓（陣太鼓）等。

（六）盂兰盆会（お盆<ruby>ぼん</ruby>）

盂兰盆节是佛教与日本古代的祖先崇拜、灵魂观念相结合而产生的节日。佛教的《盂兰盆经》中有著名的目连救母的故事。日本认为，死去的祖先的灵魂会停留在附近的山上或者海上，每年定期回到人的世界，看望自己的家人。佛教中拯救在冥界受苦的亡灵的仪式传到日本以后与日本的灵魂观念结合起来，就成为现在的夏季每个家庭迎接祖先灵魂回家的习俗。盂兰盆会有的地方在公历7月15日前后举行，还有的地方在公历8月15日前后举行。为了迎接祖先灵魂，要在13日搭盂兰盆祭坛，称为"精霊棚"，这是在一张方桌的四角树以竹竿，拦上绳子，桌上供奉祖先牌位、佛坛、水果、蔬菜和蜡烛。比较有特色的是用茄子、黄瓜插上小棍，比作牛马，这是供祖先到来和离去时乘坐的交通工具。13日的傍晚是祖先灵魂回家的时刻，这时要烧麻秆（オガラ），用火光为祖先引路，叫做"迎火"（迎え火<ruby>むかえび</ruby>）。同样，祖先灵魂离去的时候也要烧麻秆，称为"送火"（送り火<ruby>おくりび</ruby>）。京都每年8月15日或16日举行的"大文字山篝火"（大文字山<ruby>だいもんじやま</ruby>），就是送火的一种。盂兰盆会期间日本有举行集体舞的习俗，称为盂兰盆舞。盂兰盆舞起源于镰仓时代僧侣一遍上人创造的念佛舞，现在已经成为一个社区的居民加强交流、增进友谊团结的手段。另外盂兰盆会也和新年一样是日本人回家乡探望亲友的时期。

（七）中秋节（十五夜<ruby>じゅうごや</ruby> 中秋の名月）

日本传统上也有在农历8月15日赏月的习俗。一些寺庙神社举办赏月会，吸引游客参加。不过日本的中秋节祈祷农业丰收的因素更加明显，一般的祈祷方法是供上"赏月团子"和时鲜水果蔬菜（芋头、柿子、栗子等），配以芒草和胡枝子（萩），面对月亮祈祷五谷丰登。

（八）酉市（酉の市）

酉市是11月的酉日（一般有3个酉日）各地的鹫神社（或者叫大鸟神社，发音都是"おおとりじんじゃ"）举行的祭礼。该祭礼的主要内容是在神社里举办集市，出售吉祥物。酉市上卖的最多的吉祥物是"熊手"（熊手）。这是一种耙子，耙子的主体用竹子制作，装饰以鲷鱼模型、多福女面具、注连绳、大黑天等等，表示招财进宝、吸引福气。一般经营商业的人家喜欢买熊手。"酉市"是民俗节日，其起源比较晚近，是江户时代武藏国一个村庄的农民为了庆贺农业丰收，向该村的鹫大明神神社进献鸡（鶏），鹫、鸡都属于鸟类，酉在十二生肖中也是与鸡联系起来，所以后来形成了鹫神社在酉日举办祭礼的习俗。

二、日本的国民节日（法定假日）

除了以上民俗节日以外，日本法律还规定了一些国民节日（"国民の祝日"）。国民节日是全体国民都庆祝、表达感谢或者纪念的节日，1948年制定的《关于国民节日的法律》（『国民の祝日に関する法律』）中规定了若干个国民节日。该法律后来经过几次修改，最新一次修改是在2005年，规定了15个国民节日，全部都是法定假日，其中有一些与民俗节日重合。有不少国民节日可以追溯到战前与天皇制有关的节日，如建国纪念日、春分日、秋分日、海洋日、勤劳感谢日等。原来这些节日都在固定的日期，如1月15日，10月10日。2000年，为了方便国民休假，日本通过了"快乐星期一法案"（ハッピーマンデー法案），把大部分国民节日调整到星期一，这样国民可以获得从星期六开始连续三天休假的机会。

成人节（成人の日）：原来规定1月15日为成人节，目前已改为1月的第2个星期一。日本法律规定年满20岁就成为正式的负有法律责任的公民，年满20岁的人要过成人仪式，仪式的精神是祝贺并鼓励当事人"意识到自己长大成人，能够独立生活"。经过成人仪式，年轻人就开始履行法律赋予公民的权利与义务。当年年满20岁的年轻人被称为"新成人"（新成人），他们往往穿上正式的和服出席成人节典礼。

建国纪念日（建国記念の日）：其前身是1872年明治政府规定的"纪元节"（"紀元節"）。明治政府依据《日本书纪》中记载的神武天皇即位的日期，经过推算，确定2月11日为古代天皇制政权建立的日子，就把此日定为纪元节。二战后在反思天皇制的过程中曾经一度废除了纪元节。但是日本自民党等保守势力很快开展恢复这个节日的运动，最终于1969年通过政令把2月11日定为"建国纪念日"，宣布设立这个节日的主旨是"纪念建国，培养爱国心"。这个节日表明战前的天皇制因素在现代日本依然存在。

春分日·秋分日（春分の日、秋分の日）：春分、秋分与彼岸节祭奠祖先的习俗有着很深的渊源。在二战前日本实行天皇制极权主义政治时期，政府把春分和秋分日定为"春季皇灵祭"和"秋季皇灵祭"，天皇在皇宫里举行祭奠历代天皇的仪式。战后《关于国民节日的法律》取消了"皇灵祭"的说法，改为"春分日"、"秋分日"。"春分日"的精神是"赞美自然，爱护生命"，秋分日的精神是"敬仰祖先，缅怀死去的人们"。

昭和日（昭和の日）：4月29日这一天是昭和天皇的生日。日本法律规定在位天皇的生日自动成为国民节日，战前叫"天长节"，现代叫做"天皇诞生日"。1989年昭和天皇死后，日本社会中尊崇天皇的势力立刻开始谋求保留这个节日。国会方面在这种呼声的推动下，把4月29日改称为"绿节"，原因是昭和天皇精通生物学，热爱植物。2005年5月，参议院通过了"节日修改法"，把这一天改为"昭和日"，规定这个节日的精神是"回顾经历了动荡的岁月后实现复兴的昭和时代，思考国家的未来"。而原来的绿节从2007年起改为5月4日。

宪法纪念日：1947年5月3日新宪法开始实施。日本历史上第一次以宪法的形式确立了"主权在民"、"和平主义"、"尊重基本人权"等理念，当时日本社会普遍认为这标志着新日本的开端，对于未来的发展充满期望。为了纪念宪法的实施，日本把5月3日定为宪法纪念日。

儿童节（こどもの日）：现代日本把端午节定为法定假日，称为儿童节。法律规定儿童日要弘扬"尊重儿童的人格，增进儿童的幸福，并感谢母亲"的精神。

海洋日（海の日）：7月的第3个星期一。海洋日正式设立是从1996年开始，但是其起源却可以上溯到1876年，当时明治天皇乘坐"明治号"汽船视察东北和北海道地区，7月20日回到横滨。1941年，已经走上侵略道路的日本政府为了纪念明治天皇的这次视察，就把7月20日定为海洋纪念日。战后，1959年开始一些与海事有关的团体，如日本海事振兴会，发起了把海洋纪念日变为法定节日的运动。1996年日本国会修改国民节日法，把7月20日定为海洋日，纳入法定假日。2003年开始又把时间改为7月的第3个星期一。国民节日法中规定该节日的精神是"感谢海洋的恩惠，祝愿海洋国家日本繁荣昌盛"。

敬老日（敬老の日）：9月的第3个星期一。该节日起源于民间，1947年兵库县的一个村长门胁政夫提议把9月15日设为老年人节，号召尊敬老年人。后来老年人节逐渐普及到全国。1966年纳入国民节日，改称"敬老日"。现在敬老日改在9月的第3个星期一。

体育日（体育の日）：10月的第2个星期一。1964年10月10日东京成功举办奥运会，标志着日本综合国力提高到一个新的水平。为了纪念奥运会的成功，1966年起规定10月10日为体育日，提倡国民"积极从事体育运动，培养健康的身心"。日本习惯上认为秋天是读书的季节、食欲好的季节和运动的季节（読書の秋、食欲の秋、運動の秋）。在体育日这一天学校、公司举办运动会，号召大家加强体育锻炼。

文化日（文化の日）：11月3日。11月3日在日本有两层意义。第一，这是明治天皇的生日，明治天皇在位期间，国民都要庆祝这个节日；明治天皇死后，为了表示纪念他，此日改为"明治节"。第二，战后日本的新宪法就是在1946年11月3日公布的，新宪法崇尚自由、和平与文化，于是把这一天定为"文化日"，以弘扬"热爱自由与和平、发展文化"的精神。

勤劳感谢日（勤労感謝の日）：11月23日。这个节日是战前新尝祭（新嘗祭）的延续，只是名称有改动。新尝祭是从大和朝廷时代就存在的天皇制祭祀，天皇在每年仲冬（农历11月）举行新尝祭，感谢神赐予农业丰收。1873年开始定11月23日为新尝祭，是法定假日。战后，这个节日被保留下来，改为"勤劳感谢日"，名称掩盖了原有的天皇制和神道色彩。现在这个节日的精神是"尊重劳动，庆祝生产，国民之间互相感谢"。由于新尝祭本来就有庆祝农业丰收的含义，现在在这一天多举行农业方面的活动，如搞农林水产品的展览会等等。

天皇诞生日（天皇誕生日）：12月23日。现任明仁天皇的生日。这一天皇宫里举行为天皇祝寿的各种活动，皇宫的二重桥开放，接受国民的祝贺。

第六节　人生仪式

一、婚礼习俗

　　婚姻是终生大事。在任何国家结婚行为都伴有一系列复杂的习俗和仪式。在日本，正式的婚礼之前要经过订婚仪式（結納ゆいのう），男方向女方赠送订婚礼物，女方适当还礼。江户时代只有有钱的商人阶层才举行结纳仪式，但是明治以后逐渐在各阶层流行开来。关东与关西的结纳程序有一些区别。在关东地区，由媒人带着男方的礼物送到女方家里，然后把女方的回礼带给男方家里。而关西则是男女两家与媒人聚在一起，主要是男方向女方赠送礼物。正式的礼物包括礼金（结纳金）和若干种具有吉庆意义的礼品，如干鲍鱼条（長熨斗ながのし）、鲣鱼茸（鰹節）、乌贼干（寿留女するめ）、海带、白色麻线（友白髪）, 数量一般为3、5、7等奇数。鲣鱼茸发音为かつおぶし，谐音为"勝男武士"，象征着准新郎是出色的男子汉。乌贼干能够保存很久，象征家庭美满长久。海带发音为"こんぶ"，除了与"喜ぶ"谐音以外，日本人为之注上发音相近的汉字"子生婦"，用以表达希望女性将来早生贵子的意义。白色麻线比喻白发，寓意夫妻能白头偕老。干鲍鱼条是自古以来日本人赠送礼物的必备品。

　　现代日本人把婚礼形式分为基督教式、神前式（神前式しんぜんしき）、佛前式（仏前式ぶつぜんしき）和与宗教无关、仅邀请父母亲友同事等列席的人前式（人前式ひとまえしき，或读作"じんぜんしき"）。其中采用基督教式的最多，达60%以上，神道式和人前式约占16%，佛教式婚礼最少。一般年轻人，尤其是女性，非常向往西式婚礼中婚纱飘扬的浪漫气氛，婚礼的基督教化其实是西方文化在日本处于强势的一个表现。不过大多数基督教式婚礼并非意味着男女双方加入基督教，不是真正意义上的基督教仪式。其举行地点也往往不是在教堂，而是在酒店或者专门的婚礼馆。日本有十分发达的婚庆业，会根据客户的要求，统筹安排某一个形式的婚礼。

　　现代的神前式婚礼其实出现的比较晚，其起源是1900年当时的皇太子（后来的大正天皇）结婚的时候在皇宫里的贤所举行的婚礼仪式。1901年日比谷大神宫（现在叫东京大神宫）为了纪念皇太子的婚礼，创立了神前式婚礼的仪式。

　　正规的神前式婚礼要在神社里举行。其程序有神职人员对所有参加者进行被除，宣读祝词，然后新郎新娘饮神酒，朗读结婚的誓言，进献玉串，交换戒指。参加婚礼的双方的亲友也共饮神酒。新郎新娘的饮酒仪式称为"三三九度"（三々九度）。现代正规的三三九度礼仪是用三个斟上酒的杯子，第一个杯子先由新郎分三口喝完，然后递给新娘，重新斟酒后由新娘分三口喝完，其余两杯酒的饮酒程序与第一杯酒相同。

神前式、佛前式婚礼中新娘穿的衣服体现很多日本婚礼文化的特色。一般要穿整套纯白的"白无垢"（白無垢），即罩袍、衬衣和腰带、草鞋全部是白色的，也有的穿彩色的罩袍（色打掛），头上要戴白色的新娘头纱（角隐）或者白色的绵帽（綿帽子）。绵帽把新娘整个头都遮起来，表示"在仪式举行期间不能让新郎以外的人看到自己的脸"，以显示新娘的矜持。戴"角隐"是明治以后才出现的婚俗，顾名思义就是掩盖棱角、内敛恭敬、顺从丈夫。整套婚服采用纯白颜色，一般认为是表示新娘像一张白纸一样，能够适应夫家的生活。新郎要穿有家徽的外衣和裙裤（紋付羽織袴）。婚礼过后要举行庆祝宴会（披露宴），宴会期间新郎新娘会换几次衣服，有和服，也有西式礼服，展示美丽风采，称为"换色"（お色直し）。

在婚礼上，参与者讲话必须注意用词的选择，避免说有分离、反复、消失等意思的词，这样受到禁忌的词很多，如離れる、切れる（切る）、返す（返る）、別れる、戻る、去る、梨（なし）等。

二、葬礼习俗

日本的死亡仪式绝大多数采取佛教形式，一般来说，神道与出生、结婚等喜庆事务关系密切，而佛教则与死亡关系密切。这可以追溯到江户时代，当时幕府实行寺院担保制度（"寺請制"），所有家庭都与某个寺院结成师檀关系，该寺院就成为家庭的菩提寺，人死亡后要通报给菩提寺，由寺院僧侣举行葬礼超度亡灵。这种习俗一直延续到今天。其实，现代葬礼仪式大多委托专业的殡葬公司（葬儀社）来安排，其间请僧侣参与。除了佛教式葬礼以外，还有少部分人采用神道式或者基督教式葬礼。

死亡仪式包括临终的末期之水、汤灌、纳棺、通夜、葬礼和告别式。现代有80%的死亡事例是因病在医院不治身亡的，在即将死亡的时候，医生会通知死者家属，一般说："ご臨終です。ご準備を"。家属要给临终者嘴里喂水，表示让死者在死后轮回时不要遭受口渴之苦，这叫做"末期之水"。汤灌（湯灌）是清洁遗体，给遗体化妆、换衣；纳棺（納棺 のうかん）是把遗体放入棺中，这些环节都由入殓师来完成。汤灌本来是用水给遗体洗浴，现在有时也用酒精擦拭遗体。化妆之后换上死装（死装束），传统的死装是穿白色寿衣（経帷子），衣襟是右压左式，还要戴上手甲、裹上绑腿。不过最近也有给死者穿浴衣、纯白和服或者平时喜欢的衣服的做法。

安放遗体要注意使头向北或者西，这是因为释迦牟尼涅槃时头朝向北方，而西方是阿弥陀极乐净土所在的方向。然后是纳棺，把遗体放入棺中。这时僧侣念"枕经"，给死者起戒名或法号，一般叫做"某某居士"、"某某大姊"（大姊），表明死者入信佛教，会得到佛的保佑。在葬礼的前一天晚上要举行通夜仪式，死者家属和前来吊唁的朋友熟人通宵守灵，按照顺序烧香，缅怀故人，并且注意保持烛火和烧香不灭掉。僧侣通宵念经。近年来通夜有简化的倾向，一般从傍晚6点持续到9点左右，称为"半通夜"。通夜仪式结束后，丧主会用简单的酒食招待前来吊唁的客人，称为"通夜宴"。葬礼在通夜结束后的白天举行，主要环节是宣读唁电、僧侣念经、参加者依次烧香。告别式是正式向死者告别的仪式，程序与葬礼差别不大，不过葬礼参加者一般限于死者家属和近亲属，告别式则是只要认识死者的人都可以参加。告别式之后是出棺仪式，遗体送往火葬场火化。此后按照佛教习俗，以7天为一个周期，举行追善法要。从死亡当天算起的第七天为初七，相当于中国的"头七"，然后依次是二七、三七……直到七七或称为"四十九日"、"大练忌"，这些日子为忌日，请僧侣念经烧香，叫做"法要"。

对于参加吊丧的人来说，服装、语言等方面要注意一些特别的规则。如服装万勿鲜艳，一般穿纯黑的西式套装，皮鞋和袜子都是黑色，男性打黑色领带，女性不能戴发光的饰品。吊丧的人对于死者家属的慰问语最常见的是"このたびはまことにご愁傷さまでございました。さぞかしお力落としのことでございましょう。お察しもうしあげます"。说话时也有不少忌语，而且大多数忌语与婚礼相同，比如"終わる、追う、失う、切れる（切る）、別れる、離れる、返す（返る）、帰る（帰す）、繰り返す、戻る、去る、飽きる、滅びる（亡ぶ）、冷える、冷める、死ぬ、病む、憂える、苦しむ、悩む、枯れる、破れる"以及表示重复意思的"二度、再度、再三、再三再四"等等。

第七节　生活习俗

一、六曜俗信

　　日本使用的日历上往往在日子旁边注上"大安"、"先胜"等标记，这是一种表示某一日吉凶的占卜方法，日本称之为六曜（六曜ろくよう）。六曜把日子的吉凶状况分为六种，即先胜、友引、先负、佛灭、大安和赤口。六曜的读法与意义如下：

　　先胜（先勝せんしよう）：上午吉而下午凶，适合办理急事和诉讼。

　　友引（友引ともひき）：吉凶相抵，有的说法是傍晚时大吉。但是友引日不适合举行葬礼，因为迷信认为死者会把参加葬礼的亲友一起拖入地狱。

　　先负（先負せんぶ）：上午凶下午吉，所以此日办事应选在下午。

　　佛灭（仏滅ぶつめつ）：大凶，举行葬礼应该选在此日。

　　大安（大安たいあん）：大吉，诸事皆宜，最适合举行婚礼。

　　赤口（赤口しやつこう）：本日基本上也是诸事不宜的凶日，只有午刻（中午11点—13点）是吉时。

　　追根溯源，日本的六曜是在中国的"小六壬"占卜法的基础上演变而来的。小六壬法是六壬法的简化形式，定形于宋代，它把时间的吉凶分为六种，称为"六神"。小六壬法大约在14—15世纪传入日本，但六神的名称与顺序逐渐发生变化，原来的名称保留下来的只有大安和赤口。到了19世纪初期，用六曜来占卜日子吉凶的习俗固定下来。当时使用的是旧历，把正月初一和七月初一定为先胜，二月初一与八月初一为友引，三月和九月的初一为先负，四月和十月的初一为佛灭，五月和十一月初一为大安，六月和十二月初一为赤口。各月初一以后的日子的吉凶就按照六曜的顺序循环排列，这样一年之中每一天都有对应的六曜。现在日本早已改用西历，但是依然根据旧历来定日子所属的六曜。人们在举行红白喜事的时候往往格外注意选择合适的日子。

二、日本的"和风月名"

　　日本人写信时开头的季语中往往使用某个月份的异名，每个月份有好几个别名，不过现在被广为接受和经常使用的月份别名如下：

一月：睦月	二月：如月
三月：弥生	四月：卯月
五月：皋月	六月：水無月
七月：文月	八月：葉月
九月：長月	十月：神無月
十一月：霜月	十二月：師走

以上月份的别名通称为"和风月名"，意思是日本人自己发明的月份异称。"和风月名"起源相当久远，大部分在平安时代就已经开始流传了。歌人藤原清辅写于12世纪上半期的和歌评论著作《奥义抄》里对月份别名的意义和由来进行了较系统的解释，一直流传到今天。

睦月（むつき）：意为"むつびつき"，即家人亲友团圆和睦地过新年之意

如月（きさらぎ）："衣更着"（きぬさらぎ）的讹音，农历二月寒冷，需要多穿衣服，所以称为"きさらぎ"

弥生（やよい）：由"いやおひ"（苗壮成长）变化而来。阳春三月，草木萌芽，一天天茂盛起来，故称三月为"やよい"

卯月（うづき）：四月卯花（卯の花，水晶花）盛开，故把四月称为"卯月"

皋月（さつき）：五月是在稻田里插禾苗（早苗（なえ））时节，故称为"さなえ月"，简称为"さつき"

水無月（みなづき）：《奥义抄》记载了两种说法，一个是六月暑热时节，水源干涸，故称为"水無月"。第二个说法是因为六月农事全部结束，即"みなしつき"，进而讹转为"みなつき"。至于"水無月"只是"みなつき"的"宛て字"

文月：读做ふみづき或ふづき，一般认为该名称由来于过七夕节的时候在短笺上写字和晾晒书的习俗。

葉月（はづき）：在日本，农历八月是叶子开始落的季节，即"葉落ちの月"，然后省略为"葉月"

長月（ながつき）：九月夜渐渐变长，故称为"長月"

神無月（かんなづき）：日本神道信仰中有各地的神在十月到出云大社集会的说法，此时，出云以外各地都没有了神，故称十月为"神無月"；相反对于众神云集的出云来说，十月则是神在月（かみありつき）

霜月：十一月是下霜较多的时候，故称为"霜月"

師走（しわす）：由"師馳せ"（しはせ）讹转而来。"师"指和尚，临近岁末，家家

请和尚诵经做法事，和尚忙着东奔西走，所以称为"師走"。

上述月名尽管称为"和风月名"，仔细分析仍然可以发现中国文化的影响。比如二月别名"如月"，就是采用了《尔雅·释天》中月份别名"二月为如"的说法。根据清朝郝懿行的注释，"如"是"随从之义，万物相随而出，如如然也"，即形容二月万物复苏的状态。而"皐月"的"皐"，其实是"皋"，五月称为"皐月"，同样是《尔雅·释天》中的说法。皋同高，即"高也，上也，五月阴生，欲自下而上"，皐月的说法体现了五月阴气滋生上升的特点。和风月名中"如月"和"皐月"袭用了《尔雅》的月份别名，而其读音和意义却完全不同。吸收中国的文化事物，保留其外壳，替换掉其内容，日本文化的这一特点在月份别名现象中也体现出来。

三、常见吉祥物品（縁起物）

（一）达摩（ダルマ）：是一种许愿时用的类似不倒翁的玩具。其原型是著名的禅僧达摩大师。达摩是印度的王子，后来出家为僧，曾经到中国少林寺修行，在那里面壁坐禅，长达九年。玩具达摩的名称由来于其形状近似坐禅的姿势，故有此名。"达摩"即使歪倒也能立即直立起来，人们认为它体现了"摔倒了再爬起来"的精神，把它当作祝福生意兴隆的吉祥物品。商店里出售的达摩往往没有画眼睛。这是由于人们许愿的时候会给它画上一只眼睛，等到愿望实现，再画上另一只眼睛。

（二）招手猫（招き猫）：抬起一只前爪作招呼状的陶瓷猫工艺品，象征着吸引福气。商店、饭店摆放招手猫的比较多。招手猫有的是抬起左前爪，有的抬起右前爪，据说前者寓意招揽更多的顾客，后者寓意招引财运。招手猫的颜色有若干种，最常见的是以白色为底色带茶色或黑色斑纹的三毛猫，还有浑身纯白、纯黑、金色、红色等。黑色招手猫表示避邪，金色的表示财源滚滚，红色表示驱病。关于招手猫的起源有各种说法，一般认为起源于江户时代，流传较广的是豪德寺说。即17世纪彦根藩第二代藩主井伊直孝带着打猎的随从路过东京世田谷的豪德寺，看到寺门口有一只猫举着前爪仿佛招呼他们进去。一行人刚刚进入寺里，天突然下起大雨。藩主由于猫的缘故躲过了大雨，因此非常高兴，给豪德寺很多经济支持。后来豪德寺按照这只猫的样子制作了工艺品，招手猫逐渐在社会上普及开来。

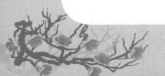

（三）猫头鹰：中国一般认为猫头鹰是不吉利的鸟，其叫声凶险，令人联想到死亡。但是在日本猫头鹰却被视为吉祥物。首先日语称猫头鹰为"ふくろう"，可以谐音为"不苦劳"、"福来郎"，包含有非常吉利的意义；猫头鹰的头能够灵活转动，被认为可以象征生意兴隆；其眼睛能够看到很远的地方，这被视为有远见，在古代日本猫头鹰被看作智慧和学问的象征。可见日本人赋予猫头鹰多种吉祥的含义。不少家庭在大门口摆放陶瓷或木雕的猫头鹰形象，表示祈祷幸福。

练习题

一、填空

1. 日本人6月下旬到7月15日之间有给亲友赠送礼物习俗，这个时期称为_____。

2. 日本料理被称为"五味五色五法的烹饪"，其中五法是指_____等五种烹饪方法。

二、选择

1. 谚语"言わぬが花"反映了日本人怎样的生活价值观？（　　　）

  A. 喜欢表达自己　　　　　　B. 重视等级关系

  C. 崇尚沉默　　　　　　　　D. 崇尚小巧之美

2. 传统的正式场合吃的日本料理有三种，从下列选项中选择正确答案。（　　　）

  A. 本膳菜　　B. 怀石菜　　C. 会席菜　　D. 宴席菜

三、判断对错

1. 日本人在过正月时吃的年糕类食品是镜饼。（　　　）

2. 日本人的肢体语言中，两个食指交叉在一起表示允许。（　　　）

四、名词解释

1. 床の間

2. 三三九度

五、简述日本过"节分"时的传统习俗。

第四章　现代日本社会

第一节　日本人论与集团主义

一、日本人论

近代以来日本出版界有一个非常有趣的现象，就是出版了数量惊人的关于日本民族性或者日本文化的特点的论著，这种题材的著作统称为"日本人论"。1979年野村综合研究所的报告中指出，从1946年到1978年出版的关于日本人论的书籍为698部。而另外一种推算显示，战后到21世纪之间出版的日本人论书籍可能超过2000部。不仅外国人出于了解日本人的需要写了很多日本人论著作，日本人自身写的日本人论的数量更多，这表明日本人非常喜欢自我分析，关注自己在他人眼中的形象。不少日本人论著作，如本尼迪克特的《菊与刀》等成为畅销书和文化类著作的经典。以下介绍几种影响较大的日本人论。

（一）本尼迪克特的《菊与刀》（『菊と刀（きくかたな）』）

露丝·本尼迪克特（ルース·ベネディクト）是美国人类学家，《菊与刀》使得她在战后的日本研究领域名声大振。她对日本人的研究是受美军的委托，其目的是帮助美国尽快打败日本、结束战争、顺利实现占领日本。她运用文化人类学的理论与方法，探讨日本人的感情与思维的模式。

人们往往注意到本尼迪克特对于罪感文化与耻感文化的论述，本尼迪克特认为日本文化属于耻感文化，耻感是对他人评价的反应，别人的评价、名声等产生一种强烈的强制力，进而转化为道德行为的原动力。日本人对于受诽谤和洗雪耻辱方面非常敏感。与耻感文化相对的是罪感文化，判断行为善恶的标准是道德的绝对标准、良心的启发，由此产生内在的罪恶感。她认为基督教所培育出来的西方文化属于罪感文化。

《菊与刀》中本尼迪克特还着重论述了日本社会的等级制度、"恩"（恩（おん））、"义务"（義務（ぎむ））、"义理"（義理（ぎり））等观念。她发现，"在日本民族有关人际关系以及个人与国家关系的整个观念中，他们对等级制度的信赖乃是核心所在。"[15]日本人的家庭本身就是一个等级体系，夫妻之间、父母与儿女之间、长子与其他兄弟之间都存在等级关系。等级关系遍及社会生活的各个方面，要求每一个日本人都要恪守自己的"本位"。不平等是日本社会生活的原理，这一点与以平等为基本原则的美国截然相反。

本尼迪克特认为，日本乃至整个东方社会，都存在一种对历史和社会的"负欠感"。在日本，一个人必须承认自己在一个包括祖先和同时代人的互相负欠的大系统中所在的地位。日本用于表达这种负欠感的词汇是"恩"、"义务"、"义理"等。人与人之间是一种给予恩和回报恩的关系。日本人受到的第一个恩也是最大的债欠就是天皇之恩，其次是父母之恩、老师之恩。人际交往中的互相帮助，也被视为"恩"。受恩意味着背负一笔沉重的债务，带来巨大的精神负担。因此日语中"谢谢"一词"すみません"的深层意思就是"受到恩惠，却无法偿还，因此觉得遗憾"。

报恩是一个人必须具备的德行。本尼迪克特认为日本人把报恩分为两个不同的范畴，一种是数量和时间上没有限定者，如回报天皇之恩、父母之恩。她认为日语中"义务"一词表达这样一种报恩形态；另一种则是在数量上与得到的相等，而且必须在特定的时机偿清者，如对姻亲、远亲和"外人"的回报，相对应的词汇是"义理"，如邻里之间在中元和岁暮的送礼习俗，以回报一年中受到的恩惠。在礼物的品种数量方面，日本人非常讲究，不能以大礼回小礼，让别人背上"纯赚"的名声是不好的。"义理"是日本特有的道德义务范畴，西方人很难理解。

本尼迪克特认为日本人对于名誉与耻辱的观念也受到"义理"观念的影响。她注意到日本人重视"维护自己名誉清白的义务"，她称之为"对名分的义理"。

（二）中根千枝的纵向社会论（タテ社会論）

中根千枝（なかねちえ）是日本的文化人类学家，她的日本人论以"纵向社会论"而闻名。其实她对日本社会的敏锐观察不仅限于社会的"纵向"结构。她首先指出日本人重视"场"胜过资格，所谓"场"是指人们生活的空间，比如家庭、村落、公司、学校的，"资格"是个人的社会属性，如性别、学历、地位、职业等。她指出"日本的集团意识主要放在'场'上"，集团的形成主要是以场为依据的。日本人在对人进行自我介绍时，强调的不是自己从事什么职业而是自己所属的工作单位，比如一个在电视台工作的人首先介绍自己是哪一个电视台

---

15. 本尼迪克特著，黄道琳译：《菊与剑——日本的民族文化模式》，光明日报出版社，1988年，第32页。

的，至于究竟在电视台从事什么工作，是制片人还是摄影师，则不被当作一个重要问题。

日本式集团非常强调内部与外部的区别，集团内部对于日本人来说简直就是全部世界，对于集团外的人态度往往比较冷漠。严格区别内外导致日本人的非社交性。在实际生活中可以发现，日本人性格比西方人内向一些，遇到陌生人比较拘谨。日本式集团非常重视集团凝聚力。他们对外强调"我们自己"，强调集体意识，以此唤起成员的一体感，这也意味着以一种对抗的意识来看待外部的同类集团。实际上，属于不同集团但是具有相同资格的人之间关系是非常淡漠的。提高集团凝聚力的方法有：（1）在成员之间加强感情联系，强调反复的直接的人际接触，不严格区分个人生活与公共事务的界线，因为关注个人生活可以加强成员之间的一体感。比如日本人经常与工作单位的同事谈论自己的家庭、自己的恋爱，公司组织的慰问旅游一般都允许家属参加等。（2）在集团内部建立纵向组织即序列化，也是提高集团凝聚力的一种方法。日本所有的集团中都存在这种纵向结构，甚至一个集团里对于那些拥有相同资格的人，也要运用某种方法区分出差别来，比如根据年龄、进入集团的时间早晚等来分出序列高低。同为大学教授，获得教授职称的时间早的人地位较高。这种纵向的等级序列结构在日本社会广泛存在、根深蒂固，日常生活中的就座座次、说话使用的敬语都遵循序列原则。而且越是大企业序列意识越强烈。中根千枝据此把日本社会称为"纵向社会"。另一方面，日本人对于个人能力却抱有一种能力平等的意识，认为无论是谁只要努力工作，肯定能成功。他们更多的注意是努力程度的差别，即勤奋还是懒惰。能力平等主义最典型的表现就是企业的年功序列制度。

中根千枝认为日本式纵向式集团的优势在于首脑的意志能够迅速传达到末端的每一个成员，意见比较容易统一，动员能力很强，这种组织形式对于日本实现现代化发挥了很大的作用。其缺陷是集团首脑只能是一个人，一旦失去首脑，容易导致集团分裂。

（三）土居健郎（土居健郎(どいたけお)）的"依赖心理"论

土居健郎是一位临床心理学家和精神病学家，大学毕业后赴美国留学。他从心理学的角度思考日本人的精神结构与社会结构，并与西方文化进行比较，从而发现了"依赖心理"在日本社会中的重要地位。所谓"依赖"（甘え(あま)）原意是幼儿对于母亲的依恋、撒娇的感情。土居健郎认为这是人类普遍存在的感情，但是在西方社会一个人在成长的过程中被要求压抑或克服这种感情，而在日本社会

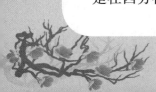

中则承认这种感情，"依赖"心理贯穿到社会生活的各个方面。他考察了日语中与依赖有关的一系列词汇，比如表示感谢与歉意的"すみません"、因无法依赖别人而产生的"すねる"（堵气）、"ひねくれる"（闹别扭）等情绪。他认为"义理"与"人情"（人情）、"内"与"外"、"罪恶感"与"羞耻感"等范畴都受到依赖心理的影响，如强调"人情"是表示肯定依赖、积极回应对方的要求，强调义理则是敦促人们去维持依赖关系。"义理人情"是日本人相互依赖所产生的基本的伦理道德观念。依赖心理造成日本社会以亲子关系为中心，其他各种人际关系在亲子关系的基础上向外延伸，逐渐变得疏远。在"罪恶感"与"羞耻感"的问题上，土居健郎不同意本尼迪克特把两者绝对区别开来的方法，而是主张日本人"罪恶感"与"羞耻感"并存。日本人崇尚依赖心理，认为相互依赖、帮助、形成一体感是社会生活的理想状态。

二、集团主义（集団主義）

日本人的集团主义文化可谓世界闻名，众多有关日本人论的著作对于日本人性格的总结，如"耻感文化"、重视"义理"、"依赖"、"纵向社会"、"武士道精神"、"忠孝"等等，最终都被认为是集团主义的组成部分或表现。在欧美人眼里，日本人的性格特征具有齐一性，他们都是"乖乖地遵守着严格的社会规则，不断地重复他们社会的既有模式，千篇一律、像听话的机器人一样"。[16]

日本为什么会形成如此浓厚的集团主义精神？这涉及到日本集团主义的社会根源问题。中根千枝的观点认为，单一社会是滋育集团主义的土壤，日本人在人种民族和文化方面具有高度同质性，产生了以集团为重的精神风土。但是日本人=单一民族的说法目前已经被证明站不住脚，因此中根千枝的这一观点也受到挑战。另一个学说认为集团主义的社会根源在于稻作农业。例如荒木博之在《日本人的行为方式》（『日本人の行動様式』）中指出，日本历史上长期把水稻生产当做最重要的经济基础，水稻生产的特点在于必须以村为单位，整个村庄的人们共同合作，才能完成。这种生产方式容易培养重视集体合作的心理。

集团主义的客观影响：集团主义对于日本人和社会的作用非常复杂，既有积极的一面，也有无法回避的消极的一面。战后日本社会舆论一致认为，军国主

---

16. ライシャワー（赖肖尔）：The Japanese Today，『文芸春秋』，1990年，200页。

义侵略战争体现了集团主义的负面影响。战前和战争期间日本人的集团主义主要指向国家层面，天皇和皇国利益高于一切，为了皇国可以毫不犹豫舍弃自己的生命，父母甚至不顾亲子之间的自然感情，鼓励参军的儿子在战场上战死。当时流行的口号"一亿玉碎"（一億玉砕 いちおくぎょくさい）、"后方奉献"（銃後奉公 じゅうごほうこう）以及"神风特攻队"（神風特別攻撃隊 かみかぜとくべつこうげきたい）的作战方式，都是集团主义文化的恶劣影响。在现代，中小学频繁发生的欺侮同学现象也是排除异己的集团主义的表现。

集团主义的积极作用则体现在战后日本的经济发展方面，"日本式经营"中的终身雇用制、年功序列制、企业内部工会、企业系列化等都是具有集团主义性质的制度。这些制度设计组合在一起，大大加强了企业员工对于企业的归属感，激发了工作热情，员工之间齐心协力、拧成一股绳，忘我工作，共同促成了本企业经营业绩的提高。"爱社如家"的说法就是这种集团主义精神的表现。企业与企业之间不可避免会出现竞争，但是同为日本的企业，他们又跟随着日本政府的指挥棒，对外开拓国际市场，获得巨大的经济利益，共同推动整个日本经济的繁荣。而经济上的贸易保护主义、封闭国内市场的做法曾经遭到美国等西方国家的强烈批评。

虽然集团主义学说风靡日本，发展为日本全社会乃至世界性的共识，但近年来也出现了对于该学说的反思。实际上日本人倾向于集团主义的说法是和西方特别是美国人相比较得出的结论，如果在更大的范围内比较，日本的集团主义特质并非特别突出。70年代末荷兰学者海尔德·霍夫斯太德（Hofstede）经过对IBM在50个国家的分公司的员工调查，对各国人的个人主义强烈程度进行排名，结果发现，美国人的个人主义倾向最高，日本人居22位，恰好位于个人主义和集团主义之间，而排名40位以后、即集团主义特质最明显的是韩国和危地马拉等一些中美洲国家。[17]国际比较的结果表明，过度强调日本人的集团主义性会违背事实，而且会忽视日本人性格的多样性，贴标签式的认识方式无益于文化之间的相互理解。

---

17. 高野陽太郎：『集団主義という錯覺』，新曜社，2008年，21頁。

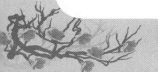

第二节　日本人的婚姻

一、非婚化趋势

日本在发达国家中是唯一属于东亚文明圈的国家，其结婚率一直较高。但是最近30年，随着社会的发展，日本也出现了越来越明显的非婚化现象，主要表现为非婚化、晚婚化与离婚率的不断攀升。

日本的青年层无论男女，初婚年龄都在不断推迟。1980年男性平均初婚年龄为27.8岁，女性为25.2岁，到2004年推后为男性29.6岁，女性27.8岁。从未婚率（未婚者在15岁以上人口中所占比率）来看，25—29岁之间的女性未婚率1970年为18.1%，2005年上升到59%，而30—34岁之间的女性的未婚率1970年为7.2%，2005年达到32%，这意味着超过一半的女性在30岁以前是不结婚的。[18]男性未婚率则从1980年的28.5%上升到2000年的31.8%。

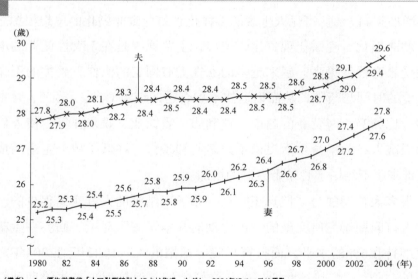

图4-1　平均初婚年龄的上升

资料来源：『国民生活白書』2005年版，第9页。

---

18. 加藤久和：『人口減少社会の基本と仕組みがよくわかる本』，秀和システム，2007年。

对于已经喜结连理的人来说，婚姻的不稳定成为令人烦恼的问题。日本离婚现象的增加比较显著，1980年日本的离婚数量是142,000宗，到2002年翻了一番，达到29万宗。其中越是年轻阶层，离婚率越高，比如19岁以下已婚女性的离婚率为58.4‰，20—24岁的已婚女性离婚率为42.5‰。日本国内很多人对于离婚率的上升感到担忧，不过实际上与其他发达国家比较，日本婚姻属于相对稳定的。

造成当前日本人晚结婚、不结婚、离婚率提高的原因是多方面的。首先，人们的婚姻观念发生很大变化，越来越多的年轻人比较在意婚姻对于生活的消极影响，把婚姻视为一种负担。现代人重视自由，而婚姻生活不可避免地会影响到个人的自由，比如不能像单身时期那样自由支配时间，也不能自由地与异性交往；结婚后复杂的亲戚关系也令年轻人失去耐心。另外对于男性来说，按照日本传统的家庭习惯，结婚意味着要把金钱交给妻子，自己失去支配金钱的自由；而女性则认为沉重的家务活会挤占自由时间，等等。人们不再把婚姻视为人生的必经阶段和必须完成的任务，而认为是诸多生活方式之一，是否选择婚姻的方式乃是个人自由。内阁府《关于男女共同参与社会的舆论调查》(『男女共同参画社会に関する世論調査』(2004年)显示，1992年认为结婚是个人自由的比例为30.9%，到2004年增加到44.5%。可见人生观的多样化也是导致非婚化的思想根源之一。第二，女性的非婚化、晚婚化现象比较突出，主要原因是在于女性就业的增加。近年来女性受教育程度提高，越来越多的女性拥有固定的工作，繁忙的工作限制了交友、恋爱的时间与范围，从而迟迟找不到合适的结婚对象。第三、日本商业服务业发达，比如24小时营业的超市、便利店、餐饮业、娱乐业等，使人们不必忙于在家做饭洗衣，为单身生活提供了许多便利条件，降低了单身生活的成本，这些都最终带来了不结婚、晚结婚人群的增加。

尽管很多人长期独身，但真正打算一辈子不结婚的人其实是很少的。国立社会保障，人口问题研究所实施的"出生动向基本调查"显示，回答一生都不结婚的人一直维持在6%的水平，而打算早晚会结婚的人从1982年到2004年之间都保持在90%的高位。[19] 尤其是女性，向往结婚生活，但是由于工作等种种原因找不到合适的对象，于是结婚难问题近来成为人们关注的焦点。年龄超过30岁却没有结婚、更没有孩子的女性越来越多，女作家酒井顺子把这个群体称为"败犬"。2004年她写的《败犬的远吠》(『負け犬の遠吠え』)一书，专门描写大龄未婚

---

19. 『国民生活白書』2005年版，16頁。

結婚の良くない点は「自由な時間が少なくなる」

結婚の良くない点・デメリットは何か

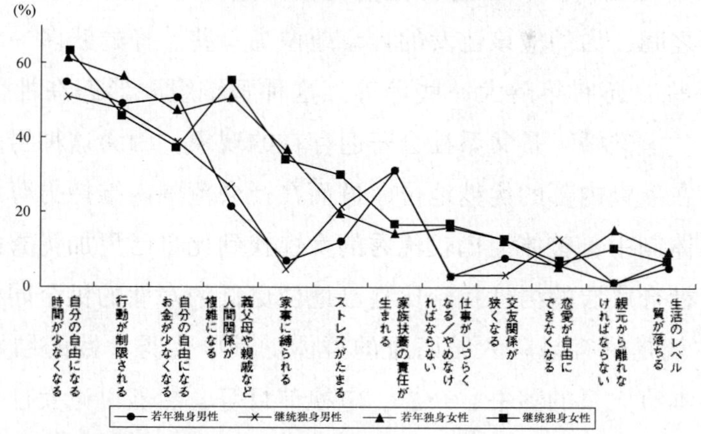

（備考）　1．厚生労働省「少子化に関する意識調査」（2004年）により作成。
2．「あなたは結婚について、どのようにお感じですか。あなたのお考えにあてはまるものをすべてお答え下さい。（○はそれぞれいくつでも）②結婚のよくない点・デメリット」と尋ねた問に対して回答した人の割合。
3．選択肢はほかに、「あてはまるものはない」。
4．「若年独身男性」とは20～32歳の未婚男性、「継続独身男性」とは33～49歳の未婚・死別・離別の男性、「若年独身女性」とは20～30歳の未婚女性、「継続独身女性」とは31～49歳の未婚・死別・離別の女性をそれぞれ指す。
5．回答した人は、いずれのカテゴリーもそれぞれ150人。「あてはまるものはない」は記載を省略。

图4-2　结婚的不利之处

资料来源：『国民生活白書』2005年版，18頁。

若い年齢層ほど離婚率は高い

年齢層別有配偶人口に対する離婚率

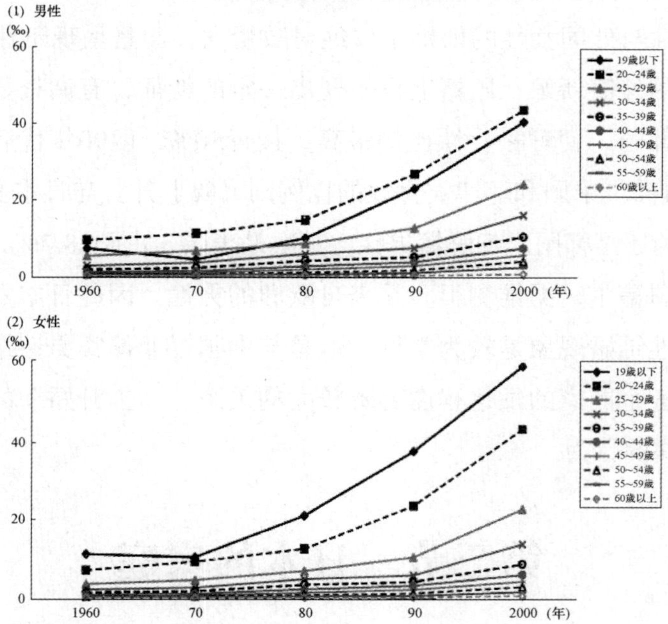

（備考）　1．国立社会保障・人口問題研究所「人口統計資料集」（2005年）により作成。
2．19歳以下については、15～19歳有配偶人口に対する率。

图4-3　各年龄段有配偶者的离婚率

女性的生活，很快成为畅销书，"败犬"也一夜之间成为流行语。

日本在结婚方面同样存在着男性要比女性整体好一点的意识，绝大多数人都认为，夫妻之间，男的应该比女的社会地位高一些、挣的钱多一些、学历高一些、个子高一些、还有年龄大一些等等。这种婚姻组配形态在社会学中被称为"上升婚"。"上升婚"是父系社会普遍存在的现象，因为这种男女组配方式有利于维持男性在家庭内部的优越地位，进而在社会范围内维持男尊女卑的体制。在"上升婚"体制中，整体上比较优秀的女性找到比自己更加优秀的男性的机会较少，而处于社会底层的男性找到比自己地位更低的女性的机会同样也较少，因此这两个群体就是最容易陷入结婚难的群体。其中优秀女性的结婚难问题尤其受到关注，日本有大量的图书、杂志、电视节目等，热烈讨论女性如何"磨炼自己"（自分を磨く）才能吸引到理想男性。

二、跨国婚姻（国際結婚）

在全球化的今天，跨国婚姻已经屡见不鲜。日本的跨国婚姻分为两种，一种是日本男性与外国女性的婚姻，另一种是日本女性与外国男性的婚姻。90年代以来，日本女性与外国男性的婚姻增长不明显，一直维持在每年1万对婚姻的水平上，而日本男性与外国女性的婚姻不仅绝对数量大，而且呈现迅速上升的趋势。

嫁入日本的外籍新娘在国籍上也表现出一定的特征，有调查显示90年代在所有外籍新娘中韩国、朝鲜籍女性比例最高，接近50%，但90年代后期逐渐下降，2003年时为19.1%。中国和菲律宾女性的比例则大幅上升。与日本女性结婚的外国男性中，最多的还是韩国、朝鲜籍男性，其次是美国，占到18.7%，在所占比例较高的"其他"国籍中，据推测很多是来自欧洲的男性。因此日本女性与欧美发达国家的白人男性结婚现象是较为常见，但是与中国、菲律宾男性结婚的日本女性非常少。这与各个国家的发达程度有着较大的关系，"上升婚"的原理同样影响着日本跨国择偶的行为。

第三节　日本的家庭

家庭是社会中最小、最基本的单位。在我国人们常说"家庭是社会的细胞"，社会的许多变化一般都能从家庭层面体现出来。家庭社会学认为家庭具有多种多样的功能，比如生育功能、经济功能、教育功能、休闲娱乐功能等。

一、战后日本家庭的变化

二战后，特别是60年代高速增长期以后，日本的家庭形态、家庭功能以及人们的家庭观念都发生了巨大的变化。最重要的变化是家族的核心化甚至单人化，核心家庭（核家族）是指一对夫妻和未成年的子女构成的家庭，即一户家庭里只有两代人。战前还有相当多的三代同堂的家庭，但是在1955年核心家庭已经超过三代家庭，达到860万户，2000年增加到2795万户，是1955年的3倍多。1955年三代家庭有832万户，2000年减少到414万户。核心化一般意味着家庭人口的减少，在日本，核心化进一步发展为单人化，即只有一个人的家庭（严格的说应该叫住户）。出现这样的家庭一般有两个原因，一是独身而与父母分开住，二是配偶死亡、自己一个人生活。单人家庭的增加最为迅猛，从1955年的204万户增加到2005年的14,457,083户，是1955年的7倍多，目前占日本家庭总数的29.5%。[20]

核心家庭这个概念本身意味着上一代父母不与已结婚的孩子住在一起。在日本，两代人分开居住成为生活惯例。1980年老年父母（65岁以上）与已婚的孩子住在一起的比例为52.5%，此后一直呈下降趋势，到2005时仅为23.3%。[21]人们往往认为两代人分居现象是因为年轻一代追求独立，不愿意与父母同住，但是实际上日本的老年人也同样越来越不愿意与儿女同住。2006年的调查表明，不愿与孩子同住的老年人占到35.9%。其理由主要是：（1）生活习惯与孩子不一样；（2）处理人际关系太劳神；（3）不愿给孩子添麻烦。[22]而且现代日本老年人逐渐倾向于与儿女保持一种平淡的关系，老年人的独立意识上升也是日本人家庭观念变化的一个重要方面。现在60岁以上的老年人都经历过战后经济高速发展和思想自由的时代，心理上更加现代化，重视个人自由和多元生活方式。

二、家庭内夫妻地位与分工的变化

战前，男性作为父家长，拥有绝对的权威，男尊女卑是普遍现象。对于孩子

---

20. 『2005男女年齢別人口世帯と住居』，総務省統計局，第344頁。
21. 『国民生活白書』2007年版，30頁。
22. 同上。

的教育、长大后的婚姻大事，父亲都有决定权。到了战后，随着核心家庭增多，家庭内部的夫妻地位差别有所缓和，面对各种生活问题夫妻也更多地共同协商解决，尤其在孩子的教育问题上，妻子的发言权更大。还有，妻子掌握家庭的财权，丈夫挣到钱之后要全部交给妻子，妻子留给他一些零用钱，其余钱款的用途一般由妻子决定。日本主妇一般都有记家庭收支账（家計簿）的习惯。有一句俗语反映了家庭的这种变化，即"戦後、強くなったのは女性と靴下"（战后女人变厉害了，袜子变结实了。）

日本女性以温柔贤惠、全心全意为家庭奉献而著称。人们往往认为日本女性婚后都做"专业主妇"（專業主婦），其实在战前，由于农业、渔业等第一产业在国民经济中占有重要地位，很多以农业、渔业为生的家庭中，女性都参与生产，因此不是真正意义上的专业主妇。女性结婚后专门留在家庭内部料理家务的现象主要是战后逐渐增多。战后日本家庭形成了"男主外女主内"（男は外、女は内）的夫妻分工形态，即丈夫在外面工作，挣钱用来作为一家的生活费；妻子没有工作，在家里照顾老人孩子，承担各种家务劳动。"男主外女主内"的分工形态具有一定的合理性，比如在孩子小的时候，需要女性把绝大部分精力投入育儿活动中。但同时也存在明显的缺点，比如由于日本工作压力非常大，加上公司有意大力宣传"爱社如家"、为公司奉献的精神，男性每天工作到很晚，平时与家人一起生活的时间也很少，影响了与家人的交流。而家务劳动、育儿以及孩子的教育等重担完全落到女性的身上。国民生活时间调查显示，有工作的男性每天做家务的时间仅有20分钟，而有工作的女性每天做家务的时间依然长达170～180分钟左右。由于男性的工作是有偿劳动，能够带来金钱收入，而女性在家庭内的劳动是无偿劳动，其付出的精力、体力和价值不能用金钱来衡量，这事实上降低了女性的地位。

追根究源，"男主外女主内"的家庭模式其实与日本根深蒂固的男尊女卑的社会结构有关。在这种社会里，女性没有话语权，关于女性的价值评判标准都是由男性决定的。有的日本社会学者认为日本男性更偏重于把女性作为审美欣赏的对象，这就是为什么日本社会特别重视女性的外貌的原因，那些有损于容貌形象的事情，比如因为忙于劳动致使无暇梳洗打扮，头发凌乱等等，在男性看起来不够美丽。日本男性希望自己的妻子永远保持美丽，永远可以作为欣赏的对象，这种观念也就成为社会普遍的深层心理；另一方面日本男性传统上又有这样的责任意识——即从经济上养活这样一个欣赏对象是男性应负的责任。日本传统的性别角色意识在现代就以"男主外、女主内"的形式表现出来。

另一方面，随着社会的发展，越来越多的人赞成女性结婚后或生育后继续工作，特别是女性本身更希望工作。2002年的调查显示，对于"男性在外面工作，女性照顾家庭"这个模式，表示"反对"和"基本反对"的女性达到51%。但是男性对于这个问题的态度相对传统，表示反对的为42%（内阁府『男女共同参画に関する世論調査』2002）。这一趋势可以从相关常用语的变化中反映出来，比如原来人们常说"男人要工作，女人要家庭"（男は仕事、女は家庭），但是90年代以来便成了"男人要工作，女人要家庭和工作"（男は仕事、女は家庭と仕事）。现在很多女性选择在结婚后或者生孩子以后辞职回家做一段时间的专职主妇，等到孩子长大以后再去工作。但是她们很难回到原来的工作岗位，甚至找到一份正式的工作都比较困难。事实上日本工作的压力太大，使女性无法兼顾家庭，因此绝大多数只能以兼职、打零工的方式工作。

三、家庭模式带来的社会问题

无论"男主外、女主内"，还是"男人要工作，女人要家庭和工作"，日本家庭分工模式导致女性始终要负担绝大部分乃至全部的照顾孩子的劳动。核心家庭一般的育儿模式是母亲单独育儿，没有祖父母辈帮助带孩子的习惯。调查发现在夫妻在照顾孩子的分工方面，妻子承担70%的育儿事务的家庭为21.3%，承担80%为29.3%，承担90%的达到29.1%，三者加起来高达79.7%。可见女性几乎一个人承受繁重的育儿负担。女性单独育儿是一种不尽合理的育儿模式，（1）女性负担过重影响了女性的生育意愿。很多有孩子的女性表示，不想再接着要孩子。这间接地降低了出生率。（2）虐待儿童现象的增加。单独育儿导致女性经常容易产生孤立无助、不安、甚至厌倦情绪，最终导致虐待事件的发生。不仅一边工作一边带孩子的女性感到工作家庭很难做到两全，即使专业主妇，每天关在家里照顾幼儿，面临很多困难却往往得不到丈夫的理解和帮助，也得不到上一辈的协助，因此积累的心理压力和怨气往往转移到孩子身上。日本近年来出现的不少虐待儿童的案件大多与此有关。即使母亲没有故意虐待儿童，父亲大多数时间不在家，与孩子接触的机会太少，客观上也不利于孩子的发展。

面对家庭成员之间关系疏远、单亲家庭以及非婚化等日益突出的问题，日本社会也逐渐重视家庭问题。政府从社会保障的角度采取了一系列鼓励生育和照顾儿童的优惠政策，详见本章第四节。

第四节　人口问题

一、日本人口结构特点

现代日本的人口结构具有两个特点，第一是老龄化，第二是人口减少。

日本把老龄化称为"高齢化（こうれいか）"或者"高齢少子化"。日本是闻名世界的长寿大国，2007年男性平均寿命为79岁，女性为86岁。[23]希望健康长寿固然是人类的基本愿望，但是从另一个方面看，一个社会中长寿的人越多，往往意味着社会的老龄化。联合国规定，65岁以上人口的比例称为老年人口比例，该比例超过7%的社会就是老龄化社会。日本在1970年就已经达到7%，意味着20世纪70年代进入老龄化时代。到2005年这个数字更高达20.1%。

日本老龄化与欧美发达国家的不同之处：（1）老龄化进程开始的比欧美国家晚。有些欧洲国家的老龄化从19世纪中期就开始了，日本老龄化则开始于20世纪70年代，比欧洲晚一百多年。（2）日本老龄化进程虽然起步较晚，但速度大大快于欧美国家。根据联合国的规定，老年人口比例超过14%的社会就是老龄社会。衡量老龄化速度可以看老年人口比例从7%提高到14%所需要的时间，英国老年人口比例从7%提高到14%用了50年，美国70年，瑞典85年，法国130年，日本则是于1994年超过14%[24]，仅用了24年。可见日本老龄化速度之快。

人口增长缓慢甚至出现负增长是发达国家普遍存在的现象。2005年是日本人口开始减少的一年，在日本人口史上具有特殊意义。2004年日本人口（不包括在日本的外国人，以10月1日的人口数值为参照）为127,787,000人，而2005年统计数字为127,768,000人，比上一年减少19,000人，2008年的人口又下降到126,006,000人（日本统计厅网页）。日本人口减少的事实引起全社会的危机感，政府和民间都在思考采取各种措施促进人口增长。

---

23. 根据日本厚生劳动省大臣官房统计情报部人口动态保健统计科编制的《生命表》和《简易生命表》。
24. 浅子和美等：《入門日本経済》，有斐閣，2000年，428頁。

二、老龄化与人口减少的原因

导致上述人口形势的主要原因在于出生率的下降与寿命的延长。人口学上一般用合计特殊出生率[25]作为测算人口演变趋势的一个重要指标。一个社会要维持一定规模人口数量,既不增加又不减少,需要合计特殊出生率达到2.1人。日本在1947年的合计特殊出生率为4.54人。此后一路急剧下降,到1961年第一次跌破了2,降至1.96人。到1989年下降到1.57人,根本达不到维持人口数量不变所需要的水平。媒体称之为"1.57冲击"(1.57ショック)。但是出生率的下降并非到此为止,2005年跌至历史最低点为1.26人。虽然06年至08年略有回升,08年达到1.34人,但是还是不足以维持人口数量。

出生率下降的原因首先在于未婚化与晚婚化。其次,女性经济地位的提高也逐渐改变着对于结婚、生育的观念。人们对于婚姻、家庭与孩子的重视有所降低,女性不愿意把大半生时间投入养育较多孩子,从而有意识地控制生育数量。另外人们在培养儿童方面,越来越注重培养质量,而不是单纯追求数量,这带来抚养孩子的费用(如教育费用)的增加。反过来使得日本的家庭更加自发地趋向于少生优生。

三、老龄化与人口减少的社会影响

1. 对于教育领域的影响

出生率的降低,导致儿童人口减少,带来了入学学生数量减少,大批学校因招生人数不足而不得不关闭。日本教育特别是高等教育面临严峻的挑战。

2. 对劳动力的影响

老龄化还导致劳动力的减少。日本的劳动力人口在1998年达到6793万人,此后转入缓慢下降,即劳动力的减少比人口总量减少还要早。2004年劳动力人口为6642万人,据测算,预计到2030年会减少到5597万人,也就是说25年之间会减少约1000万人。[26]劳动力不足的问题正在不少领域表现出来,如医生数量的短缺,照顾和护理老年人的护工短缺。日本不得不从东南亚等周边国家招聘护理人员来弥补缺口。

---

25. 合计特殊出生率是指一个女性一生中所生的孩子的平均数量。
26. 小峰隆夫:《人口減少・少子化社会の未来》,明石書店,2007年,35页。

3. 对经济的影响

日本对人口减少与经济增长率之间的关系进行过定量测算，结果显示，2007年日本的潜在GDP增长率在1.5%左右，假定其他资本投入的增长率等相关因素不变，到2030年时人口减少的因素会把日本的潜在GDP增长率拉低0.5%左右，但是不会低于0，即人口减少不会严重到导致日本经济负增长的程度。[27]尽管如此，日本政府已经认识到，为了维持较高的增长率，必须提高生产效率，采取各种手段补充劳动力。此外老龄化引起生活方式和消费方式的变化，企业随之努力开发更多面向老年人的产品和服务。

4. 对政府财政以及社会保障制度的影响

除此之外，由于社会上需要赡养的老年人比例增大，政府的财政面临越来越大的压力，这使得社会保障制度也面临改革和调整的需要。（详见"社会保障制度"部分）

四、应对少子化的措施

少子化与人口减少的严峻趋势引起了整个日本社会的危机感，日本政府为此从20世纪90年代开始采取多项应对措施。由于人口减少的直接诱因是出生率降低，日本政府采取了一系列鼓励生育、支持家庭育儿的措施，以求尽可能提高出生率。例如：（1）完善保育制度，减轻家庭的育儿负担，让女性能够兼顾工作与育儿。主要措施有1994年的《紧急保育对策等五年事业》，其内容是增加保育所的数量、扩大对幼儿（1~2岁）的保育、延长保育时间等。（2）从经济上鼓励生育，例如加强儿童津贴制度，给正在抚养孩子的国民支付钱款，以保证儿童获得全面的照顾。如果孩子年龄不超过12岁，且家庭收入不超过规定的限度，其家长就可以获得这项福利。支付金额因年龄以及家庭孩子的人数而有所不同，2009时厚生劳动省规定当孩子不满3岁的时候一律为每月1万日元，儿童超过3岁时，第一子和第二子每人每月可以领取5000日元，第三子及更小的孩子每人每月1万日元。以上制度都是很久以前就制订的，随着少子化和人口减少的趋势加剧，政府不断对制度进行修改完善，加大了支持抚养儿童的力度，鼓励国民多生孩子。

27.《経済財政白書》2008年版，177頁。

日本在2003年制定了两部法律，分别是《少子化对策基本法》和《支持培育下一代对策推进法》。规定，（1）完善雇用环境，这指的是企业等用人单位需要为员工的育儿提供支持；（2）完善幼儿保育服务；（3）健全地区社会对于育儿的支持体制；（4）健全母子保健医疗体制。主要的办法有实行育儿休假制度，让婴幼儿的父母获得更多专心照顾孩子的时间。日本颁布了专门的《关于需要进行育儿休假、护理休假等育儿或者照顾家属的劳动者的福利的法律》，该法规定，在孩子满一岁以前，其父母可以休假来照顾孩子，或者向所在单位的负责人申请限制加班，加班时间每个月不得超过24小时，一年不得超过150小时。休假期间可以获得育儿休假给付金。

除了从经济上支持抚育儿童外，最近日本逐渐认识到，国民工作压力大、经济负担重、无力照顾家庭甚至无力结婚是造成少子化的根本原因，要想遏制人口减少趋势，必须采取综合性的措施。因此必须进行婚姻家庭观念的革新。日本提出了"工作与家庭的和谐"的观念。政府2004年颁布《少子化社会对策大纲》，强调改变国民对于养育孩子的观念，提倡珍爱生命、重视家庭的价值观，鼓励企业等用人单位支持员工育儿，力求在全社会形成积极帮助年轻父母育儿的良好氛围。该大纲包括四个重点课题，包括：（1）支持年轻人的自立和培养有活力的儿童；（2）支持人们兼顾工作与家庭，改进工作方式（働き方の見直し）；（3）促进人们理解生命的可贵与家庭的作用；（4）全社会在育儿方面互相支持，以形成新的互助纽带。具体措施包括在全国各地设立地区育儿支援中心，为父母和儿童聚会接触场所，方便交换育儿信息，获得育儿知识。实施"零待机儿童作战"（即减少等待入保育所的儿童数量），建立防治虐待儿童的网络，支持父亲参与育儿，对于那些设立了保育所、在支持员工育儿方面表现良好的企业，采取减税等奖励措施，等等。

第五节　社会保障制度

一、社会保障制度的构成

"社会保障"一词在日本有多种意义，目前比较公认的社会保障的制度框架包括社会保险、公共扶助、公共卫生、社会福祉等四部分内容。

（一）社会保险（社会保険）

社会保险是指通过国民及其雇主投保和政府财政支持的方式，帮助国民减轻由于衰老、失业、遭遇意外事故、疾病、残疾、死亡等等带来的损失，具体包括年金保险、雇用保险、医疗保险、护理保险和灾害补偿保险。其中由政府实施的年金保险制度是一项基本的社会保障制度。该制度在国民年老、不幸残疾以及因家人死亡而丧失固定经济来源（如寡妇）的时候提供经济支持。日本于1961年开始实施国民年金制度，实现"全体国民加入年金"（"国民皆年金"）的原则。目前日本政府实施的年金体系是由三部分构成，一是基础年金，即向符合支付年金条件的国民支付固定数额的年金。日本法律规定所有年满20岁的公民都强制加入基础年金，每月交纳保险费，将来到60岁、或者遭遇残疾时就可以领取规定数量的年金。二是民间的劳动者（如公司的职员）加入的厚生年金，三是公务员加入的共济年金。

社会保险中的医疗保险制度也是关乎每一个人生活的大事。日本的医疗保险制度已经比较健全，主要按照加入保险者有无工作分为两大类，一类是受雇于某个工作单位（如一般的公司、政府机关、学校等，日语统称为"事业所"）的人加入的"受雇者保险"（"被用者保险"），而自营业者和没有工作的人则加入国民健康保险。加入保险后，看病花费的诊疗费用，由本人负担30%（3岁以下幼儿个人负担比例为20%，70岁以上为10%）[28]，其余由各级政府或者其他保险部门负担。日本医疗保障制度的特点是，全民加入保险，国民个人负担相对较轻，保险涉及的面很多，加入保险者在伤病、生育、死亡殡葬甚至住院期间家属探视慰问的费用，都由保险机构支付。只有患者住院期间的伙食费部分为个人负担，负担额最大为每天780日元（2005年时的数据），超出部分由保险机构支付。由此可见日本国民享受的医疗福利的水平和质量是比较高的。

（二）公共扶助（公的扶助）

公共扶助又称为生活保护，是政府为生活贫困达不到最低生活水平的国民提供必要的经济援助的制度。

日本1950年制定了《生活保护法》，此后几经修改。该法的主要内容是国家对贫困的国民根据其贫困的程度给予必要的保护，目的是保障其最低限度的生活，帮助实现自立。

---

28. 资料来源：imidas2005别册附录《生活费用速查》，集英社，2005年，第60页。转引自李立的硕士论文：《论日本人口老龄化下的社会保障制度改革》，第22页。

生活保护的种类主要有：

生活扶助：给予衣食等日常生活的必需品方面的资助

住宅扶助：给予住房以及住房维修方面的资助

教育扶助：义务教育阶段因贫困无法接受教育的学生，国家给予必要的教材、学习用品和膳食

生业扶助：给国民提供生计所必须的资金、器具或者资料，帮助国民掌握自立所必须的技能

丧葬扶助：遗体搬运、火葬或土葬、纳骨所必需的扶助

护理扶助：对于达不到最低生活水平的需要护理的人，给予居家护理、福利用具、护理预防等方面的资助

医疗扶助：对于无钱看病的国民，国家在诊疗、药剂或治疗材料、医学处置、手术、居家或者住院疗养方面给予资助

生活保护制度依据4个基本原则，（1）国家责任原则：由国家负责保障全体国民达到最低生活水平；（2）无差别平等原则：只要符合接受生活保护的条件，不管是什么原因造成贫困，一律给予相应的保护；（3）最低生活保障原则；（4）补足性原则：生活保护法规定，给予生活保护的条件是"生活贫困者要充分运用其可利用的资产、能力等来维持最低限度的生活"，在此情况下依然达不到最低限度的生活水平时，才由国家进行生活保护。同时，以上生活保护法涉及的残疾人护理、儿童教育、医疗等各个方面，很多已经有了专门的保障福利的法律，比如儿童福利法、障碍者福利法。日本规定，对于生活陷入困境者，首先运用这些专门法律给予支持，如果依然不能达到最低生活水平，则启动生活保护法给以资助。

（三）公共卫生

公共卫生的权威定义是美国学者温斯洛（C.Winslow）提出的，即通过社会的有组织的措施来预防疾病、延长寿命、促进身心健康、提高效率的科学和技术。日本近代国家的公共卫生事业开始于1874年颁布的有关医疗的法律《医制》，其中有公共卫生条款。现代日本政府中主管公共卫生的是厚生劳动省，主要负责社区、家庭和劳动领域的卫生行政事业，而学校的保健事业由文部科学省负责。在各个县和政令指定市设有保健所，保健所为所辖地区的居民提供保健服务，进行保健方面的指导，如组织癌症筛查；为孕妇、婴儿提供体检；对于食品安全方面的检查、检测等。除了上述政府机构以外，近年来有很多民间组织以及居民组织，如町内会、商店会、妇女会等，都积极参与公共卫生活动。

公共卫生领域的重要课题有母子保健、成人病或者生活习惯病对策、感染病对策、改善精神健康、食品安全卫生、上下水道、公害对策以及综合提高国民身心健康的活动。2000年日本政府发起的"21世纪国民健康运动"（健康日本21），就是公共卫生领域提高国民健康水平的综合性运动。

（四）社会福利（社会福祉（しゃかいふくし））

社会福利是针对弱势群体，如儿童、残疾人、老年人、单亲家庭、寡妇以及遭遇自然灾害的人，帮助他们维持最低生活水平，进行必要的生活指导以达到自立等。

以残障者福利制度为例，二战后日本开始把残障者福利纳入国家制度和法律框架。日本政府立足于宪法中尊重基本人权的原则，制定了一系列残障者福利方面的法律和政策，如1949年的《身体障碍者福利法》，1950年的《生活保护法》和1960年的《精神薄弱者福利法》。此后几十年，政府根据实际需要，对于上述法律进行了多次修改，并且新制定了多部法律和相关的计划。近年来新实施的法律有2006年的《障碍者自立支援法》，目前日本的残障者福利事业达到相当高的水平。

日本残障者福利的基本理念是帮助自立和参与社会，为此鼓励"居家福利"，即帮助残障者在自己的家庭里、在与周围社区保持正常沟通的过程中获得各种福利，这样有利于残障者保持与社会的联系，有利于尽快地实现自立。日本也建立了很多帮助残障者实现经济独立的福利设施，如身体康复训练设施、生活训练设施以及福利工厂、授产设施等。日本目前把残障者分为身体障碍、智力障碍和精神障碍三种。身体障碍者康复设施有2352所，从业人员为37471人；智力障碍者支持设施有4682所，从业人员为84364人。帮助精神障碍者实现回归社会的设施为1697所，从业人员为8383人（2006年的数据）。[29]对于不同性质的障碍者，相应的扶助支持的内容也有所不同。对于身体障碍者，提供上门诊疗、康复咨询、发给补装用品（如盲人安全手杖、助听器、假肢、轮椅等）、针对具体的残疾情况发给必需的日常生活用品（如下肢残疾者发给特制的床等）。还有派遣护理员上门进行生活照顾，如帮助洗澡、吃饭、打扫卫生等。残疾人在面临暂时无人照顾的情况下，可以申请到身体障碍者康复援助设施获得保护，保护期限为7天以内，等等。

29.『日本国勢図会』，矢野恒太紀念会编，2008年，470頁。

在残障者福利制度日益发展的同时，日本对于残障者的观念也逐渐变化。对残障者的歧视意识受到批判，提倡尊重残障者的人权，认为残障者与没有残障的人一样都是拥有各种法定权利的人，在社会中应该携手共生。最新的观念则主张残障其实是个性的一种表现，就像有的人跑步速度快，有的人臂力较强一样。这种观念反对对残障者另眼相看，反对把残障者与非残障者人为分开，甚至有可能完全取消"残疾"、"残障"等概念。这种观念是否能在日本社会普及，还有待较长时间的观察。

除了残障者福利之外，日本政府实施的福利事业还包括女性福利、灾害福利、司法福利等。女性福利主要是保护女性不受家庭暴力的伤害和远离卖淫业，日本专门制定了《配偶暴力防止法》（简称DV法）和《卖春防止法》，在全国设有妇女咨询所和妇女保护设施，由女性咨询员为遭遇家庭暴力的女性提供咨询、指导。灾害福利方面则依据《灾害救助法》、《灾害对策基本法》展开，如向受灾群众提供灾害吊慰金、灾害障碍慰问金和灾害援护资金等。

二、人口减少与社会保障制度改革

众所周知，人进入老年时期，随着身体的衰弱，用于医疗的花销会增多。相应的，国家用于医疗等社会保障的支出也会增加。在日本，老龄化与人口减少对于政府的社会保障制度已经提出了非常严峻的挑战。这主要表现为社会保障支出越来越多，政府财政日益紧张。

表4-4显示：1980—2004年，日本老年人社会保障给付额由10.75万亿日元增加到60.65万亿日元，增加了464.2%，其中养老保险给付额由8.37万亿日元增加到43.81万亿日元，增加了423.6%。老年人医疗保健给付额由2.13万亿日元增加到10.59万亿日元，增加了397.8%。与此同时，老年人社会保障给付额占社会保障给付总额的比重也由43.4%提高到了70.8%。同期，老年人福利、服务给付的规模虽然不大，但增长得很快，增加了22.79倍。

持续增长的老年人社会保障支出，不但导致政府财政困难，而且它关系到老年人与年轻人、现在的人与未来的子孙后代之间扶养与被扶养关系、经济负担的平衡等一系列重要的问题，所以日本从20世纪80年代就着手进行社会保障制度改革。

从长期和全局来看，日本的社会保障制度改革面临着两个选择，第一是维持目前人均给付水平，相应的要提高国民的负担。第二是维持目前人均负担水平，

表4-4 1980—2004年度日本65岁以上老年人社会保障给付的增加情况

（单位：10亿日元、%）

年度	社会保障给付总额	老年人社会保障给付额		老年人社会保障具体给付项目的给付额			
		合计	所占比重	养老保险给付	老年人保健给付（含医疗保险）	老年人福利、服务给付	继续雇用高龄者给付
1980	24744	10751	43.4	8368	2127	257	
1990	47220	27926	59.1	21618	5733	575	
2000	78127	53198	68.1	39173	10304	3570	109
2004	85647	60654	70.8	43814	10588	6113	139

资料来源：总务省统计局：《2008年日本统计年鉴》，2007年12月发行。转引自刘昌黎：《日本人口高龄化和社会保障的新课题》，http://blog.ifeng.com/artiele / 1893846.html

相应地要减少对国民的给付。2007年10月一些议员在"经济财政咨询会议"上提出这两种选择方案。调查发现，支持第二个选择的国民较多。而从政府实际采取的改革举措来看，则是两种方法结合并用。

在年金制度改革方面，2004年时提高了国民应缴纳的年金保险费的数量，规定保险费的上限是16900日元（改革前保险费为每月13300日元），从2004年以后逐渐提高，预计到2017年达到16900日元的上限。另一项改革措施是降低支付给国民的年金的额度，比如2004年时有工作的男性公民平均税后月收入为39.3万日元，而加入年金的男性公民和其没有工作的妻子一共领到的年金合计为每月23.3万日元，年金与收入的比例约为59.3%。改革后将逐渐降低这个比率，预计到2025年以后维持在50.2%的水平上。[30]

在医疗保障制度方面，1973年对70岁以上老年人实施医疗免费制度以后，老年人医疗费增长非常突出。1982年7月出台了《老人保健法》，这是为迎接老龄化的到来而制定的第一部法规。其中规定老年人支付定额费用，但个人负担不超过整个费用的10%。1984年日本政府修改了《健康保险法》，实行个人负担医疗费10%，增加了个人负担责任，减轻了政府的财政负担。1994年，政府进一步对医疗

---

30. 加藤久和：『人口減少社会の基本と仕組みがよくわかる本』，秀和システム，2007年，190頁。

保险制度进行调整，由患者负担一定比例的住院伙食服务费，并废除了不断加大患者负担的陪同看护制度。1997年又进一步修改医疗保险制度，规定参保者负担20%的医疗费和一定比例的门诊费。

第六节　环境问题与环境保护

一、日本的环境问题

近代工业发展导致的环境公害问题最初可以追溯到1880年代的栃木县足尾铜矿的矿毒事件。战后随着重化学工业、钢铁工业飞速发展，有害气体、工业废水、废渣等对大气、水体的污染日益严重，60年代以后出现了一系列因生活环境污染危及人类健康的疾病。比较著名的有四大公害病，包括水俣病（水俣病，即有机水银中毒，因最初发生于熊本县水俣地区而得名）、第二水俣病（第二水俣病，有机水银中毒，发生于新潟县）、疼痛病（イタイイタイ病，矿山废水引起的疾病）、四日市哮喘（四日市喘息，因发生在三重县四日市市而得名）。最近引起注意的环境问题有2007年北九州发生的光化学烟雾，以及跨境性的黄沙现象等等。在日本，习惯上把《环境基本法》中规定的大气污染、水污染、地面沉降、土壤污染、噪音、振动（工厂生产、建筑业和交通引起的影响人们正常生活的振动）、恶臭等7种公害称为"典型七公害"。

二、日本的环保事业

在防止环境污染方面，日本国民和地方公共团体走在中央政府前面，并且对国家制定环境法律和政策起到推动作用。1958年，本州造纸公司下属的江户川造纸厂发生废水污染，造成渔业受损。当地渔民和工厂之间爆发激烈冲突，最终促进了水质污染对策的出台。其他地区的民众也发起很多反公害运动。针对公害问题提起诉讼、控告制造公害的企业也是民众经常采取的方式。例如水俣病最终被政府认定为公害病，就是由于1965年新潟县的水俣病患者通过向法院控告排放工业废水的昭和电工公司鹿濑工厂，终于促使厚生省认定水俣病为公害病。

日本在60年代的环保工作主要是解决"产业型公害"问题，即工业生产引发的环境污染，1964年国会通过了《公害对策基本法》。1970年召开的国会会议集中讨论公害问题，通过了与公害对策相关的14项法案。被称为"公害国会"。

70—80年代，随着城市化的发展，现代生活方式也带来了对环境的破坏，比如汽车尾气污染大气，严重者导致光化学烟雾现象，生活垃圾、生活排水对于水体的污染等，这被称为"生活型公害"。日本的环保政策在继续治理产业公害的同时，把重点逐渐转向减少生活型公害、保护生活环境。1971年政府设立了环境厅。70年代制定了一系列防治污染的法律，如《大气污染防止法》、《水质污浊防止法》、《振动规制法》等。

90年代以后的环境政策主要围绕建立循环型社会和保护全球环境展开。1993年制定了《环境基本法》，取代了原有的《公害对策基本法》。《环境基本法》是日本环境事业的根本法，确立了三个基本理念，即：（1）环境恩惠的享受和继承；（2）建设环境负荷小的可持续发展的社会；（3）依靠国际合作积极推进保护地球环境。该法的实施促使日本环境保护的政策由过去的以防止公害为主，向以减少对环境的负荷为主转变。

（一）建立循环型社会

资源再生利用、建立循环经济是减少环境负荷的主要途径，因此日本提出要建立"循环型社会"。日本认识到，大量生产、大量消费的经济生活方式造成了日益增多的废弃物，由于这些废弃物得不到正确的处理而增加对环境的压力。以2000年为例，日本的总物质投入量为21.3亿吨，其中约有三分之一变为废弃物或者二氧化碳排放出来，而被循环利用的数量仅为2.2亿吨，不过是总物质投入量的十分之一。针对这种情况，2000年6月国会制定《推进循环型社会形成基本法》，明确了循环型社会的基本概念，即能够促进产品的循环利用、抑制自然资源的消费、尽可能减少环境负荷的社会。2003年3月制定了《循环型社会形成推进基本计划》，目的在于使日本与国际社会共同合作构筑循环型社会。已经开展的行动主要有促进汽车、包装容器、家用电器、建筑用物品的循环利用。以包装容器为例，各种饮料瓶、食用油、调味品、日化用品等的容器，在普通废弃物中占到重量的25%和体积的60%。《容器包装再生利用法》规定消费者在抛弃、处理这些容器时要单独分类处理，地方政府回收垃圾时单独回收，而相关企业负责容器的循环再生利用。政府率先购买使用"环境物品"（只用循环再利用方式生产的产品），以鼓励企业参与循环利用。

大量生产、大量消费的现代社会必然伴随着垃圾的大量增加，垃圾处理直接

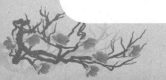

关乎环境的保护与循环型社会的建设。日本在垃圾的回收处理再利用方面走在世界前列。日本解决垃圾问题提出了"3R"原则，即减量控制（reduce）、回收利用（reuse）和循环再利用制（recycle）。根据此原则建立了一套健全的垃圾处理体系，并且积极开发新技术以减少垃圾储存对空间的占用，减少垃圾处理过程对环境的二次污染等。

日本在丢弃垃圾的阶段采用分类定时定点制度，垃圾分类非常精细，包括可燃垃圾、不可燃垃圾、资源垃圾和粗大垃圾四大类。可燃垃圾是指可以用焚烧方式处理的垃圾，生活中大部分物品，如厨余生鲜垃圾、衣服、鞋子、塑料包装纸等属于可燃垃圾。不可燃垃圾主要是金属类。每一户居民最初入住一个社区时会收到一份垃圾处理说明书，上面有详细的分类规则和本社区允许扔垃圾的时间和地点。扔垃圾时不能随意一丢，而要求丢弃者对垃圾进行初步的处理，如厨余垃圾要控去水分，饮料瓶要用水涮干净，报纸书籍要码放整齐并捆起来等。日本政府和地方社会对于垃圾丢弃规则进行广泛宣传，这些规则已经成为一个社会人必须了解和遵守的规范。

由于土地面积的狭小，日本一直都坚持以减少最终填埋量为主要处理原则。为此尽可能采用焚烧方法处理垃圾，并且不断采用新的技术，扩大焚烧方法的适用范围。目前日本生活垃圾中有80%被焚烧。燃气溶解技术、炭化处理技术等，可以减少处理过程中的有害气体污染，焚烧灰的熔融技术可以把垃圾最终变成熔渣，用作水泥等建筑材料。垃圾再利用方面，除了电器、饮料瓶的再利用以外，日本还开发了生活垃圾发电技术。2005年建成国内最大食物垃圾发电厂，设计垃圾处理能力每天为110吨。

在循环利用理念的基础上，日本又提出了建设"环之国"的口号。2001年3月，日本召开了"构建21世纪'环之国'会议"，"环"字读音为"わ"，一语双关，既是指环境与循环的"环"，同时与"和"字发音相同，"环"象征着人类和谐、和平，还含有日本为世界之一环、与世界各国合作共同推进环保的寓意。

（二）应对地球环境问题

进入21世纪以来，日本保护环境的视野从本国扩大到关注地球整体环境恶化问题，参与保护地球环境的国际行动，包括防止地球温暖化和气候变动、保护臭氧层、减少酸雨、保护森林资源和野生动植物资源、防止土地沙漠化。日本积极推行环境外交。遏制地球温暖化趋势是目前国际社会关注的重点。1997年12月，在京都主办了《联合国气候变化框架公约》第三次缔约方会议（简称cop3），会上通过了《京都议定书》，强制要求发达国家减少温室气体排放量。具体规定了减排指标，即在2008年—2012年第一承诺期，发达国家的温室气体排放量要在1990年的基础上平均减少5.2%，其中日本的减排任务是6%，美国是7%，欧盟是8%，对于中国、印度等发展中国家不做硬性规定。日本于2002年正式签署《京都议定书》。2008年7月在北海道的洞爷湖召开八国集团首脑会议，日本为主席国。这次会议的主要议题之一就是地球温暖化和气候变化问题，会议通过了减排的长期目标，即到2050年把全世界温室气体排放量至少削减50%。

在发达国家中，日本的温室气体排放量相对较少。如1990年，日本每1000美元GDP的二氧化硫排放量为0.5公斤，只相当于加拿大的1/16、原联邦德国的1/11、美国的1/9；二氧化氮排放量为0.8公斤，只相当于加拿大的1/6、美国的1/5、英国的1/4；二氧化碳的排放量为0.57吨，约相当于美国的（1.12吨）一半。但是90年代以来排放量呈现出缓慢增加的趋势。2007年日本温室气体的总排放量换算成二氧化碳为13亿7400吨，与京都议定书规定的基准年的排放量相比上升了9%。

为了实现在《京都议定书》的承诺，日本提出的基本理念是"兼顾环境与经济"（環境と経済の両立），通过技术创新建设低碳社会（低炭素社会），并进一步提出了"环境立国引领世界"的口号。为了实现减排目标，日本内阁制定了《京都议定书目标达成计划》，2008年又对此计划进行了全面修订。日本采取的减少排放量的措施主要有：政策方面引进国内排放量交易制度和环境税制度；完善汽车燃油费制度；提高住宅和其他建筑物节省能源的性能；在工厂企业实施更加彻底的节能措施；推进氢、太阳能、生物燃料等新能源的开发；推进森林事业等。

练习题

一、填空

1. 现代日本社会保障的制度框架包括社会保险、公共扶助、＿＿＿＿＿＿和＿＿＿＿＿等四部分内容。

2. 美国学者露丝·本尼迪克特写的关于日本人和日本文化的名著是《＿＿》。

二、选择

1. 日本曾经发生的因环境污染给人类健康造成严重危害的四大公害病是什么？从以下选项中选择正确答案。（　　　）

　　　A. 水俣病　　　　　　　B. 第二水俣病

　　　C. 光化学烟雾病　　　　D. 四日市哮喘　　　E. 疼痛病

2. 2001年日本为了宣传与世界各国合作共同推进环境保护的精神而提出了建设（　　）的口号。

  A. 和之国　　　　B. 圆之国　　　　C. 轮之国　　　　D. 环之国

三、判断对错

1. 在日本与外国人的国际婚姻方面，与日本男性结婚的外国女性中来自欧美发达国家的最多。

2. 日本社会保障制度中的年金制度包括基础年金、厚生年金和共济年金。

四、简述

1. 简述集团主义的内容、形成原因与客观作用。

2. 简述日本建设循环型社会的主要措施。

第五章　日本政治

第一节　宪法与象征天皇制

一、日本国宪法

　　现代日本政治体制的基础是二战后制定的《日本国宪法》。日本是东亚第一个制定宪法的国家。1889年颁布的《大日本帝国宪法》，确立了近代天皇制，这种体制带有浓厚专制主义色彩，天皇独揽大权，国民仅仅能得到有限的权利。二战后由于美国的压力以及国内人民批判战争、要求和平和民主主义的呼声不断高涨，日本政府废除了旧宪法，颁布了新的《日本国宪法》（日本国憲法），新宪法于1946年11月3日发布，自1947年5月3日起施行。该宪法的蓝本最初是由占领军最高长官麦克阿瑟指示占领军总部下属的民政局起草的。日本保守势力一直以宪法是美国强加于日本为借口，企图修改宪法。但新宪法体现了当时日本人民反对战争、反对法西斯主义、企盼建立和平与民主国家的意愿，因此发布之后几十年来一直得到大多数日本人的认同与拥护。

　　《日本国宪法》共有全文103条，分为前言、天皇、放弃战争、国民的权利与义务、国会、内阁、司法、财政、地方自治、修订、最高法规和补则等11章，确立了象征天皇制、主权在民、尊重个人、放弃把战争作为解决国际纷争的手段等基本理念。由于美国认为保留天皇制有利于对日本实行间接支配，因此新宪法中保留了天皇制，赋予天皇以国家象征的地位。宪法第九条规定"日本国民衷心谋求基于正义与秩序的国际和平，永远放弃把依据国权发动的战争、武力威胁或武力行使作为解决国际争端的手段。为达到前项目的，不保持陆海空军及其他战争力量，不承认国家的交战权。"放弃战争的条款既反映了美国要求日本非军事化的意图，也符合日本人民呼唤和平的心声，因此这部宪法又被称为"和平宪法"。但是日本也始终存在着否定第九条、要求修改宪法的势力。日本政府近年来加快了迈向军事大国的步伐，例如1992年国会通过的《联合国维持和平活动合作法案》（PKO法案）使海外派兵合法化，2003年参与美国发动的伊拉克战争，种种举措实际上都违背了第九条的精神。

对于国民基本权利与义务的规定是《日本国宪法》的主要部分。国民权利包括：

（一）平等权。"全体国民在法律面前一律平等。在政治、经济以及社会的关系中，都不得以人种、信仰、性别、社会身份以及门第的不同而有所差别。华族以及其他贵族制度，一概不予承认。"

（二）自由权。国民拥有人身自由、思想、言论、婚姻、学术、职业等方面的自由。

（三）财产权。宪法第29条规定不得侵犯财产权，私有财产在正当的补偿下可以收归公用。

（四）参政权。国民有选举和罢免公务员、和平请愿、要求国家赔偿的权利等。

宪法关于国民的义务的规定只有短短3条，包括依法纳税、劳动的权利与义务、让国民所监护的子女接受普通教育的义务。

政治制度方面，宪法采用西方现代的三权分立原则，对于国会、内阁（中央政府）和司法作出相关规定。

二、象征天皇制

在明治宪法体制下，天皇不仅总揽统治权，而且是神，日本称为"现人神"（现人神／あらひとがみ），即以人的形态君临世界的神。专制主义天皇制最终把日本引向帝国主义侵略战争的深渊。二战结束后，国际舆论强烈要求废除天皇制、追究天皇的战争责任，而日本国内存在着顽固维护天皇制的势力。美国根据自身的全球和东亚战略考量，选择了保留天皇，同时对天皇制的性质进行大幅改造，否定了天皇的神性，剥夺天皇的政治统治权、军事统帅权和经济特权，仅把天皇作为国家和全体国民的象征。1946年1月1日裕仁天皇发布诏书，在诏书中提到天皇是现人神的说法是"虚构的观念"，他否定了天皇的神性，强调天皇与国民之间的纽带始终在于相互信赖与敬爱，而并非仅根据神话和传说，后来日本舆论界把这份诏书称作《人的宣言》（《人間宣言》／にんげんせんげん）。[31]宪法第一条是对天皇地位的规定，"天

---

31. 我国长期以来一直直接使用日语原文，但是日语的"人間"与汉语的"人间"意义不同，容易引起误解，故本教材根据原意译为"人的宣言"。

皇是日本国的象征，是日本国民整体的象征，其地位以主权所在的全体日本国民的意志为依据。"天皇的权力有两项任命权和10项国事行为。其中任命权包括：（1）根据国会的提名任命内阁总理大臣。（2）根据内阁的提名任命担任最高法院院长的法官。天皇实施的国事行为包括：（1）公布宪法修正案、法律、政令及条约。（2）召集国会。（3）解散众议院。（4）公告举行国会议员的选举。（5）认证国务大臣和法律规定其他官吏的任免、全权证书以及大使、公使的国书。（6）认证大赦、特赦、减刑、免除执行刑罚以及恢复权利。（7）授与荣誉称号。（8）认证批准书以及法律规定的其他外交文书。（9）接受外国大使及公使。（10）举行仪式。

宪法规定"天皇只能从事本宪法所规定的有关国事行为，并无关于国政的权能。"天皇有关国事的一切行为，必须有内阁的建议和承认，由内阁负其责任。

宪法没有规定天皇是国家元首，他仅仅是国家和国民整体的象征。不过在实际政治运作和外交场合是把天皇作为日本的国家元首来对待的。

现任天皇名为明仁（明仁<ruby>あきひと</ruby>），1933年12月出生，1989年即位。皇后名为美智子，是原日清制粉公司总裁正田英三郎的长女，1959年与当时的明仁皇太子结婚。美智子作为民间女性嫁入皇室，在当时引起了巨大的轰动，因而成为日本女性的典范。现在皇太子名为德仁，1993年与原外务省职员小和田雅子结婚，目前育有一女。

根据宪法规定，皇室的一切费用由国家负担，列入财政预算，由国会讨论，通过之后才能生效执行。这就取消了皇室的经济特权，防止皇室无节制的花钱。关于皇室经费和财产还制定了专门的法律——《皇室经济法》。

第二节　议会与选举制度

日本政治体制的总体特点是实行议会内阁制，政治机构的设置遵循立法、行政、司法三权分立的政治原则。

一、国会

国会是国家最高立法机关。在都道府县和市町村等各级地方公共团体都有相应的地方议会，其中有的地方的町村议会称作"町村总会"。《日本国宪法》第

42条规定"国会由众议院和参议院两议院构成"，第43条规定"两议院由选举产生的代表全体国民的议员组成"，第46条规定"参议院议员的任期为六年，每隔三年改选议员的半数"。

宪法规定众议员的任期是4年，但是由于内阁有权解散众议院，所以实际上众议员往往做不满4年就因被解散而必须重新参加竞选。参议员任期6年，不被内阁解散。每3年改选半数。两院议员都不可相互兼任。国会议员的定额人数经过几次改革和变动，目前众议院议会人数为480人，参议院为242人。

二、国会选举制度

欧美国家的议会选举制度一般只有两种，即按照选区大小分为小选举区制和大选举区制。但是日本的选举制度有其独特之处。日本自1889年第一次建立国会、举行国会议员选举以来，选举制度经历了反复多次变化，除了小选举区制、大选举区制以外，还曾经长期实行一种独特的中选举区制。二战后日本在民主化改革的潮流中，选举制度也重新进行了制度设计，即采用中选举区制。1950年通过了《公职选举法》，根据这部法律，众参两院选举都采用中选举区制，其特点是：（1）全国划分若干选举区，每个选区都有2名以上当选名额；（2）投票方式为单记制，选民只能给一名候选人投1票，候选人按照得票数量多少顺序当选。这种制度在资本主义国家中是非常少见的。它对于大政党其实有很多不利因素，例如在一个选区里，同一政党要提名两名以上候选人，这样会容易导致党内部的竞争和对立。这也是90年代初期自民党积极推行选举制度改革，力求取消中选举区制的原因。

1994年日本对于选举制度进行大的改革，通过政治改革相关四法案，即《公职选举法修正案》、《政治资金监管法修正案》、《政党资助法案》和《众议院议员选区划分审议会设置法案》。改革的结果是，众议院选举采用"小选举区比例代表并立制"（小選挙区比例代表並立制^{しょうせんきょく ひ れいだいひょうへいりつせい}），顾名思义就是小选举区制和比例代表制混合使用。小选举区制是全国划分为300个小选举区，每个选区当选名额为1名，一个政党只能推荐1人参选。比例代表制则是把全国划分为11个选举区，当选名额多少不等。投票方法采用限制名单制（拘束名簿式^{こうそくめい ぼ しき}），各政党把本党的参选人名单提交给中央选举管理委员会，并向选民公布。选民在投票时按照政党投票，而不是直接投给自己支持的候选人。候选人是否当选是按照名单上排名先后次序决定。小选举区选出300名，比例代表部分选出200名，这样众议员的名额就是500名。到2000年比例代表部分从200名削减到180名，因此众议院当选名额减少为480名。值得注意的是政党可以在小选举区和比例代表区重复推荐同一个人参选。

而现今的议员选举制度比较复杂，采用的是小选举区制、中选举区制和比例代表制并用的做法。2000年10月国会通过了《公职选举法修正案》，参议院削减比例代表区的数量到96人，而以都道府县为单位的共47个选举区选出146人。这样参议院名额从原来的252人削减为242人。比例代表区部分采取非限制名单制，即政党首先提交一份参选人名单（排名不按当选次序），选民投票时既可以投候选人的票，也可以投政党的票，按照顿特式计算法算出政党的当选人数，然后根据候选人的得票多少，决定该政党具体的当选人名单。

一般说来，小选举区制对大政党有利，而比例代表制更有利于小政党，两种选举制度并用是日本大小政党博弈和妥协的结果。

选举制度改革的主要背景是自民党长期一党执政，把持立法权力的政治家与企业界勾结，金权政治大行其道，政党政治趋于腐败，产生了诸如利库路特事件、佐川快递事件等丑闻。首相和许多议员卷入贿赂丑闻，遭到国民的严厉谴责和法律的惩罚。以利库路特事件为例，1988年，利库路特公司多次向政界人士行贿，受贿者包括当时大藏大臣宫泽喜一（宮澤喜一 みやざわ きいち）、前首相中曾根康弘（中曾根康弘 なかそねやすひろ）、在任首相竹下登（竹下登 たけしたのぼる）的秘书和川崎市长助理等一大批政界要员，结果竹下登、宫泽喜一被迫辞职。国民对于自民党极为不满。人们反思腐败产生的根源，认为原来的国会选举制度——中选举区制是导致执政的自民党腐败的原因之一，因为这种制度使得选举围绕个人实力展开，从政者必须依靠个人的力量去寻求经费等支持。同时自民党内也存在着要求改革选举制度的呼声。国会最终通过的"小选举区比例代表并立制"，其目标是"把原来以政治家个人为中心的选举变成以政党和政策为中心的选举"；避免一党长期执政，建立两大政党制。

从1994年至今，经过十几年的选举实践，日本政界两大政党化的趋势逐渐形成。不过在此过程中并非一帆风顺，而是经历了大起大落的波折。2005年的第44届众议院选举中，在空前高涨的"小泉人气"的拉动下，自民党共获296席，超过众议院半数议席，加上公明党的31席，达到327席，两党执政联盟在众议院占有2/3以上议席。而民主党仅获113席，比大选前减少64席，民主党的党代表冈田克也被迫辞职，以承担选举失败的责任。但是这次选举以后的三届自民党内阁，执政能

力都较弱。民主党打出实现"政权交替"的口号，赢得越来越多选民的支持。到2007年的第21届参议院改选，自民党仅获得37席。而民主党一举夺得60席，跃升为参议院多数党。到2009年8月第45届众议院选举中，民主党获得空前的308个席位，成为众议院第一大党。选举获胜后，自民党下台，民主党与社会民主党、国民新党组成联合政权。

在日本的议会选举制度下，一个人如果想参加竞选、进入国会，首先必须要注意选民的利益诉求，同时也需要人际关系和巨额的选举经费。日本有一个习惯说法叫做"地盘、招牌和提包"（地盤、看板、かばん），意思就是人脉、名气与金钱，要想当选议员，三者缺一不可。为了消除金权政治，90年代的政治改革比较重视对于政治资金的监管，所谓政治资金是指政党、政治团体及政治家从事政治活动所使用的资金。日本政党的政治资金主要由政治捐款、筹集政治资金宴会的宴会券收入、事业收入和政府发放的政党补助金。其中政治捐款是导致企业界、利益集团和政治家相互勾结的主要渠道。为了减少政党对企业、行业团体政治捐款的依赖，1994年，作为政治改革的一环，通过了《政党资助法案》，由国家向政党发放补助金。《政治资金监管法修正案》规定筹措政治资金必须以政党为中心进行，限制甚至禁止政治家个人与利益集团的勾结。总得来看，法案实施之后，自民党派系和政治家个人获得政治资金的情况明显减少，政府补助金和集资宴会券成为主要资金来源。比较特殊的是日本共产党，日共一直拒绝领政党补助金，其财政主要依靠党费和发行机关报刊的事业收入。日本对于政治家违法事件一向监管比较严格，2004年，桥本龙太郎非法接受牙科医师联盟1亿日元政治捐款的事件曝光，导致桥本被迫辞去本派会长职务。2009年民主党党首小泽一郎的秘书因从建筑公司"西松建设"违法获得政治捐款而被逮捕。小泽本人受此牵连被迫辞去党首职务。

三、国会职权

日本国会的职权大致主要有：立法权、监督政府的权力、监督司法的权力、提议修改宪法的权力等。

（一）国会的立法权

制定法律是国会的主要工作之一。制定一部法律一般需要经过提案、审议、表决三个程序。国会议员和内阁都有提案权。一部草案提交上来以后，根据其内容交给国会下设的相关的委员会（如外务委员会、财务金融委员会等）进行审议，审议通过后，交给国会全体会议进行讨论并最终表决。

两院各自的全体会议进行表决时，必须有三分之二以上的议员出席，表决才能进行。出席者中有二分之一以上的人投赞成票，议案才能通过。这意味着投赞成票的议员要超过议员总数的三分之一，法案才能通过。而要修改宪法，则必须得到三分之二以上的议员赞成才能通过。

在立法程序上，70年代以前一般是行政部门主导立法过程。即先由政府各个部门的官僚起草法案，经过执政党几次审议，在国会上利用执政党多数优势得以通过。70年代以后，积累了执政经验的自民党逐渐掌握立法的主导权。其原因之一是族议员（族議員）的出现。有的自民党议员长期多届当选，对某个领域（文教、卫生、交通、邮政等）的政策制定非常熟悉，与该领域的主要势力关系密切，与各方面协调沟通能力较强，拥有稳固的选举地盘，是某个地区、某个领域稳定的政治代言人，故被称为"某某族"，如邮政族、公共事业族等等。这样的议员统称为族议员。自民党执政时期，族议员在法律制定、审议、修改过程中发挥着重要作用。

（二）监督政府的权力，包括：

1）指定内阁总理大臣人选。一般是指定多数党的领袖或者几个优势政党联合推荐的人选担任内阁总理大臣。

2）众议院有权通过针对内阁的不信任案，或者否决信任案，这也是国会监督政府的一种形式。不信任案通过之后，内阁面临两种选择，或者全体辞职，或者反过来解散国会。从实际政治运作来看，一般都是内阁选择解散国会，因为这样对自己有利。

3）监督政府的财政。宪法第83条规定："处理国家财政的权限，必须根据国会的决议行使。"国会对内阁提交的每一个会计年度的预算案和决算案进行表决。此外还针对有关新开征税种和变更税收的法律等进行表决。

4）监督政府的外交政策，主要是政府与外国缔结条约必须经国会通过，否则条约无效。

（三）司法监督权

国会对于各级法院法官有监督弹劾权力。国会设立由两院各7名议员组成的弹劾法院，对有违法渎职等行为的法官进行弹劾审判，以决定是否罢免该法官。

两院的权力地位有所不同，各有优势之处。总体上看，众议院的权力大于参

议院。在表决预算、条约和指定内阁总理大臣方面，如果两院表决结果不同，以众议院的表决结果优先。在制定法律方面，如果众议院通过某项法案却被参议院否决，再次经过众议院2/3以上多数（指出席表决的议员）通过，则该法律成立。但是参议院享有不被内阁解散的权利，并且任期长，地位稳定。

第三节　政党制度

战后日本的政党政治演变的基本趋势是从革新与保守的对立走向总体保守右倾化，从自民党一党执政走向两党制。

现代日本主要政党有：

一、自由民主党（自由民主党 じゆうみんしゅとう）

自由民主党，一般简称为自民党（自民党 じみんとう）。1955年11月15日由当时两个保守政党——自由党与民主党合并而成。自民党被公认为保守主义政党，它一方面认同自由民主、基本人权、宪政法治、自由市场经济等西方保守主义的政治、经济价值观，另一方面又主张维护秩序、权威和传统在社会生活中的重要地位。其支持基础比较广泛，包括资本家、农民和公务员阶层。在1955年成立当时，农林渔业领域有52%的人支持自民党，工商业有63%、管理者阶层有37%，甚至在产业工人中也有36%支持自民党。尤其农村一直是自民党稳固的选票基础。自民党自成立以来曾经长期执政，但2009年因大选失败而下台。自民党的中央机构包括总裁、副总裁、干事长、总务会、政务调查会构成。

自民党自成立至今，其政治倾向呈现出越来越保守化、右倾化的倾向，主要表现在越来越强调民族主义、日本"固有"的文化以及在国际上追求政治和军事大国地位。比如前首相中曾根康弘在《新的保守理论》一书中主张保守就是"要保卫日本人的生活和价值观"；现在民主党的头面人物小泽一郎在任自民党干事长时期提出"正常国家论"（普通国家論），主张更积极地干预国际安全事务，谋求在国际政治中扮演更加重要的角色；前首相安倍晋三（安倍晋三 あべしんぞう）则鼓吹"美丽国家论"。在自民党的推动下，日本实现了海外派兵，参与2003年伊拉克战争。自民党国会议员多次参拜靖国神社，发表各种美化侵略战争的言论，这种种动向都与自民党的保守化、右倾化有着密切关系。

派系现象：自民党长期执政期间，其党员依据思想倾向、政治经历、政策取向及人际关系等不同，逐渐聚合成几个集团，这就是"派系"（日语称为"派阀（はばつ）"）。70年代形成了五大派系，其首脑分别是三木武夫（三木武夫（みきたけお））、田中角荣（田中角榮（たなかかくえい））、大平正芳（大平正芳（おおひらまさよし））、福田赳夫（福田赳夫（ふくだたけお））、中曾根康弘，因此产生了"三角大福中"的说法。80年代到90年代原来的派系经过重新分化整合，又出现了更多的派系，如竹下派、渡边派、山崎派、三冢派、森派、桥本派、加藤派、小渊派等。自民党执政时期，首相职位实际上由大派系的首脑轮流担任，内阁官员的任命也要照顾派系之间的平衡。派系导致了金权政治大行其道，国民和舆论界对此均严厉谴责。同时1994年实施的小选举区例代表并立制和《政治资金监管法》都有助于抑制派系势力。1993年自民党第一次丧失执政地位，派系势力也因此削弱。但是1996年桥本龙太郎为首的自民党重新掌握政权以后，派系政治卷土重来。小泉纯一郎执政期间提出了砸烂自民党、打倒派系等口号，在决定内阁人选时也不考虑派系平衡，派系政治又一次受到打击。

二、民主党（民主党（みんしゅとう））

民主党成立的过程非常复杂，经历了一个不断吸收其他政党或者政治组织、逐渐扩大的过程。其历史来源大致分为两个部分，第一个来源是先驱新党，由原属自民党的鸠山由纪夫（鳩山由紀夫（はとやまゆきお））于1993年脱离自民党后与武村正义等人共同筹建。1996年鸠山和菅直人（菅直人（かんなおと））一起带领一批先驱新党的成员成立了民主党。1998年，民主党与民政党、新党友爱和民主改革联合等多个政党合并成立新的民主党。民主党的第二个来源是小泽一郎和他领导的自由党。小泽一郎原是自民党竹下派的实力人物之一，1993年他和羽田孜（羽田孜（はたつとむ））带领44名国会议员脱离自民党，成立新生党，并参加了1993年的七党联合政府。1998年1月他建立了自由党，2003年鸠山的民主党与小泽的自由党合并为更大的政党，名称依然是民主党，现在的民主党就是这样形成的。2009年民主党在众议院大选中终于战胜自民党，成为执政党，鸠山就任首相。

民主党的党员主要来自从自民党中分离出来的一部分人、原社会党的部分成员以及一些中间政党的成员。1998年民主党统一大会上通过的《我们的基本理念》中提出民主党的政治目标是：（1）建立一个以透明、公平、公正的规则为基础的社会。（2）在经济社会中一方面要贯彻市场原理，同时也要保障所有人的安心、安全；保证均等的公平机会，力求实现一个共生的社会。（3）根据向市民、市场和地方分权的理念把中央集权的社会改造成一个分权社会，建立共同参与的社会。（4）更加具体地实现宪法的基本精神即"主权在民、尊重基本人权、和平主义"。（5）作为地球社会的一员，确立以自立共生的友爱精神为基础的国际关系，力求成为可信赖的国家。

民主党与自民党一样都属于保守主义政党，在具体政策方面都主张结构改革，对外都要求利用自卫队积极参与国际事务、以日美同盟为基石积极建立地区安全机制，有时甚至比自民党还要右倾。与自民党有些不同的是民主党比较重视发展同亚洲国家的关系，上台之后提出了与中国、韩国建立"东亚共同体"的设想。民主党成立之后，确立了推翻自民党与公明党的联合政权、实现政权交替的目标，并于2009年最终实现这一目标，登上执政党的宝座。

三、公明党（公明党 こうめいとう）

公明党成立于1964年11月，其前身是1961年11月成立的公明政治联盟，成立之后很长一段时间依托于新兴宗教团体——创价学会（創価学会 そうかがっかい）。70年代末前以来，公明党与创价学会逐渐分离。公明党在早期曾经把创价学会的理念"佛法社会主义"、"王佛冥合"作为公明党的纲领，其参与政治的主要目的是为了建立国家戒坛，传播创价学会的教义。其第一任党首就是创价学会的会长池田大作（池田大作 いけだたいさく）。由于公明党与创价学会政教混合的取向受到舆论的批评，1970年修改党的纲领，删除了"佛法社会主义"等宗教词汇，宣布遵循人道主义，把目标定位为实现人性社会主义。公明党的主张在保守的自民党和革新的社会党之间左右摇摆不定，80年代以来，公明党的右倾趋势也逐渐明显，在选举制度、自卫队、日美安全保障方面越来越接近自民党。1993年公明党参加非自民党的联合政权。1994年12月公明党一度宣布解散，1998年又重新成立，1999年开始一直与自民党组成联合政权。公明党对华态度比较友好，70年代在中日恢复邦交过程中发挥了积极的作用。

四、日本共产党（日本共産党 にほんきょうさんとう）

日本共产党成立于1922年，是现在政党中成立最早的政党，在1945年以前长期被宣布为非法组织。战后日本政治实现民主化改革，共产党获得合法地位。

50年代，日本共产党受前苏联影响很深，选择了极左的政治路线，其武装斗争的方式遭到日本普通国民的质疑。经过认真反思，1961年，日共八大确立了和平、民主、合法的议会选举的斗争方式。苏联解体东欧剧变以后，日本共产党也面临严峻的局面。为了适应新的政治形势，日共对理论和行动进行新的修改，政治理念上放弃了阶级斗争等提法，党的性质从单纯工人阶级政党转变为国民的政党，使共产党更加具有开放性。2001年修改党章时提出："日本共产党是工人阶级的党，同时也是日本国民的党。为了民主主义、独立、和平、提高国民生活和日本进步的未来而努力，对所有的人开放。"2004年新的党纲规定："日本社会当前最需要的变革不是社会主义革命，而是打破不正常的从属于美国和大企业、财界粗暴统治的民主主义革命。这个民主主义革命的内容就是确保日本实现真正的独立，实现政治、经济、社会的民主主义改革。这就是资本主义制度框架内的可能的民主改革"。对于象征天皇制也灵活地采取了承认态度。日本共产党在外交问题坚持和平主义理念，是宪法第九条最坚决的拥护者。作为在野的主要党派，日共在限制日本右翼势力坐大，平衡日本政治势力等方面发挥了不可或缺的作用。日共非常重视与国民日常生活息息相关的问题，比如就业、儿童教育等。在日本派遣劳动普及化的今天，日共在各政党中最早关注被派遣的劳工的就业问题，倾听底层劳动者的呼声，反对大企业大量解雇员工。日共的努力也带来党员人数的增加和本身力量的增强，目前日本共产党正在努力改变自身长期边缘化的地位。

第四节　行政机构与行政改革

一、内阁

日本的中央政府包括内阁与中央政府的各个部门（日本习惯统称为"省庁（ちょう）"）。宪法规定行政权属于内阁，内阁在行使行政权方面对国会负有连带责任。内阁总理大臣是国会从议员中指定一人担任，但一般是多数党（自民党）的首脑担任，或者两个以上政党（如自民党和公明党）联合推举一人担任。内阁中的其他国务大臣由总理大臣任命，但其中至少半数必须从国会议员中任命。内阁与国会特别是众议院保持着相互制约的关系，众议院有权通过对内阁的不信任案，但内阁也有权在接到不信任案10天之内解散众议院，重新实施大选。日本中央政府机构在战后经过多次变动，目前主要部门有：

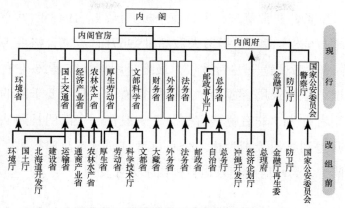

图5-1　改组前后的内阁结构图表

资料来源：http://japen.people.com.cn/2001/03/13/riben20010313_2977.html

  日本的行政机构比较精干高效，80年代以前政府雇员在总人口的比例小于其他资本主义国家。统计显示发达国家每千人中公务员所占比例为德国为56、美国78人、法国88人，而日本只有33人。[32]

二、公务员制度

  日本政府机构工作的人员一般为公务员，分为国家公务员与地方公务员，根据工作性质又分为一般职公务员和特别职公务员。公务员制度起源于明治政府1885年颁布的《关于各省事务整理的五项纲领》，其中规定了任用官吏要通过考试的原则。战前日本的公务员必须效忠于天皇，战后民主改革过程中，公务员制度也相应改革，1947年颁布《国家公务员法》，1950年颁布《地方公务员法》，在此基础上建立比较完善的公务员制度体系。宪法规定，公务员是为全体服务，而不是为一部分人服务；公务员制度的一项基本原则就是政治中立，不得偏向任何政党，也不得参与任何政党的活动。《国家公务员法》第102条规定：禁止职员为政治目的以任何方式参与募集捐款及其他利益，或领取捐款等活动；除选举外，不得参与《人事院规则》所禁止的政治行为；职员不得成为以公开方式选举产生的公职候选人，职员不能成为政党及与政党性质相同的政治团体的负责人、政治顾问，以及其他具有相同作用的成员。

---

32. 日本統計協会編：『統計で見る日本』2008, 318頁。

要想取得公务员资格必须经过公务员考试。以国家公务员为例，现在的国家公务员考试分为三种，由高到低分别称为"第一种"、"第二种"、"第三种"。公务员录用条件非常苛刻，考试竞争极其激烈。1948年1月首次公务员考试到1990年，共举行688次考试，报考人数超过996万，考试合格者为90万，被录用者仅48万。[33]第一种考试竞争尤为激烈，最终录用率往往是2%左右，可谓百里挑一。第一种考试合格被录用者成为"有资格官僚"，是重要干部的候补者。其他考试合格被录用者称为"非有资格官僚"，一般在一个部门长期从事一项具体专门的业务，晋升也到科长级别为止。公务员考试使日本政府吸纳了一大批有责任感、有能力的精英，为政府的高效运转提供了人才支撑。

三、行政指导

日本政府对于经济和社会生活的干预管理主要通过行政指导的方式进行。行政指导是发达的市场经济国家普遍采用的一种新型行政管理方式，即通过劝告、期望、指示、希望、建议等非强制性的语言表达政府的意志。

《行政程序法》第32条规定："行政机关进行行政指导时，仅能基于相对人的自主配合，不得以相对人不遵守行政指导为由采取对其不利的处置。"由于政府大量运用行政指导而不是具有强制性的行政命令来管理社会，因此日本被称为"行政指导之邦"，在经济领域尤其明显。

日本广泛采用行政指导的原因在于：第一，法律条文比较笼统，难以反映社会日新月异的变化，需要政府根据实际情况采取灵活手段进行社会管理。第二，行政指导具有尊重相对人[34]的自主权的优点，无论被指导的一方接受还是拒绝，都不产生直接的法律后果，不会导致法定权利义务的增减，而政府方面也避免了引起诉讼而带来的行政成本增加，因此政府和被指导一方都倾向于采用行政指导方式。第三，日本的文化传统是尊崇权威、官尊民卑、重视集团协调统一，这使得民间容易接受行政指导。

日本的行政指导的缺点主要在于执行过程中程序不透明，特别是长期以口头方式进行，容易导致黑箱操作和腐败。对此日本于1993年11月12日通过了《行政程序法》，对行政指导进行规范，限制口头方式的行政指导，要求行政指导的实

---

33. 中国社会科学院编《简明日本百科全书》，中国社会科学院出版社，1994年，第165页。
34. 相对人是指行政指导的客体，即接受行政指导的一方。

施者必须向相对人明确说明有关行政指导的宗旨、内容和负责人。

总的来说日本的行政指导经过战后长期的实践，在制度上比较成熟，成为政府管理社会经济、促进社会发展的有效方式。

四、行政改革

80年代以来日本经济大起大落，特别是泡沫经济的破裂，充分暴露出日本的政府主导型经济发展模式和"大政府、小社会"的政治结构已经不能适应全球化大竞争的时代，政府对于经济社会过多过深的干预，压抑了日本社会创新的活力。因此行政改革的课题摆到了日本政府和国民的面前。90年代日本政府开始了全方位、立体化的行政改革。依据新自由主义的"小政府、大社会"的政治理念，重新界定政府与民间的关系，遏制政府干预事务范围太大的势头，以提高民间的活力。同时加强内阁特别是首相的指挥权和决策权，使决策更加高效。日本的行政改革是一个持续性的过程，直到今天依然在进行。90年代后期的桥本内阁时期主要是改革酝酿与方案制订时期，1997年末改革会议向政府提交了《关于政府行政机构改革的具体方案》，即"最终报告"。桥本虽然在1998年8月下台，但是改革进程却没有停止。1999年7月，参议院通过了行政改革相关法案，包括《修改内阁法》、《修改国家行政组织法》、《独立行政法人通则法》、《地方自治法》等17部法律。进入21世纪，日本依据上述法律逐步实施各项具体的改革措施。小泉内阁时期改革力度进一步加大。行政改革的主要内容包括以下几个大的方面：

（一）中央机构的改组。精简政府机构的数量是行政改革的重点之一。原来中央政府有1个府和22个省/厅，1997年12月行政改革会议宣布，要把政府改组为1府、12个省/厅；以2001年为起点，用10年时间把国家公务员数量削减10%等。桥本龙太郎下台后，政府改组工作继续进行。1999年，众议院和参议院先后通过了有关中央政府部门设置法案。改革后的政府机构包括内阁府、国家公安委员会、防卫厅、总务省、法务省、外务省、财务省、经济产业省、国土交通省、文部科学省、农林水产省、环境省、厚生劳动省。其中文部科学省是原来的文部省与科学技术厅合并，厚生劳动省是原来的厚生省与劳动省合并而成。为了加强内阁的权力，增设了内阁府。内阁府是协助首相制定主要政策和处理内阁事务的机构，主管事务范围非常大，涉及皇室事务、国民生活安定和国民保护、治安管理、冲

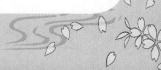

绳的振兴与开发、北方领土对策、确保金融功能、综合协调各省厅的事务等。内阁府的行政首长为首相。可以说内阁府是强化内阁的综合协调决策能力、实现"首相专制"的平台。

（二）压缩政府权限，放宽规制（規制緩和）。在日本，"规制"一般是指中央或地方政府根据有关法律、法规以行政指导手段对国民以及企业的活动进行干预的行为。放宽规制是缩小政府权限、实现"小政府、大社会"原则的重要途径，从80年代以来一直是日本政府改革的主旋律。所谓放宽规制是指通过放宽、修改或取消既存的许可、认可和资格审定等规制，减少政府对民间经济活动的限制和干预。放宽规制主要是在经济、文化教育、医疗等领域开展。1995年以来，每三年制定一个有关规制放宽或者改革的计划。据资料显示，在1995年至2006年，日本政府对7000多项规制进行了改革，涉及的领域有住宅、土地、信息、通信、商业流通、金融、证券、保险、产品质量标准与认证、能源、雇用、劳动、环境保护、防灾等社会生活的方方面面。

（三）整顿特殊和公益法人，使之从政府部门转制为独立行政法人。特殊法人是"因公共利益或国家政策的需要，根据特定的法律而设立的法人"（《有斐阁经济辞典》），是政府的外围机构，具有很强的行政色彩。具体形态有很多，采用的名称有公社、公团、公库、基金、事业团、协会、股份公司等。大的有影响力的特殊或公益法人有邮政公社、烟草专卖公社、公路公团等。国家给特殊法人以巨额的补助金。但是特殊法人的经济效率低下，运作情况缺乏透明性，国民作为纳税者很难了解他们的情况，更谈不上监督。不仅如此，官僚退休之后一般希望能够二次就业，特殊法人就成为他们就业的好去处，官僚到特殊法人、公益法人以及民间企业任职，被称为"下凡"（天下り）。在90年代，由于日本经济的萧条，特殊和公益法人的这些弊端，已经成为政府无法承受之重。改革的方式是建立独立行政法人制度。1999年通过的《独立行政法人通则法》，规定把一部分特殊法人和原本由政府经营管理的博物馆、美术馆、医院、疗养院、原大藏省的造币局等机构变成独立行政法人，各法人自主经营，并且按照法律纳税（包括法人所得税、固定资产税）。最大、最为人诟病的特殊法人，如邮政公社和道路公团的改革则是在小泉纯一郎内阁时期进行的。

小泉内阁于2001年6月通过了《特殊法人等改革基本法》，2001年12月18日公布《特殊法人等整理合理化计划》，规定了改革的路线图。主要措施有，通过撤消、合并等方式，削减法人数量，把法人的性质改变为民营企业。小泉提出了

"民间能够做的事情就让民间去做"的原则，政府从一些领域退出，交给民间以商业运作的方式经营。小泉时期改革的重点是邮政与道路公团的民营化。邮政领域一直是国营，长期由"日本邮政公社"负责，主要业务有邮政窗口、邮政业、邮政储蓄和简易保险，资产非常雄厚。但邮政公社也无法逃避国有机构常见的弱点，即经济效率低下，连年亏损。按照日本的规定，邮政公社的26万名员工全部都是国家公务员，占国家公务员总数的27.6%，仅仅维持这样庞大的公务员队伍，就耗费了政府的巨额财政支出。邮政系统可以说是日本政府直接干预经济、挤压民营企业空间的一个典型案例，又是政府财政的巨大包袱，因此在以新自由主义为理念的改革潮流中，自然成为首当其冲的改革对象。2004年日本邮政公社更名为"日本邮政会社"，2005年国会通过了"邮政民营化相关法案"。日本政府为邮政民营化改革设计了10年的进程，当时计划从2006年开始，用10年的时间，到2017年把"日本邮政会社"拆分为四个新的公司，取消邮政职员的公务员身份，待新的公司成立后按照目前从事的业务内容分配到相应的公司，成为企业的员工。作为改革初期的重要一步，2007年10月1日，日本邮政集团成立。

除了邮政领域之外，与高速公路建设、运营有关的道路四公团同样也开启了了民营化的进程。如第一章交通一节所述，日本在高速公路建设领域设立了四个公团，它们在政府的主管部门是原建设省和后来的国土交通省。道路四公团是政府垄断高速公路事业的具体实施者，职员人数最多，涉及的部门利益也最多，并且背负了高达40万亿日元的贷款。民营化的主要目的在于，偿还贷款和提高公路交通的服务质量，真正实现以公路使用者为中心。在小泉内阁主持下，2004年6月2日，日本国会通过了《道路四公团民营化法》。该法规定，日本道路公团于2005年10月1日实现分割与民营化，拆分为东日本、中日本和西日本三个高速公路股份有限公司。另外，首都高速、阪神高速、本州四国联络桥等3家公团分别改组为同名的股份有限公司。

（四）地方分权改革

《日本国宪法》规定了地方自治的原则，地方行政机构称作"地方公共团体"或"自治体"，而通常不使用"地方政府"的说法。但是从实施结果看日本的地方自治原则受到很大的限制，中央集权程度较高。表现在：（1）中央委托地方自治体执行的事务，即机关委任事务在自治体的事务占有很大比例。有统计显示，都道府县一级地方自治体80%的工作是中央政府的机关委任事务。（2）地方自治体的财政主要来源于中央拨款,如地方交付税、地方让与税和补助金。地方在财政上仰赖中央,因此缺乏自主能动性。

1995年7月《地方分权推进法》正式生效。日本政府根据该法律的精神于1998年5月制定了地方分权推进计划,明确指出地方政府的性质不是中央政府的附属机构,重新划分中央与地方管辖事务的范围。该计划内容包括:

(1)全面废除机关委任事项,重新划分自治事项;将地方政府的管辖事务重新分为两大类,即"自治事务"和"法定委托事务"。原机关委任事务中有55%改为自治事务,这样自治体自主管理的事务范围就大为扩展。

(2)清理和缩小中央政府对地方的财政补贴,提高地方财政的自立性。2004年小泉内阁实施三位一体改革,包括把一部分国税改为地方税,压缩直至废止中央拨付给地方的补助金,进行地方交付税改革,完成改革的期限为3年。最初定的目标是削减4万亿日元补助金,把3万亿日元的国税改为地方税。到2006年完成改革时,实际削减的补助金达到5万亿日元。

第五节 司法制度

一、司法机构的组织

日本的司法机构独立于立法与行政权力之外,宪法规定一切司法权属于最高法院及根据法律规定设立的下级法院,包括高等法院、地方法院、家庭法院和简易法院(日语分别为"高等裁判所"、"地方裁判所"、"家庭裁判所"、"簡易裁判所")。最高法院由15名法官组成(包括院长在内),设立一个大法庭和3个小法庭。高等法院主要负责案件的二审工作。全国共有8个高等法院,分别在东京、札幌、仙台、名古屋、大阪、广岛、高松和福冈。另外在秋田、金泽、松江、冈山、宫崎和那霸设有高等法院的支部。地方法院、家庭法院都是高等法院的下级法院,每个都府县各有1个地方法院和1个家庭法院,北海道则各有4所。家庭法院主要审理家庭纠纷和少年违法犯罪案件,地方法院负责大部分诉讼的一审判决。简易法院是基层法院,负责审理情节轻微的民事和刑事诉讼。

为了保障司法的公正独立,法官享有一系列身份保障,如"法官除因身心障碍经法院决定为不适于履行职责外,未经正式弹劾不得罢免。对法官的惩戒处分

不得由行政机关行使"等等。同时禁止法官从事与政治有关的活动，如不得担任各级议会议员、非经最高法院允许不得担任有报酬的职务、不得从事以营利为目的的商业活动。

二、90年代以来的司法改革

90年代日本在政治改革（指国会制度改革）、行政改革、经济改革的同时，司法领域也开展了重大变革。改革所依据的理念之一是促进司法民主化，扩大国民对司法的参与。重点是建立裁判员制度。日本的裁判员制度是陪审制度的一种形态。虽然在1928年至1943年之间实行过一段时间的陪审制，但是由于国民对此关心不够，司法素质也不高，造成一些明显的错判，加上侵略战争爆发，最终只得停止了陪审制。战后日本确立的法律体系依然是完全依靠职业法律人士——如职业法官、律师进行司法活动，长期缺乏陪审或者参审制度，普通国民没有机会参与司法。90年代开始日本重新酝酿创造一种切实促进国民参与司法过程的制度，并命名为"裁判员制度"。2004年5月28日，日本颁布了《关于裁判员参加刑事审判的法律》，裁判员制度由此确立，2009年4月开始正式实行。所谓裁判员制度就是在重大案件中，实行以随机方式抽选一般国民担任裁判员，由裁判员与职业法官组成合议庭，共同审理案件，一起决定定罪量刑的制度。[35]之所以称为"裁判员"而不叫"陪审员"或者"参审员"，是因为日本的裁判员制度不是单纯模仿英美的陪审员制度或者德国的参审员制度，而是根据日本的具体情况，对于外国的做法进行选择、综合，形成了富有日本特色的裁判员制度。其特点在于：（1）裁判员参与审理的案件限于重大刑事案件，指可能判处死刑、无期惩役、无期禁锢的犯罪案件，以及某些因故意犯罪行为致被害人死亡的案件。（2）裁判员从全体有选举权的国民中以随机抽出的方式遴选，同时规定了担任裁判员必须符合一定的条件，完全排除法律执业人员或者具有法律职业背景的人员参加，比如行政机关的工作人员、警察、律师、大学法律专业的教授、副教授等不能担任裁判员，这一点与大陆法系国家的参审制度完全不同。（3）裁判员没有固定的任期，每一个具体的案件抽选不同的裁判员进行审理。（4）裁判员享有与法官同等的对被告人定罪、量刑的权力，这一点日本的做法与大陆法系的参审制相近，却区别于英美

---

35. 田口守一：《日本的陪审制——裁判员制度》（丁相顺译），载《法律适用》2005年第4期。

的陪审制。判决采用多数决定原则,特别规定所采纳的判决意见必须超过半数,且必须有至少一名法官和一名裁判员同意,才能形成判决。

裁判员制度有助于在司法过程中更好地反映普通国民的意志,抑制法官独断专行的倾向,也能使主权在民原则在法律领域得以更好的体现,同时有助于提高审判效率,加深国民对于司法的关心与理解。

第六节 外交

二战后至今六十余年,在经济利益、地缘政治、意识形态等多种因素影响下,日本外交经历了很大变化。

1945年日本宣布投降后,接受了美军单独占领,日本的外交事务实际上由美国占领当局主导。美国的远东战略和对日政策成为决定日本外交的关键因素。在此背景下,日本形成了"以日美关系为基轴"和"以经济外交为主要手段"两条外交路线,迅速确立了加入以美国为首的西方世界、追随美国的外交总方针。

一、1945—1951年的日本外交

日本的战后外交起始于与盟国的媾和活动。在美苏冷战开始,中华人民共和国成立、朝鲜战争爆发的国际大环境下,美国确立了对日政策的目标,就是使日本成为西方阵营的一员,成为反苏联、反共产主义阵营的防波堤。在美国的压力下,日本在战后媾和问题上把深受侵略危害的新中国和朝鲜排除在外,进行片面媾和。 1951年9月4日对日媾和会议在旧金山召开。由于美国与英国事先达成妥协,中国大陆与台湾均没有参加。苏联虽然参加,但最终拒绝在和约上签字。9月8日《旧金山对日和约》(サンフランシスコ講和条約)与《日美安全条约》签订。《旧金山对日和约》是日本与美国等49个国家签订的,其中规定:(1)日本承认朝鲜独立,放弃对台湾、澎湖列岛、南威岛、西沙群岛的一切权利和要求;(2)盟国承认日本是主权国家;(3)外国军队可在日本领土驻留。《日美安全条约》主要内容是日本要求美国在日本国内及周边驻扎武装部队,以防止对日本的武装进攻。《日美安全条约》使美国获得在日本领土上驻军、从日本出兵与其他国家交战的权力,标志着日本与美国正式结成同盟关系,并加入以美国为首的西方阵营。1954年《日美共同防御援助协定》签字,日本纳入美国的安全保

障体制。这标志着旧金山体制最终形成。日本作为美国的追随者，推行对美国一边倒的国际关系政策，其外交是美国远东战略的组成部分。

战后，日本首相吉田茂曾经设想在中国大陆与台湾当局之间同时保持外交关系，并且希望建立与中国大陆的贸易关系，希望从中日经济往来中谋取利益。但这一想法被美国否决。在杜勒斯的要求下，吉田于1951年12月24日把一封信送交美方，信中表明日本政府不与新中国建交的立场。这封信被称为"吉田书简"。1952年1月16日，美日两国同时公布了"吉田书简"，在这封书信中，日本政府宣布希望与"中华民国"建立全面的政治和平及通商关系，日本政府无意与中国政府签定双边条约，并将遵照联合国决议对中国政府采取措施，指责中苏同盟实际上是针对日本的军事同盟等。在美国的操纵下，1952年日本与台湾方面签署所谓的《日华和平条约》（中国称之为"日台条约"或者"日蒋条约"），建立外交关系。中国政府对此坚决反对。

二、1952—1972年的日本外交

1957年外务省发表了第一部《外交蓝皮书》，提出日本"外交三原则"，即"以联合国为中心"、"与自由民主国家的协调"以及"坚持亚洲成员的立场"。

（一）日美关系：日美同盟的维持与强化

1957年岸信介就任首相，岸信介的外交路线是重视日美特殊关系，同时强调双方关系对等。其外交的重点是修改1951年签订的《日美安全条约》（日本称为『日米安保条约』）。当时日本人民反对美军滥杀无辜民众、反对设立美军基地的运动高涨，客观上支持了岸信介内阁修改条约的活动。1960年1月19日日美在华盛顿签订《日美共同合作和安全保障条约》，又称《新日美安全条约》。该条约明确了美国对日本的防卫义务；确定了在发生紧急情况、驻日美军更换装备以及在日本领土以外进行军事行动时，两国进行随时协商的制度。删除了原日美安全条约中驻日美军可以镇压日本内乱的条款，以及不经美国同意日本不得向第三国提供军事基地的条款。该条约比较重视日美关系的对等性和日本的自主性。把国防事务交给美国，使得日本可以压缩国防军事开支，有利于经济高速增长。但是该条约对中国造成了威胁，加剧了东亚地区的军事紧张局势。

（二）东南亚外交：多边外交和经济外交

50年代开始日本逐渐与东南亚的非共产党国家复交，包括泰国、柬埔寨、老挝、印尼、菲律宾和缅甸。复交谈判过程中，战争赔偿问题成为外交的焦点。东南亚国家纷纷要求日本赔偿侵略战争给当地国家和人民带来的生命财产和资源的巨大损失。日本政府主要通过生产产品和劳务的方式提供赔偿，直接货币支付居于次要地位。具体实施方法有：（1）由日本政府先把赔偿金额支付给日本企业，由这些企业向索赔国提供产品或劳务。[36]如1958年日本与印尼政府签订的《赔偿协定》规定，日本向印尼提供总额为2.2308亿美元的产品与劳务赔偿，分12年付清；同时日本国民向印尼政府与国民提供4亿美元的商业投资、长期贷款以及类似的贷款。（2）受害国放弃要求赔偿的权利，日本用经济技术合作作为补偿。例如，1956年12月，老挝宣布放弃赔偿，岸信介内阁于1958年签订《日老经济技术合作协定》，向老挝赠送10亿日元，协助设计万象的上水道和南娥水坝。以产品和劳务为主的赔偿方式一箭双雕，为日本的产品找到了稳定的销售市场，有利于战后日本经济复兴。赔偿过程可以视为日本"经济外交"方针的一个实践。除了赔偿问题之外，日本政府还通过经济技术援助和文化交流来密切与东南亚国家的关系。

三、1972—1978年：以日美为基轴的全方位外交

1. 中日外交关系的恢复

在中日之间没有正式外交关系的情况下，中国政府形成了"渐进积累、以民促官"的对日方针。50年代开始的中日民间贸易为复交打下了坚实的基础，周恩来总理于1960年会见日中贸易促进会专务理事铃木一雄时提出"贸易三原则"，即：（1）政府协定；（2）民间合同；（3）个别照顾。60年代中日通过各种渠道探索复交的道路，周恩来于1960年提出了中日复交三原则：（1）中华人民共和国是代表中国人民的唯一合法政府；（2）台湾省是中华人民共和国领土不可分割的一部分；（3）"日台条约"是非法的、无效的，应予废除。中方把承认这三项原则作为中日复交的前提条件。

1972年尼克松访华，中美关系改善。这一重大举措事先没有告知日本，对于这种"越顶外交"，日本政府措手不及、陷于被动，深感与中国恢复邦交的紧迫

---

36. 金熙德：《日美基轴与经济外交》，中国社科出版社，1998年11月第1版，第262页。

性。1972年田中角荣执掌内阁之后，在外交领域提出"自主多边外交路线"，把恢复中日邦交作为外交的重点，得到财界、在野党、自民党多数派系以及舆论的支持。日本恢复邦交的努力也得到中国政府的积极回应，1972年8月12日，中国政府宣布周恩来总理欢迎并正式邀请田中首相访华。9月25日田中抵达北京，与中国政府开展复交谈判。复交谈判过程中出现一些曲折。田中多次把日本侵略战争说成"给中国添了很大麻烦"，这种轻描淡写的说法遭到周总理的批评。此后日本外相大平正芳把措辞改为"日本方面深感日本国过去由于战争给中国人民造成的重大损害的责任，表示深刻反省"。在台湾问题上，日本反对"复交三原则"中的第三条，即不愿意宣布"《日台条约》非法无效"。中方考虑到日方的困难，同意在《联合声明》不写入"《日台条约》是非法的、无效的、必须废除"这一条。双方进行了一系列协商，最终于1972年9月29日签署《中华人民共和国政府和日本国政府联合声明》（简称《中日联合声明》）。主要内容有：（1）宣布结束两国的不正常状态及战争状态；（2）日本"痛感日本国过去由于战争给中国人民造成的重大损害的责任，表示深刻反省"；（3）日本承认中华人民共和国政府是中国的唯一合法政府；（4）中国政府重申台湾是中华人民共和国领土不可分割的一部分，日本政府充分理解和尊重中国政府的这一立场；（5）中国政府放弃对日本的战争赔偿要求；（6）自1972年9月29日起恢复外交关系。

1978年8月12日 两国又签署了《中日和平友好条约》，中日关系进入了一个新时期。

2. 日本与东南亚的关系

1976年福田赳夫内阁时期实行以日美为基轴的全方位外交，重视与东南亚以及东盟的关系。1977年8月福田赳夫在马尼拉发表演说《我国的东南亚政策》，主要内容有：（1）日本不做军事大国，为亚洲和世界和平做贡献；（2）日本与东南亚国家之间，在政治、经济、社会、文化等多方面建立"心心相印"的信任关系。不仅与东盟成员国积极合作，也谋求与印度支那的社会主义国家发展以相互理解为基础的关系。这些外交观点被称为"福田主义"。

四、20世纪80年代

日本经过六七十年代的经济高速增长，到80年代经济达到空前繁荣，一跃成为仅次于美国的经济大国。在此背景下，日本要求在国际政治中发挥更大政治作用的意愿也日趋强烈。1983年中曾根康弘在演讲中表示："要在世界政治中加强日本的发言权，不仅增加日本作为经济大国的分量，而且也增加作为政治大国的分量"，首次提出日本要做"政治大国"的观点。在国际事务中与美国协调一致，加强了与美国的军事合作，1979年11月通过了《日美防御合作指导方针》。由于苏联发动了阿富汗战争，日本参与了西方国家对苏联的制裁。

80年代也是中日友好关系全面发展的时期，两国领导人频繁互访。1983年中共中央总书记胡耀邦访日，在日本国会发表演说，还热情邀请3000名日本青年到中国访问。日本政府的对华经济援助规模扩大。1980年第一次日元贷款为500亿日元，用于建设石臼所港口、兖石铁路、北京至秦皇岛的铁路。此外两国在文化、学术和医疗等领域也开展了多种多样的合作。

然而两国在友好合作的同时，也出现了一些摩擦。80年代的中日摩擦主要是由历史认识问题和台湾问题引发的。1982年6月日本文部省审定的中小学历史教科书中，歪曲侵略战争的历史事实，把"侵略华北"写成"进入华北"，把南京大屠杀的起因篡改成"由于中国军队的激烈抵抗，日军蒙受巨大损失，激愤而起的日军杀害了许多中国军民"。中国的国民感情受到严重伤害，中国政府多次向日方交涉，要求纠正其错误表述。9月6日日本政府决定，9月之内召开教科书审定调查审议会，当年度将根据新的审定标准修改相关表述。1987年又发生光华寮事件，当年2月，在京都的中国留学生宿舍光华寮的归属问题上，日本法院判归台湾所有，这违背了一个中国的基本原则。中国政府强烈反对这一判决，6月外交部长吴学谦在第五次中日政府成员会议上就光华寮问题与日方交涉，同时表示双方睦邻友好政策不会改变。

五、20世纪90年代至今

80年代末90年代初，苏联解体，东欧剧变，东西阵营的冷战宣告结束，给全球格局和国际关系带来巨大的变化。日本作为西方阵营的一员、美国的忠实盟友以及亚洲最发达的资本主义国家，其安全战略与外交政策也进行了大调整。90年代日本社会出现总体右倾化的趋势，民族主义抬头，这导致了外交的明显右倾化，争当政治和军事大国成为国家总体的战略目标。为此日本对内加强自身防卫能力，对外积极加强日美安全同盟，增强军事影响。对外战略方面，"经济外交"的重要性下降，而军事合作、海外派兵的比重则大幅上升。

1. 在国家定位方面,"正常国家论"流行。1993年小泽一郎在《日本改造计划》中提出了"正常国家论"。其本质是要求取消军事上的自我限制,谋求行使集体自卫权,走军事大国道路。

2. 加强日美军事同盟

新时期的日美军事同盟正式向联合干预国际安全事务的"全球化"目标迈进,日本企图借此发挥更大的国际安全作用。1996年4月克林顿与桥本龙太郎签署《美日安全联合宣言——面向21世纪的同盟》。1997年新《日美防务合作指针》对于日美同盟作出新的调整,该指针把日美防务合作的范围由原来的"远东地区"改为"日本周边地区",日美方面有意选择一种模糊的表述方式,以便将来根据国家利益的需要进行灵活解释。事实上,小泽一郎公开说过,周边地区当然包括台湾地区。日美军事同盟有着很明显的针对中国的意图。小泉纯一郎任首相的五年中,实行对美一边倒政策,2003年伊拉克战争爆发后,小泉内阁派出军队配合美军作战。

3. 强调意识形态因素的价值观外交

安倍晋三内阁时期,提出"价值观外交"的口号,以自由、人权、议会民主体制等意识形态为导向,联合澳大利亚、印度等西方议会民主制国家,构筑"自由与繁荣之弧",其背后不乏围堵中国的意图。

4. 中日关系

中国改革开放以来综合国力和国际地位日益提升,东亚地区百余年来首次出现了中日两强并立的格局。日本对于中国的崛起以及双边关系的心态比较复杂,认为中国既是机遇又是威胁。因此其对华政策也存在遏制与合作两个方向,即经济上与中国合作,寻求促进日本经济发展的机遇;在安全保障方面,则加强防范遏制。90年代到21世纪的第一个十年,中日进入了一个摩擦高发的时期。小泉纯一郎担任首相的五年是日本外交右倾化最严重的时期,其亲美反华的路线导致中日关系陷入前所未有的"冰期"。安倍晋三以后的日本政府对小泉时期的极端路线进行修正,日本逐渐恢复了对于中日睦邻关系和亚洲外交的重视。

在日趋激进的民族保守主义意识的影响下,美化侵略战争的言论在政府和社会泛滥,历史认识引发的政治外交事件接连不断。如1994年内阁法务大臣永野茂门公然主张把日本的战争"定义为侵略是错误的。"1996年桥本龙太郎以首相身份正式参拜靖国神社。特别是进入21世纪以后,小泉内阁一意孤行,顽固坚持美化战犯的错误历史认识,五次参拜靖国神社。此外还有钓鱼岛领土争端、东海油气田问题等。

中日摩擦不仅威胁到东亚的和平稳定，而且也损害了日本本身的利益。2006年以后的各界政府进行外交方针的调整，修复对华关系。经过安倍的"破冰之旅"，温家宝的"融冰之旅"，福田康夫的"迎春之旅"，胡锦涛的"暖春之旅"，中日关系逐渐缓和。

2007年福田内阁成立后把外交方针定名为"共鸣外交"，即要加强日美同盟和推进亚洲外交。对于中日关系，福田康夫2007年末访华期间在北京大学的演讲中阐述了中日战略互惠关系的三个支柱，分别是：（1）互惠合作；（2）国际贡献；（3）相互理解，相互信任。2008年5月，在日本经济新闻社主办的"亚洲的未来"国际交流会上，福田发表演讲，阐述对亚洲外交的基本原则，作出五项承诺：（1）坚决支持东盟已经开始的建立共同体的进程；（2）日本把与美国的同盟关系作为亚洲、太平洋地区的公共财产加以强化；（3）日本将以"和平合作国家"要求自己，为实现亚太乃至世界和平不辞辛苦，贡献力量；（4）致力于青年交流；（5）与气候变化做斗争，尽快达成京都议定书框架协议，努力实现低碳社会。福田阐述的外交理念被称为"新福田主义"。2008年9月上台的首相麻生太郎虽然是自民党内的鹰派人物，但在外交上延续福田的与中国、韩国等亚洲国家合作的路线。

第七节　军事与国防

尽管日本宪法规定不保持陆海空军及其他战斗力，不承认国家的交战权，但是日本依然拥有自己的武装力量，即自卫队。日本战败后被解除了军事武装，但是40年代末50年代初，随着朝鲜战争的爆发，美国出于把日本变成包围共产主义国家的堡垒的战略考虑，逐步恢复了日本的武装。1954年6月日本公布《防卫厅设置法》和《自卫队法》，7月1日正式成立自卫队，包括陆上自卫队、海上自卫队和航空自卫队。自卫队的任务是"保卫国家的和平、独立与安全，以免于直接或间接侵略"。

战后日本根据宪法的和平精神，很长一段时间实行"专守防卫"的国防方针，承诺军事力量维持在自卫的范围内。"所谓专守防卫，是指基于宪法精神之上的被动的防卫战略姿态，即只有受到对方的武力攻击时才使用防卫力量，其防卫力量的使用方式也仅限于自卫所需的最小限度之内，而且所保持的防卫力量也仅限于自卫所需的最小限度之内。这是我国的防卫基本方针。"[37]由于日本的国防

---

37. 外務省『安全保障ハンドブック』1991年版，151頁。

方针是接受美国的军事保护，这使得日本能够大大节省军费开支，集中力量发展经济，从而有助于推动日本经济的迅速起飞。

1957年的《国防基本方针》规定，日本根据国力和国情，在自卫所必须的限度内，逐步发展有效的防卫理论。1976年的《防卫计划大纲》中提出了"基础防卫力量构想"，作为和平时期防卫力量建设的指导方针。80年代以后，日本逐渐确立了成为政治军事大国的国家战略，其国防方针、自卫队的建设也随之出现重大转型。90年代以后日本军队由防御型向主动进攻型转变，同时在日美安保体制的框架内，加强了与美国的军事合作。《宪法》中放弃战争手段作为解决国际问题的规定、以及"专守防卫"的方针都不允许自卫队到日本国家以外的地方开展任何活动。随着日本经济力量的膨胀，军事力量也日益加强，日本谋求在军事方面走出国门，于是迫切需要突破向国外自卫队派遣的限制。另一方面，在1990年海湾战争中，美国等西方国家要求日本直接出兵参与战争，但是日本由于遵守宪法的需要，没有派兵而选择提供资金支持，这招致西方国家的不满，批评日本在安全和防卫方面免费搭车。日本本身的欲望和来自外部的要求共同促成了海外派兵的合法化。1992年日本国会通过了《关于联合国维持和平活动合作法》（PKO法案），首次为日本自卫队走出国门扫除障碍。法案通过后，日本随即于1992年10月派出陆上自卫队共600人，前往柬埔寨开展维持和平活动。1993年3月和9月向莫桑比克派出自卫队，主要任务是修建公路和运输管理。此后日本多次派遣自卫队参与国际热点地区的维和行动。

1995年日本修订了《防卫计划大纲》。修改后的《新防卫计划大纲》继承并重申了遵守专守防卫和无核三原则，提出不做威胁别国的军事大国。新大纲与旧大纲不同之处主要有：（1）赋予自卫队更多的活动范围，不仅限于旧大纲规定的保卫国土，还增加了应对自然灾害、恐怖主义活动、参加国际维持和平活动、以及"在军备管理和裁军方面开展国际合作"；（2）事实上扩大了日本的防卫范围，提出了"在我国周边地区发生会对我国的和平与安全产生重要影响的事态"的时候，日本会"采取适当的对策"，模糊不清的表述把防卫范围扩大到可大可小的"周边地区"，同时解除了军事应对措施的限制，这违背了专守防卫原则；（3）提出"合理、精干、高效"的建军方针。

2005—2009年度新《中期防卫力量发展计划》开始实施，日本的建军方针改为"多功能、灵活有效"，大力推进自卫队向适应未来作战需要的新型军队转型。该计划明确了全面推进军队的信息化、高科技化，目的是在现代信息战中争夺主动权。同时着重提高四种作战能力，即：（1）应对弹道导弹攻击的能力；（2）应对游击队及特种部队攻击的能力；（3）应对岛屿侵略的能力；（4）应对领海领空侵犯的能力。日本的自卫队正由防守型军队向主动进攻型军队急速转型。2001年10月，在9·11恐怖袭击发生后不久，国会迅速通过了《反恐怖对策特别措施法》等法案，从法律上对在海外的日本军队的行动权限进行松绑。自卫队行动范围扩大到公海及公海上空，在当事国的同意下可以进入该国领土，可以携带武器在海外执行任务，并允许在正当自卫的情况下使用武器。

关于外交与安全防务的立法方面，最重要的当属小泉内阁时期的"有事法制"，即制定一系列关于发生紧张局势时采取的应对措施的法律。2003年6月国会通过三项"有事法案"，分别是《应对武力攻击事态法》、《自卫队法修改案》和《安全保障会议设置法修改案》。2004年又通过了7项"有事法案"。"有事法制"标志着日本重新主张宪法明文规定放弃的交战权，在台湾海峡、朝鲜半岛乃至南海等广阔的东亚地区发生紧张局势时，日本军队可以和美军共同介入。2003年12月小泉政府向伊拉克派遣了自卫队，参与美国的伊拉克战争。

练习题

一、填空

1. 90年代以来日本司法改革的重要内容之一是2009年开始实施的_____制度。

2. 周恩来总理于1960年会见日中贸易促进会的日方人士时提出中日"贸易三原则"，包括_____、_____和_____。

二、选择

1. 目前执政的民主党的主要领导人有（　　）

　　A. 鸠山由纪夫　　B. 小泽一郎　　C. 菅直人　　D. 小泉纯一郎

2. 1972年访问中国并且与中国建立外交关系的日本首相是（　　）

　　A. 田中角荣　　B. 大平正芳　　C. 福田赳夫　　D. 池田勇人

三、判断对错

1. 日本国会中参众两院都拥有对内阁进行不信任投票的权力。

2. 日本政党中早期提倡建立佛法社会主义、后来转向中道政治的政党是社会党。

四、名词解释

1. 象征天皇制

2. 派系

五、简述

1. 90年代以来国会选举制度的改革及其影响。

2. 日本行政改革的主要内容。

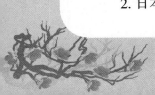

第六章 日本经济

从二战结束到80年代，日本经济克服了战后的物质匮乏以及石油危机等困境，创造了令全世界瞩目的经济奇迹，GDP增长异常迅速，远远高于战前平均水平。但80年代末期泡沫经济崩溃，繁华从高峰跌落，日本陷入了旷日持久的经济萧条。低迷的经济迫使日本开始经济改革，21世纪，改革初见成效，日本经济进入缓慢的复苏期。

第一节 日本现代经济发展简史

一、经济恢复期

日本发动的侵略战争本来是为了称霸世界，但结果却给本国的经济生产带来毁灭性打击。

美国占领当局初期占领政策的重点放在消灭日本进行侵略战争的物质和精神基础，把"好战的国家主义者以及积极推动侵略的人"从日本社会的各个领域驱逐出去，实现民主化。但1950年以后，随着朝鲜战争的爆发、东西阵营的对立，美国需要日本作为盟友对抗社会主义阵营，故而相应调整了占领政策。

（一）经济领域的民主化改革

战后初期的经济民主化改革包括农地改革、解散财阀和劳动制度改革。

1. 农地改革（"農地改革"）

农地改革是土地制度方面的改革。日本从明治时代起确立了具有浓厚封建色彩的地主制（日本称为"寄生地主制"），土地掌握在少数地主手中，大多数农民没有土地，只能租种地主的土地，交纳高额地租。在美国占领当局的主导下，日本废除了地主制，确立了"农业土地的所有者只能是耕作者本人"的原则。农地改革分别于1946年与1947年实施两次，第一次改革的措施是限制地主拥有出租地不超过5町步，采用地主与佃农协商的方式敦促地主放弃出租地。这种做法在实施过程中难以保证佃农的权利，因此改革并不彻底。第二次农地改革将地主拥有的出租地进一步限制在1町步以内（北海道为4町步以内），地主放弃出租地的方式改为由国家收购，再低价卖给佃农的做法。强有力的措施显示了国家废除地主制的决心。农业土地制度的改革，在农村取消了地主、佃户的身份区别，体现了人人平等的原则，也很大程度上消除了农村人口的收入差距，促进了农村的民主化。

2. 解散财阀

财阀是日本近代以家族资本为中心经营和控制各种工商、金融领域的大垄断资本集团。大的财阀主要有三井、三菱、住友和安田四个家族，合称"四大财阀"。财阀的核心是控股公司，即各个财阀的总公司。在1945年8月日本投降前后，日本的对外总投资中四大财阀占了80%。财阀和大地主构成了日本侵略战争的经济基础。美国认为，要解除日本的军事力量，必须废除财阀。1946年美国国务院顾问C.爱德华兹到日本对财阀问题展开调查，他注意到"产业统治权的集中……妨碍了独立的企业家的创业，因此妨碍了中产阶级在日本的崛起。没有中产阶级，日本至今也没有建立个人独立所需要的经济基础，因此能够与军阀对抗的势力得不到发展，在其他国家出现的具有民主主义、人道主义性质的、发挥了反抗军事意图作用的国民意识也得不到发展。"[38]

1946年8月日本政府根据盟军总部的指示，成立了控股公司清理委员会（持株会社整理委员会），当时盟军总部将四大财阀下属的83个公司定性为控股公司，对于10个财阀的合计28家总公司实行了解散。

占领当局还强制命令财阀家族交出持有的有价证券。控股公司清理委员会一共将56人认定为财阀家族，到1950年3月实际交出的有价证券合计为4亿9678万日元，占这些家族所持有价证券的41.3%，其余的有价证券基本上作为财产税上交国家。[39]所有被定性为财阀家族的人一律不准在公司担任干部。以上措施消灭了统治日本经济界的中枢机构。

美国最初不仅要消灭解散财阀的总公司，还准备解散或者拆分财阀下属的一批具有强大经济实力的大型企业。1947年12月指示日本政府通过了《排除经济力过度集中的法律》，将325家公司定性为经济力过度集中的企业，准备对他们进行拆分处理。但是，由于美国此时的占领政策开始转变为把日本作为反社会主义的据点，需要日本具有较强的经济实力，所以解散大型企业的政策半途而废。实际上真正受到拆分处理的只有6家公司。财阀支配整个日本经济的力量虽然被解除，但是原来隶属于财阀的各个大企业几乎完好无损的保留下来。解散财阀的政策主

---

38. 井村喜代子：『現代日本経済論』，有斐閣，1993年，29頁。
39. 同上，31頁。

观上是为了消灭日本的军事侵略的物质基础，客观上有利于促进企业间的竞争，推动市场经济的发展。

3. 劳动制度改革

战后日本制定了工会法（労働組合法）、劳动基准法（労働基準法）和劳动关系调整法（労働関係調整法），统称为"劳动三法"。1945年公布的工会法是日本历史上第一部承认工会的法律，该法保障工人的团结权，赋予工人通过集体谈判签订劳动合同的权利，保障工人开展劳动争议的权利。1946年公布的《劳动基准法》的中心内容是为了改善劳动环境。例如，（1）坚持劳动者待遇平等，男女工资平等，禁止强制劳动，这些规定废除了战前的封建性质的劳资关系；（2）规定每天8小时、每周48小时工作制和带薪休假制度；对从事劳动的妇女和未成年人进行保护，给与产前产后休假待遇，禁止深夜工作，限制从事危险有害的工作等；（3）发生劳动事故灾害时，规定雇主有责任对工人进行赔偿。上述法律条文有利于保护工人的权益。《劳动关系调整法》于1946年9月公布，主要是关于解决劳动纠纷（労働争議）的规定。出台该法的背景是工会法颁布后，日本的工人运动大大增加，美国对此十分不安，所以紧急制定了该法律，其中最重要的是禁止"从事行政以及司法事务"的人开展劳动纠纷。上述法律赋予劳动者以一定的权利，改善了劳动者的社会地位，提高了劳动者的经济力量和生活水平，使得劳动者有能力消费，客观上为以后的经济高速增长、扩大国内市场创造了条件。但另一方面又对劳动者组织工会、开展维权进行了种种限制。

（二）朝鲜战争对日本经济的影响

1950年6月25日朝鲜战争爆发，东西阵营的冷战终于升级成为热战。美国急于在亚洲构筑反共的集体安全保障体制，而日本正是美国亚洲战略的关键。在这种情况下，美国迅速结束了对日本的占领，签订了《旧金山和约》以及《日美安全条约》，日本重新回归国际社会。美国需要日本成为为朝鲜战争制造军需物资的生产基地和运送军队的据点，这就要求日本必须具备足够的经济力量，因此可以说，朝鲜战争为日本的经济发展提供了一个绝佳的机会。

朝鲜战争对日本经济的推动作用主要表现在"特需"，即美国军队需求的物资和服务。日本此前受道奇路线的影响，经济陷于萧条，大量商品积压，而美国庞大的特需迅速消化了积压的商品。从朝鲜战争爆发到1953年停战，美国特需订货的规模总量为23.9亿美元，占日本出口总额的50.6%，而且特需并非随着战争结束而停止，到1955年依然有5亿美元的规模。[40]

特需带动了日本生产的扩大和出口的增长。朝鲜战争爆发后，纺织品、钢铁产品和机器类出口快速增加。1950年出口总额为8.2亿美元，到1954年增加到16.29亿美元，短短四年时间增长了一倍。生产的扩大也主要表现在机械加工、钢铁和纺织业，1950年10月，日本的工矿业生产指数超过战前的水平。上述生产部门不仅生产规模扩大，利润率也大大提高，企业赚取了巨额利润，为此后的合理化投资创造了条件。

1945—1955年间，日本不仅恢复元气，而且在重点产业进行大规模的设备投资，大量引进的新技术，为以后的高速增长打下了坚实的物质基础。经过十年的努力，日本摆脱了侵略战争带来的贫穷局面，战后经济恢复的任务完成了。1956年，当时的经济企划厅发表的《经济白皮书》中说："现在已经不是战后了"，日本走到了经济起飞时代的入口处。而十年恢复时期形成的经济模式，比如政府对于经济的强力干预、政府与经济界的紧密联系，则成为日本经济发展模式中不同于其他西方国家的突出之处。

二、高速增长期

50年代末到60年代初，日美安全条约问题引发了国内左右两派的激烈矛盾。1960年7月池田勇人当选日本首相，他认为必须通过发展经济来弥合国民因政治理念不同而产生的对立与分裂，赢得民众的支持。同时美国的军事保护也使日本能够削减国防开支，优先发展经济。池田内阁把政府工作的重点放到经济方面，根据经济学家下村治的建议，制定了《国民收入倍增计划》，目标是用十年的时间使国民总产值（GNP）增加1倍，达到26万亿日元（根据1955年的物价计算），为此把1961年以后三年内的经济增长速度定为9%。这个计划大大激发了日本国民发展经济、增加财富的积极性，实际平均经济增长率达到10%，超额完成该计划。此后十几年经济上升期（日语称为"景气"）时间长，而相对萧条期（日语称为"不况"）时间短。比较有名的有1958年6月—1961年12月的岩户景气，持续时间达42个月；1965年11月—1970年的伊奘诺景气，持续时间长达57个月；此外还有1963年—1964年的

---

40. 刘昌黎：《现代日本经济概论》，东北财经大学出版社，2008年，第6页。

"奥运景气"。到1968年，日本国内生产总值（GDP）超越了当时的世界第三经济强国西德，跃居世界第三，仅次于当时世界上的两个超级大国美国和苏联。当年日本的GDP 为527,753亿日元，实质增长率为11.9%。这种增长势头一直持续到1973年的石油危机爆发。这一时期日本经济取得的巨大成绩表现在：

1. 迅速建立以重化学工业为中心的完善的工业体系

政府在建立工业体系方面大有作为，不仅制定《国民所得倍增计划》这样宏观的综合的经济计划，还针对具体的生产领域制定产业振兴计划，如1955年的《石油化学工业培育对策》、1957年的《电子工业振兴临时措施法》等。重点发展重工业和化学工业，引导工业界进行技术革新，并通过外汇配额制度限制外国的有竞争力的产品进口，保护本国工业发展，从而很快实现了主要工业产品的国产化。

2. 劳动生产率的大幅提高

劳动省的《劳动生产率调查》显示，1955年以后单位劳动时间明显减少，1955—1965年10年间，一吨高炉铣铁单位劳动时间从4.40小时下降到1.216小时，一吨水泥从2.49小时下降到1.032小时。一台小汽车从238.99小时下降为89.49小时。而1966—1970年之间的生产率又远远超过60年代的前半段。一般机械、钢铁、电气机械和金属产品的生产增加率甚至超过100%。

3. 基础设施建设与完善

1964年东京奥运会开幕，以此为契机，日本兴起了基础设施投资的高潮，建设一大批大型体育场馆、东海道新干线以及首都高速公路、名神高速公路等。

4. 国民生活水平提高

科学进步的结果与生产发展带来了空前的消费革命，国民生活方式发生了巨大变化。新的多种家用电气（洗衣机、电冰箱、电视机等）以比西方国家更快的速度普及开来，人们的住宅从传统的木结构单门独户建筑变为钢筋混凝土的高层住宅楼，家用小汽车普及，新"三种神器"（彩电、私家车和空调）代替了旧的"三种神器"（黑白电视机、洗衣机和冰箱）。日本进入了物质丰富的时代。

日本的经济高速增长期并不是一片光明。工业发展的同时，环保事业相对落后，化工厂排出有毒的废水废气引发了水俣病（水俣病〈みなまたびょう〉）、四日市哮喘（四日市〈よっかいち〉喘息〈ぜんそく〉）和疼痛病（イタイイタイ病）等，给国民的健康造成严重伤害。1970年，在高速增长期的巅峰时期，《朝日新闻》刊登题为《该死的GNP》（『くたば

れ，GNP』）的连载报道，揭露了高速增长时期的阴影，如环境污染、过疏与过密（城市与农村发展不平衡）、劳动事故、福利没有跟上等。

三、稳定增长期（1973—1985年）

1973年以后，日本高速增长阶段结束了，经济增长速度转为下滑。由于此时日本在资本主义国家中经济发展相对较好，因此1973年以后的日本经济被称为稳定增长期。

日元升值的影响：战后经济史中，日元经历了两次急剧的大幅度升值，第一次升值是在70年代。1971年以前，日元外汇汇率一直人为地维持在1美元=360日元的水平上，相对廉价的日元使得日本的产品比外国生产的同种产品便宜，从而提高了国际竞争力。1971年8月15日，美国总统尼克松突然宣布停止美元同黄金和其他货币的兑换等一系列紧急经济政策，史称"尼克松冲击"（ニクソンショック），此后主要发达国家纷纷采用浮动汇率制，美元兑日元汇率调整为1美元=308日元上下。日元升值给出口造成很大打击。日本政府为消除出口减少而采取的对策是扩大内需，以期刺激经济。而扩大内需主要是采取扩大公共事业投资、扩大财政规模、增发国债等手段，结果导致通货膨胀。公共投资方面最典型的是田中角荣的《日本列岛改造计划》引发的日本列岛改造热。田中主张，为了维持高增长，必须由政府加大公共工程投资，"需要扭转以前以民间设备投资为主导的、出口第一主义的经济运营模式，把政策的主干放到公共部门主导的以福利为重点的路线上来，如果努力实现这一点，日本经济还是有可能继续高增长的。"[41]田中具体地提出要建设9000公里新干线铁路网、1万公里高速公路网和7500公里石油管道网，计划把原来集中在太平洋沿岸的工厂分散到各个地方，还推出了新地方城市开发的计划。列岛改造、大搞基础建设虽然对经济有拉动作用，但也催生了通货膨胀。以大企业为首的投资者疯狂对土地等进行投机，甚至希望更大的通货膨胀发生以牟取暴利。

石油危机的影响：1973年石油输出国组织把油价提高了112%，能源价格飞涨造成战后最严重的全球性经济危机，史称"石油危机"（オイルショック）。石油危机对发达国家的经济造成了猛烈的冲击。日本的石油完全依赖进口，国际油价的提高立刻带来各种商品价格的飞涨。国内扩大公共投资和国外油价暴涨等因

---

41. 田中角荣：『日本列島改造論』，日刊工業新聞社，1972年。

素结合起来,结果引发"狂乱物价"。消费者担心物价上涨而疯狂购买卫生纸、白糖、洗衣粉等生活用品。1974年2月时,批发价格与前年同月相比上升了37%,消费者物价指数(CPI)上升了26%,居世界第一。其中地价、房价经历了空前的暴涨。而同一年的GDP却减少了3%,这是战后日本第一次经历负增长。

日本克服70年代的世界性经济危机的方法有:

1. 开发节约资源能源的技术,用核电站替代部分石油。1970年日本只有3座核电站,到1980年代增加到20座。经过努力,1974—1985年之间每单位GNP的原油消耗量下降了约40%。

2. 加速产业结构调整,减少能耗高、资源密集型的重化学工业的比重,大力发展节能的技术密集型产业,如IC产业、计算机、汽车、电子和家电产业。在生产技术领域开展微电子革命(ME革命),广泛应用IC(大规模集成电路)和计算机技术,替代原有的半导体。

3. 继续扩大出口。日本出口商品以重化学工业产品、特别是机械产品为主,出口额从1973年的98,000亿日元增加到1975年的162,500亿日元,1978年又增至20万亿日元。出口对象国是欧洲、北美和东南亚等国。国际贸易的经常收支长期保持黑字。但是"集中暴雨"(集中豪雨)式的出口也加剧了与美国等其他国家的贸易摩擦。

4. 政府采取积极财政政策与宽松的金融政策,在预算中增加公共事业费,发行赤字国债。虽然1974年到1975年之间央行采取过短暂的金融紧缩政策,调高了再贴现率。但是很快又回到以宽松为主,从1975年开始8次下调再贴现率,最终降至3.5%,这是战后以来历史最低水平。

这样,日本通过全国上下的努力,很快摆脱了世界经济萧条的影响。1975年日本GDP增速回升,尽管无法回到以前的高速增长势头,还是维持在3%—5%左右,这在发达国家中间属于比较高的。所以经济学界把70年代的日本经济称为中速增长或者稳定增长时期。后来1979年当第二次石油危机发生的时候,日本凭借以往的经验,把石油危机的影响控制在非常轻微的范围内。

四、泡沫经济时期(1985—1989年)

(一)日元升值

日本70年代以来大规模的出口贸易对美国产生巨额黑字,美国对此十分不满,1985年由美国主导签订广场协议,使美元对日元等主要货币的汇率贬值,试图借此减少日本、原联邦德国对美国的贸易黑字。以此为契机，日元开始了继尼克松冲击以后的第二次大幅度升值。广场协议前的1985年2月，美元与日元比价为1美元兑换263日元。但广场协议签订以后，仅仅3个月的时间就上升到1美元兑换200日元，到1987年甚至升至1美元兑120日元。日本方面普遍担心日元升值会打击出口贸易，因此推行了调整出口结构，进行直接海外投资，把生产工厂转移到海外，以此绕过出口贸易壁垒。同时继续扩大内需。一系列措施较好的解决了出口问题。

1988年，日本的国民生产总值超过了前苏联，上升为世界第二经济大国，当年日本的GDP为3,765,775亿日元，实质增长率为6.8%。日本的经济地位受到全世界的关注。日本人凭借经济实力，进军艺术品市场，购买世界名画等著名艺术品，其一掷千金的做法使全世界为之侧目，成为当时许多媒体热中炒作的话题。

（二）经济泡沫

面对升值，日本政府和经济界把主要精力用于维持出口，并没有注意到日元升值会导致经济泡沫化的问题。日本抵消日元升值的压力的手段是扩大基础建设投资、鼓励国民从事房地产投资以及实行宽松的金融政策，这三个因素都拉动了房地产价格疯狂上涨。日本政府把国民购买房地产作为扩大内需的重要途径，出台了《资产倍增计划》，放宽了土地买卖的种种限制。采取超宽松的金融政策（超金融缓和），在1986年1月—1987年2月一年的时间里，日本银行连续5次下调基准利率，扩大货币供给，刺激了土地交易的盛行。不断降低基准利率，导致过剩资金大量流入股市和楼市，股价与房地产价格双双暴涨。股市方面，1984年底日经平均股价指数为11,543日元，到1989年底，猛涨到了38,915日元的历史最高纪录，5年累计涨幅接近3倍。在房地产方面，日本人一贯相信"土地价格会永远上涨"，即所谓的"土地神话"。这种意识使日本上上下下失去理性判断，风险意识淡漠，争先恐后购买房地产，狂热参与投机。1987年一年内住宅用地价格上升了30.7%，商业用地价格上升了46.8%。1990年，日本六大城市中心的地价指数比1985年上涨了约90%，甚至出现了东京23个区的土地价格相当于美国全国土地总价的极端局面。

泡沫经济的形成首先是归因于过度投资和投机。日本的投资者（包括企业和个人）制造出一个在股市与房市之间反复投机的恶性循环，即投资者以手中的房地产作为担保，向银行申请贷款，获得贷款后立即用来购买股票，在股市赚钱之后，再用来购买房地产，获得新的房地产之后继续申请新一轮贷款。而日本各种金融机构也积极提供以房地产为担保的贷款融资，助长了股市泡沫与房市泡沫之间的恶性循环。另一方面日本政府对资本的流动方向、对金融机构都缺乏有效的监管。为了刺激内需，日本长期执行低利率政策，希望企业持续扩大投资，个人能够增加消费，但是日本政府和银行对资金的流向缺乏诱导和控制。由于股市和房地产比较容易带来收益，结果大量的过剩资金没有被用来投资实体经济和消费，而是一举涌进股市和房市，迅速拉升股价、房价和地价，制造出巨大的泡沫。可以说，日本政府对金融机构的投机性经营活动疏于监管，对经济泡沫化负有不可推卸的责任。

（三）泡沫的破裂

经济泡沫的破裂（日本称为"バブル崩壊（ほうかい）"）分为先股市后楼市两个阶段。日本政府开始转变金融政策是在1989年5月，把基准利率由2.5%提高到3.25%，此后又4次提高基准利率，到1990年8月加息至6%。紧缩政策首先在股市上反映出来，1990年股价急跌，加上1990年8月伊拉克入侵科威特等国际因素影响，到当年10月跌破20,000日元大关。股市泡沫破裂了。

房地产市场的泡沫在紧缩政策出台之后维持了一段时间，这是因为当时人们对于房地产还抱有继续上涨的预期。从1991年开始，日本房地产平均价格转入下降趋势，1992年1月公布的地价较前一年下跌4.6%，1992年地价加速下跌，1993年1月公布的地价比前一年下降8.4%。房地产市场泡沫也最终破灭。

五、长期萧条与缓慢复苏（20世纪90年代以来）

（一）长期萧条

泡沫经济破灭后的日本，陷入长期的萧条状态，萧条从1991年一直持续到2002年，长达十年以上，被称为"失去的十年"（失われた十年（じゅうねん））。虽然从统计数字来看，1993年10月经济下滑趋势触底反弹，但是反弹力度非常小，复苏非常缓慢，以至于人们实际上没有经济复苏的感觉，这次上升波动微弱得好像一丝涟漪，于是人们无奈地称1993年10月至1997年之间的经济恢复为"涟漪景气"。总体来说经济萧条阶段有以下特征：

1. 金融危机波及实体经济。政府对不良贷款处理不力，银行压缩贷款规模，企业相应的得不到足够的资金，设备投资大幅减少，特别是中小企业投资积极性降低，减少生产，甚至被迫停产、破产。即金融部门的危机牵连到实体经济，引发生产危机。按照日本经济学界的说法是90年代企业普遍被三个过剩所困扰，即设备过剩、债务过剩和雇用过剩。所谓设备过剩，是相对于生产规模缩小而言的，1999年过剩设备投资达到57万亿日元；[42]债务过剩，就是企业从银行借入的贷款无力归还；雇用过剩也是由于生产收缩引起的。

失业上升。日本一般用完全失业率来衡量失业情况。本来在发达国家中日本属于失业率较低的国家，长期稳定在2%的水平上，比如泡沫破裂后1991年的完全失业率为2.1%。但是企业的产生规模收缩，导致雇用减少，大量裁员，失业率也直线上升，到1999年上升到4.7%。2002年甚至达到了前所未见的5.4%。[43]

2. 国民消费萎缩。在80年代经济繁荣的时期，日本人在消费方面表现得财大气粗，出国旅游、购买名贵艺术品、奢侈品成为一时之潮流。泡沫经济崩溃，使得很多人手头的房地产和股票资产严重缩水，面对日益恶化的经济形势，本来性格小心谨慎、忧患意识较强的日本人对前景态度更加悲观，倾向于精打细算，尽力控制消费。比如1995年家庭消费支出比上一年减少1%，个人住宅投资下降了4.8%。[44]有效需求不足、消费的不振反过来又必然导致企业销售减少，进而缩减生产。

总之金融危机、失业上升和消费不足之间形成往复不断的恶性循环，日本经济就陷入这种恶性循环的怪圈中，摆脱这种怪圈花费了10多年的时间。日本政府多次采用扩张性的财政政策，好不容易才使日本GDP增长维持在1.1%前后，有些年份还出现了负增长。同一时期，美国在IT产业强有力的带动下，经济呈现繁荣发展的景象，日本的萧条疲弱与此形成强烈对比。20世纪的最后十年对于日本来说的确是"失去的十年"。

（二）缓慢复苏期（2002年以来）

2002年以后，在全球经济形势好转，特别是中国等新兴国家经济发展的带动下，日本经济终于结束了长期萧条，走上了缓慢复苏的轨道。虽然复苏的道路也有曲折，但是日本经济还是在不少方面有所改善。例如：

造成金融危机的不良贷款问题基本解决。日本政府花了很大力气治理银行不良贷款，其中小泉内阁在这个方面颇有建树。全国银行平均不良贷款比例最高是在2002年3月，为8.4%，经过治理，2005年3月下降到4%，2006年又进一步降为2.9%，达到正常水平。日本主要银行，如东京三菱日联银行、三井住友银行的经营状况都有很大改善。

---

42. 张季风：《挣脱萧条——1990—2006年的日本经济》，社会科学文献出版社，2006年，第29页。
43. 菊本義治ほか：『日本経済がわかる経済学』，桜井書店，2008年，171頁。
44. 刘昌黎：《现代日本经济概论》，东北财经大学出版社，2008年，第37页。

企业经营状况得以改善。2002年以后，新兴国家的经济崛起为日本扩大出口提供了更多的机会，出口连年增长。尤其是2004年，与上一年同期相比增长12.1%，总额达到61.2万亿日元。在出口和设备投资的拉动下，日本企业经营大有起色，2002年、2003年、2004年全行业企业的经常利益分别比上年增加8.4%、14.6%、18.7%。[45]

2002年后日本经济的恢复，其原因一是日本政府进行了大胆的经济、财政等多方面改革，另一方面良好的国际经济环境也为日本经济提供了走出低谷的推动力。2002—2006年，世界实际经济增长率达到3.1%—5.4%的水平，是第一次石油危机以来发展最快的时期。特别是中国经济的迅速发展，带动了日本的对华出口。2002—2004年对华出口各年增长率分别为： 34.%、33.3%、20.5%。2005年由于中日政治关系恶化，对华出口只增加了8.5%，2006和2007年又分别增长15.5%和17.5%。对华出口拉动经济增长效果非常明显，以至于日本近年来出现一个新的名词——"中国特需"。

2008年美国次级贷款（也属于不良贷款的一种）危机爆发，金融海啸引发了全球性的经济危机，日本也受到强烈冲击，今后日本经济的走势还需要不断的认真的观察。

六、日本战后经济发展、成为经济大国的原因

（一）外部条件

日本的战后经济从根本上来说，受到美国的全球战略和对日外交政策的巨大影响。美国为了让日本成为与中国和前苏联对峙的据点与伙伴，势必要求日本具有足够强大的经济实力。而日本也因势利导，最大限度地利用了美国的这一需求来发展自身实力。 战后西方国家普遍进入一个经济大发展的时期，国际市场上，石油以及各种原材料的供给充足，对于工业品的需求也很旺盛，为日本发展工业和国际贸易提供了有利的条件。

（二）市场经济与政府导向相辅相成

日本经济采取的是政府导向的市场经济体制模式。自由竞争的市场经济有利于社会资源的优化配置，激发人们的劳动积极性，创造出更多的财富。与欧美

---

45. 张季风：《挣脱萧条——1990—2006年的日本经济》，社会科学文献出版社，2006年，第21页。

国家相比，政府在经济领域发挥强大的主导力量，日本政府在经济领域的强势主导角色，远远超过了战后任何一个西方资本主义国家。政府的经济职能的发挥主要通过制定各种经济计划，实施各种政策，例如产业政策、财政政策、金融政策、货币政策等。无论是经济计划还是政策，日本政府基本做到了根据社会经济发展的具体需要和国内外环境的变化，不断调整自身的经济职能；同时政府的计划与政策对于市场经济的主体——企业来说，不具有法律和行政的强制力，而是通过行政指导等手段进行柔性引导。例如制订产业政策方面，在不同的经济发展阶段，不失时机地选择具有主导作用的产业部门，以此作为不同时期经济的增长点，比如50年代的重点产业是纺织等轻工业，60—70年代重点转移到钢铁和重化学工业，80年代转向电器机械和汽车制造，90年代重点发展电子和信息产业。日本相关企业对于这些产业政策的反应非常敏锐，把力量集中在政府引导的产业方向上，完成了一次又一次产业结构的升级。

当然，日本政府并非万能的经济之神。80年代泡沫经济的生成与破灭，政府责无旁贷。90年代以后，在经济开始陷入萧条时候，日本政府对于经济萧条的认识出现失误。依然采用旧的刺激供给的宏观政策，扩大公共投资，扩大财政支出，希望借此刺激市场，但是却没有达到提振经济的目的，反而造成极大的资源浪费。银行不良贷款的治理也是因为政府优柔寡断而拖了10年之久才解决。产业调整方面也迟迟制定不出适应全球化和数字信息时代的新产业计划和政策。

七、20世纪90年代以来日本政府的经济改革

经济改革的必要性：70年代中期以后，政府主导型经济发展模式的弊端不断显露出来。比如积极的财政金融政策容易造成政府的无效率财政支出过大，浪费大量社会资源。随着计算机、信息处理和通信技术的发展，政府制定的各种规制、法律跟不上日新月异的科技和交易方式的变化，往往成为经济发展的桎梏。科技方面以引进应用技术为中心，创新能力不足。在全球化、信息化的大潮流中，日本的政府主导、护送船队式的经济发展模式阻碍了企业的创新与发展，越来越不能适应激烈的国际竞争。日本特有的集团主义企业文化过于强调企业的稳定而削弱了企业的活力。

对于日本90年代以来遭遇到的经济下滑等一系列困境，日本一般认为是由结

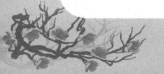

构性因素引起的，对于经济的改革不能仅作表面文章，必须对影响经济发展的结构性因素进行改革，因此提出了"结构改革"的说法。1995年村山内阁时期制定了以结构改革为主题的中长期经济计划《结构改革的经济社会计划》，随后上台的桥本内阁把1996年定为"结构改革元年"，2001年小泉内阁又提出了"没有禁区的结构改革"的口号。日本政府推行改革的理论依据是以弗里德曼为代表的新自由主义和市场原理主义，标榜"小政府"，减少公共投资和社会福利以控制政府财政赤字，在宏观经济政策方面采取自由放任主义。新自由主义的改革取向在小泉内阁时期表现得最为明显。小泉改革的主要设计者竹中平藏就是一个新自由主义的经济学家。

90年代后期桥本内阁的行政财政改革，涵盖行政、经济结构、财政、金融体制、社会保障和教育等六个领域，是一次全方位的改革。1997年颁布《财政结构改革法》。税制方面，对于所得税、居民税进行减税，而把消费税从3%提高到5%。1998年又颁布了金融体制改革法，提出"金融大爆炸"的说法。桥本改革的方向是正确的，但是时机选择上过于急切，在经济尚处于萧条时期强行改革，比如实施消费税以及医疗保险改革，加重了国民的负担，遭到很多国民的反对。1998年自民党在参议院选举中失败，桥本辞职。这次改革就不了了之。

2001年小泉纯一郎以一个大张旗鼓的改革者的姿态赢得国民支持，当上日本首相。他延续了桥本改革的基本路线，把他推行的一系列改革措施统称为"结构改革"。经济领域的改革主要围绕金融改革展开，其成就体现在解决不良贷款问题和推进金融自由化。

泡沫经济期间，日本的银行以及非银行的金融机构对于土地神话深信不疑，故而争相开展以房地产作为担保的各种贷款融资。泡沫破裂后，土地价格只涨不跌的神话也随着破灭，很多金融机构的贷款成为无法收回的不良贷款（日语为不良債権<ruby>ふりょうさいけん</ruby>）。在日本，不良贷款是指破产企业无法偿还的债务以及延期三个月以上偿还的债务。1998年3月金融监督厅公布的全部金融机构的不良贷款总计为87.5万亿日元，其严重程度可见一斑（《入门日本经济》）。而东南亚金融危机的爆发，也波及到日本的金融领域，1997年11月，日本有3家大型金融机构——北海道拓殖银行、三洋证券公司、山一证券公司接连倒闭，给经济乃至国民心理造成极大的冲击。尽管日本政府千方百计挽救，银行还是每天都有新的不良贷款产生。2000上半年度末，根据日本16家主要银行（2000年9月）的决算，该时点的不良贷款减少到12.7万亿日元，但是到2002年，又反弹至52万亿日元。

银行不良贷款问题困扰日本经济十余年，从90年代一直拖到21世纪的第一个十年，才算基本解决。90年代的清理不良贷款的方法有，政府和日本银行出资设立三个专门的治理机构，包括存款保险机构（預金保險機構）、清理回收银行（整理回收銀行）和住宅金融债权管理机构（住宅金融債權力管理機構），主管回收冲销金融机构（包括破产的与尚在正常经营的）的不良贷款。1998年9月，日本通过了《金融再生相关法案》，主要内容有：（1）对于出现严重不良贷款问题的金融机构实行暂时国有化，严厉追究经营者的责任；（2）把不良贷款卖给上述三个治理机构；（3）不良贷款清理结束后将该金融机构转让给民间金融机构经营，或者把股份转让给民间金融机构；（4）加强对金融机构的自有资本比例的监管，1998年4月规定，经营国际业务的金融机构自有资本不得低于8%，其他金融机构不得低于4%。凡是达不到规定比例的，必须由国家注入公共资金，同时金融机构本身需着手对经营进行改善，严重时政府可以命令停业整顿。

　　尽管90年代日本政府采取了种种措施，但是不良贷款问题却是冰冻三尺非一日之寒，政府治理的态度不够坚决，各项措施执行也不够得力。银行方面心存侥幸，或者拖延治理，或者在公布不良贷款数额时有意少报，因此清理措施并没有立即见效，整个90年代金融业可以说处于走投无路的困境。小泉纯一郎就任日本首相之后，起用经济学家竹中平藏，在处理不良贷款方面更加坚决，2002年10月制定金融再生计划，给银行提出治理的具体时间表，同时为主要银行大量注入资金。到2005年不良贷款处理任务基本完成。

　　金融自由化改革方面，逐步实行利率自由化，全面解除银行、证券公司和信托公司之间的分业限制。1998年开始允许银行、证券公司、信托公司、保险公司通过子公司进行业务交叉，撤销对于各种金融机构的经营业务范围的种种限制，鼓励他们向多种业务领域自由发展。推动银行的合并，2000年开始，日本兴起了大银行之间合并的潮流，先后成立了四个金融集团，即由日本兴业、第一劝业和富士银行合并成立的瑞穗金融集团；樱花银行和住友银行组成的三井住友金融集团；东京三菱银行和三菱信托银行合并为三菱东京金融集团；三和、东海和东洋信托组成日本联合金融控股集团（UFJ）；后来2006年这两家金融集团又合并为更大的三菱东京UFJ金融集团。这样目前日本有三家大型的金融集团。

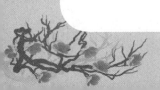

第二节　日本式企业经营模式

所谓"日本式经营模式"主要是指日本大企业的经营模式，它带有鲜明的日本特征，并且随着大企业的成功而蜚声世界。

一、经营决策制度——自下而上的决策

欧美企业的决策很多情况下是董事长或者总经理独自决定，而日本企业与此不同，传统的决策方式是自下而上的。具体体现于禀议制度方面：首先，在决策的立案方面，最初立案决策的不是企业一把手，而是基层的负责人。其次，对于拟订的草案，有一个在企业各个部门广泛征求意见的过程，这叫做回议（根回し）。通过在各种正式和非正式的场合反复协商，汇总各方面的意见，报送给各个部门并由各部门负责人签字盖章。经过这个过程，草案逐渐成熟起来，各方面达成一致，方才提交企业的实际担负决策的机构——常务会，以裁决的形式给予通过。禀议制度体现的这种自下而上的决策方式有着深厚的历史积淀。早在江户时代，幕府和各个藩政权的政策决策过程就是采用这种中级官员立案、经过相关部门协商、最后由将军或藩主采纳的流程。现代企业运用这样一种决策制度，体现了日本企业重视发挥全体员工的积极性、集中各方面智慧的特点；在提交正式会议之前协商，可以避免公开的意见对立，减少企业的内耗，反映了日本企业重视以和为贵和集团主义倾向。与欧美式的自上而下决策相比，日本企业的决策方式的优点在于给予企业员工更多的了解经营情况和上级意图、表达自身意见的机会，有利于上下级之间的沟通，形成决议之后，能够得到企业员工积极高效的执行。其缺点在于禀议过程往往耗费较多时间，导致议而不决，决策滞后等。

二、企业雇用制度

（一）日本企业雇用制度的特征

提起日本企业雇用制度，人们会马上想到终身雇佣制、年工序列制等，实际上日本企业雇用制度的特点首先在于严格区分正式员工与临时工（包括外部员工）的待遇，并且倾向于大量使用临时工。临时工的雇用合同非常短，有的只有一两个月，非常容易被解雇，其工资、奖金也比正式工低很多，而且无法加入由

正式员工组成的工会，可以说劳动条件恶劣。早在20世纪50年代，很多企业，尤其是大企业就积极实施临时工制度。1955—1960年，汽车制造业的临时工的使用率从2.2%上升到32.6%，电动机业从5.6%上升到35.7%。而正式员工由于待遇较高，故抱有强烈的优越感和忠诚心，妨碍了与临时工之间的合作，不利于维护劳动者整体的权益。

正式员工大多是男性。对于这部分人，日本企业传统上实行终身雇用原则和年功序列（待遇晋升论资排辈）原则。这是一种习惯做法，没有劳动合同的条文进行硬性规定。能够获得终身雇用、按年龄晋升工资和级别的主要是大企业中从事事务性、技术性工作的男性员工。女性习惯上结婚后就辞去工作做家庭主妇，所以不存在终身雇用和按年龄晋升的问题。

终身雇用原则，又称"終身雇用制"，是指企业从应届毕业生中招收员工，一旦决定雇用，就会长期在该企业工作，原则上可以到退休为止。与之有关的是，企业实行内部培训制度（OJT），定期对员工进行业务培训，并且有计划地让员工在不同的部门工作，增加业务经历，促进员工全面发展，在此过程中发现和培养人才。当员工工作到退休之日时，企业会根据其工作年限和工资水平发放退休金。

终身雇用原则产生于日本特有的文化风土和战后经济环境中，是富有日本特色的企业经营制度。在二战后的经济实践中，它体现出很多优点，如有利于企业对员工进行人力资本的长期投资，开展企业内部培训就是其中一例；也有利于培养员工对于企业的归属感、忠诚心，使员工做到爱社如家，最大限度地发挥积极性和聪明才智。其缺点主要有：对于员工来说，他们在享受终身雇用带来的稳定的同时，也失去了自由选择工作的机会；而企业在生产转轨的时候需要付出更多的精力来解决员工的去留问题。

终身雇用是一项原则，现实中并非所有企业都能做到，特别是遭遇经济危机的时候，很多企业都需要解雇职工。一些大企业实行情况相对较好。日本大企业在国际上的显赫声誉也是终身雇用制受到世界管理学界瞩目的原因之一。但是从日本企业雇用的总体实际情况来说并没有做到终身雇用，只能说是"长期雇用"。

"年功序列"一词是指随着员工工作年数的增加而相应地提高工资和职位。企业每年定期根据对员工的业绩考核，增加工资。在这种制度下，工作与员工从事的工作内容没有直接关系，严格来说，并不符合现代社会同工同酬的原则。年轻的大学应届毕业生进入公司工作，一开始做很多工作，但是工资却很少。这种损失随着工作年数的增加通过提工资得到弥补。年功序列制的形成有着传统文化

的影响。日本传统上有敬老的价值观，非常尊重老年人积累的人生经验和知识，正如一句谚语所说："亀の甲より年の功"（姜是老的辣）。同时年功序列制也具有一定的经济学上的依据，一般来说，员工工作时间与工作业绩的确存在着一定的关联，工作时间长，相应的工作熟练程度就较高。这种制度有利于企业从长远的眼光对员工的综合素质进行评估（尤其是和注重能力的原则相结合的时候），也有利于培养员工对企业的归属感和对上司的忠诚，更好的发挥劳动热情。由于同一个年龄段、同等学历和同样工作年限的员工的工资差距不大，可以减少激烈竞争而导致的内部矛盾，有助于加强员工之间关系的和谐，共同开展工作。对于员工来说，能够有一份稳定的工作，意味着生活得到保障。

当然年功序列制有其不利于员工的一面，即按部就班地晋升，不利于发挥员工的个性。它无形中拉长了员工参与竞争的时间，迫使员工必须在一个更加长的时间段里拼命工作，才有可能获得晋升的机会。对于企业的负面影响在于，员工不愿意放弃积累的工龄，而是尽可能留在一个企业内，这样不利于人才的流动。

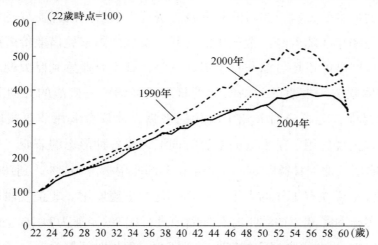

图6-1　男性标准劳动者（大学毕业）的工资曲线

资料来源：小峰隆夫：『日本経済の構造変動——日本型システムはどこに行くのか』，岩波書店，2006年，36頁。

"年功序列"在世界企业界非常有名，以至于被公认为日本雇用制度的一大特色。但实际上论资排辈是有限度的，一般到科长这一级为止，科长以上重要职位是按照能力进行选拔。

（二）日本型雇用制度的变化

近年来，日本企业的雇用体制发生了显著变化。首先对于正式员工的评价和工资体系上面，有很多企业向美国的管理制度学习，越来越倾向于实行能力中心主义的雇用制度，企业对于终身雇用制的重视程度也越来越降低。工资制度方面，日本企业从60年代前后开始改革年功序列制度，探索新的工资制度，比如曾经引进过欧美式的职务工资制，但是由于日本具体的经济、社会、文化等因素的影响，没有真正推广开来。90年代以来，日本越来越重视通过工资激发员工的积极性，重视工作业绩的成果主义思想抬头，开始实施业绩工资制，即按照员工的工作业绩给予相应的报酬。日本内阁府2006年调查发现，有超过80%的企业在实行业绩工资制。这种工资制度强调员工要做出让人看得见、摸得着的业绩，促使员工努力提高工作质量，有利于企业增加效益。但是，对于包括管理层在内的每一个员工来说，为了追求较高的工资，不得不延长劳动时间，放弃正常的休假，加大了劳动负担。目前日本企业界并没有完全抛弃年功序列工资，而是把它和业绩工资制结合起来，这样有利于综合工作年限、资历、工作能力和业绩等多方面因素评价员工的劳动，实现不同工资制度之间的平衡。

雇用体制更大的变化在于企业越来越倾向于雇用临时工（兼职和打工者），减少新聘正式员工的人数，其目的是削减工资等人事费用的开支。产生这种取向的背景之一是90年代随着经济全球化的展开，发展中国家凭借廉价劳动力的后发优势，在部分产品的市场方面与日本展开竞争，日本企业感到巨大的压力。"日本经营者团体联盟"发表的《新时代的日本式经营——挑战的方向及其具体策略》报告中提出，为了应对大竞争时代的来临，建议企业用非正规雇用代替正规雇用。"非正规雇用"是最近的新流行词汇，指各种形态的兼职工。90年代开始，非正规雇用的增加日益明显，1990年在全部雇用中占20.2%，到2006年则上升至33%，也就是说在有工作的人中三分之一是非正规雇用。非正规雇用增加带来了内部培训实施率降低，1987年时有计划地进行OJT的企业为74.2%，而2004年这一数据降到48.9%。非正规雇用的特点是工资少，雇用时间偏短。

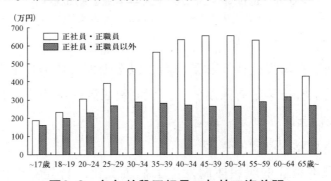

图6-2　各年龄段正规员工与的工资差距

资料来源：菊本義治ほか：『日本経済がわかる経済学』，樱井書店，2008年，179頁。

上图显示，50—54岁这个年龄段中，两者的差距达到最大，正规员工的工资为同一年龄段的非正规员工的2.48倍。非正规雇用工资往往以一个小时为单位计算，有时甚至低于政府发放的生活扶助的金额。比如2006年度东京地区一个标准的3人家庭（丈夫33岁，妻子29岁，孩子4岁）的生活扶助的基准额为每月16万2170日元，如果非正规劳动者工资为每小时800日元计算，即使每天工作8小时，每月工作25天，也只能得到16万日元。另一方面非正规雇用时间一般都很短，2005年厚生劳动省《关于有期限合同劳动的实际情况的调查》显示，有约80%的企业与非正规劳动者签订劳动合同的劳动期限不满1年。[46]劳动者在低工资和不稳定的条件下工作，员工对企业的归属意识也自然产生淡化的趋势。例如一项调查显示，员工回答"本来就没有归属感"和"归属感比以前淡漠了"的比率在1995年为37.8%，而2000年上升到55.9%。[47]反过来，日本企业却责怪非正规雇用的劳动者，"没有责任心"，"没有耐性，不知什么时候辞职"。另一方面，好不容易保住正式员工身份的劳动者，面对更加严酷的竞争，不得不用延长劳动时间的方法来取得较多的工作业绩，于是无报酬加班成为家常便饭。日本总务厅统计局的就业结构调查显示，1997年至2002年间，每周工作时间维持在法定劳动时间水平的正规员工人数减少了511万，而超过60小时的员工（不论正规还是非正规）却增加了120万人。日本企业劳动者面临的严峻局面由此可见一斑。[48]雇用和就业形势的严峻化，使人们缺少消费所需的金钱和时间，与政府扩大内需的愿望背道而驰。不仅如此，人们被迫把绝大多数时间用于工作，客观上无暇顾及家庭，生育和抚养孩子成为一种奢望，甚至没有机会找到结婚对象，这也是日本老龄少子化的重要原因。

三、相对协调的劳资关系——企业内工会制度

工会在日本叫做"労働組合"。工会制度是西方资本主义工业化的产物，西方国家的工会组织一般是以行业、职业或者地区为单位组织起来。但是日本的工会除了全国性的组织和行业性的组织以外，很多企业的员工加入的是所在企业内部的工会，特别是在大企业中，企业内部工会比较常见。1999年的统计显示，员

---

46. 菊本義治ほか：『日本経済がわかる経済学』，桜井書店，2008年，181頁。
47. 內閣府編：『国民生活白書』，2007年版，145頁。
48. 菊本義治ほか：『日本経済がわかる経済学』，桜井書店，2008年，183頁。

工超过1000人的大企业的工会组织率为57.2%，而999人以下的中小企业的工会组织率只有29.9%。这些以企业为单位建立的工会，相互之间交流较少。

二战期间，日本政府加强了对工人运动的压制，甚至取消工会的合法地位。战后在民主化改革潮流中，承认了劳动者的权利，通过了劳动三法，即《工会法》、《劳动基准法》和《劳动关系调整法》。工会重新建立起来。目前全国性的工会有3个，即全国劳动组合总连合（简称"全劳连"）、日本劳动组合总连合（简称"连合"）、全国劳动组合连络协议会（简称"全劳协"）。行业性的工会中，代表性的有钢铁劳连、电机劳连等。

欧美工会组织的主要目的是为了改善劳动者的工资等各方面待遇，维护劳动者的合法权益，往往与资方处于对立状态，而日本的企业内工会则不然。虽然企业内工会也非常关注会员的薪水、职务晋升甚至家庭生活，但是日本人普遍认为，个人的幸福与集团息息相关，劳动者的待遇高低是由企业的经营状况决定的，因此企业内工会关注的重点是企业的经营状况。这与资方或者经营者的目标是一致的。企业内工会与其说是代表劳动者的利益，不如说是推动劳动者与经营者协调合作的组织。工会在要求涨工资的时候尽可能考虑企业的承受能力，并且很少举行罢工。在日本高速增长时期，即1960年—1970年之间，日本罢工天数平均每年只有2天，而美国则超过15天。企业内工会体现了一种相对协调的劳资关系（日本称为"劳使关系"），这被西方管理学界视为日本式经营的法宝之一。

四、日本的产业组织形态——承包制（下請制 したうけせい）

日本产业的组织形态反应了大企业与中小企业的关系。在经济领域，承包制（日语称为"下请制"，我国经济学界一般翻译为承包制）是大小企业之间组织和联系的纽带。承包制指中小企业接受大企业的订货，为其生产成品或者零部件。其他资本主义国家在生产领域也存在承包制，但是日本的承包制最为典型。发包企业与承接生产任务的企业之间的关系非常稳定，应用范围更广，汽车、运输机械、电气机械、纺织、服装等产业都实施承包制。其中，汽车工业的承包制是最有代表性的。

日本的承包制产生于二战时期的军火生产，当时日本国家动员全国的力量增加武器产量，大企业为了实现此目标就把部分生产任务交给中小企业去完成。战后，承包制在很多行业沿用下来。与其他资本主义国家相比，日本的承包制的特

点之一是形成了多层次、金字塔形的承包结构，一种产品的生产往往要通过2~3次承包完成。例如汽车工业中，金字塔的顶端是丰田、日产、三菱等为数不多的大企业，其下依次有160多家一次承包企业，约4700家二次承包企业、约31600家三次承包企业。大企业通过参股、提供技术和信息、技术指导等方式，使承包企业能够生产出符合要求的产品。大企业非常重视与承包企业之间的信息交流，比如日产公司在1952年时就和旗下52家承包企业成立了"宝会"，丰田组织了协丰会，以地区为单位把属于自己的承包企业组织起来。承包制对于大企业来说，可以减轻经济波动的风险，同时能利用中小企业的低工资优势，降低生产成本。承包企业则获得了相对稳定的订单来源，并且在与大企业的技术交流中获益。但是大企业与承包企业的关系是不平等的，作为被动承包者的中小企业在技术、交货日期和价格等诸多方面不得不忍受大企业的苛刻条件。日本大企业的品牌誉满全球，离不开大量的中小企业的支持。

五、主银行（メイン・バンク）体制

主银行制度是日本经济学界用于描述日本企业界与银行关系的一个概念，意思是企业与特定的银行之间建立的长期稳定的交易关系。该制度形成于高速经济增长时期，当时，企业方面需要大量的持续不断的资金供给，银行方面也需要维持稳定的经营收益，主银行制度应运而生。主银行是企业贷款的主要提供者，能够较好地解决为企业发展提供充足资金的课题。主银行一般还成为一个企业的大股东，向企业派遣董事，参与企业经营。主银行与企业之间保持非常密切的联系，对企业经营状况非常了解，同时还具有监督企业经营的能力。长期以来日本在企业监督方面主要依靠主银行来进行，这一点不同于欧美企业主要依靠外部资本市场或者股票市场的制度。主银行对企业的监督是围绕贷款展开的，在决定给予贷款前进行可行性调查，在提供贷款以后对于企业的资金使用情况进行跟踪调查和监督。企业偿还贷款以后，还要进行融资评价，例如是否做到按期偿还等。日本的银行服从政府（大藏省、财务省）的管理监督，根据政府制定的经济政策来开展经营业务，因此成为政府的经济政策得以实施的重要载体，也是政府和企业之间的媒介。政府长期对银行业采取保护政策，在新银行建立等方面设置种种规定，以限制竞争，保护现有的银行的利益，经济学界称之为"护送船队方式"。这样日本形成了政府—银行—企业三位一体的结构。这是一种对外封闭性的结构，和终身雇用制、承包制一样，用一堵看不见的墙把日本国内市场封闭起来，引起欧美国家的不满。80年代以来，随着金融的日益自由化，银行本身经营不善、不良贷款缠身，以及欧美要求日本开放市场的压力，主银行制度逐渐削弱。

综上所述，在资本主义国家中，日本的经济体制有着在独特的历史文化风土中形成的特殊性。二战后，日本特有的企业制度、雇用制度、管理制度等与国家发展经济的追求相结合，使得日本企业迅速提高国际竞争力，经济整体上获得了罕见的高速发展。

练习题

一、填空（用日语回答）

1. 日本在泡沫经济破灭后，陷入长达10年以上的经济萧条状态，被称为_____。

2. 日本主要的产业组织形态是_____。

二、选择

1. 20世纪60年代日本消费革命中普及的"新三种神器"是（　　）

　　A. 收音机　　　B. 彩电　　　C. 小汽车　　　D. 空调

2. 20世纪70年代为了刺激日本经济而提出"日本列岛改造计划"的人是（　　）

　　A. 池田勇人　　B. 三木武夫　　C. 田中角荣　　D. 吉田茂

三、名词解释

　　年功序列制

四、简述日本70年代如何克服石油危机。

第七章　日本的教育、科技与传媒

第一节　教　育

一、日本的近代教育

　　日本的近代教育起源于明治维新时期。明治政府十分重视教育，建立了一套近代学校体系。1872年颁布"学制"，仿照西方的教育体系，确立了以小学、中学、大学为基础的单线型学校体系。当时规定所有国民必须接受小学教育。二战前，日本学校教育所依据的思想基础是1890年以天皇名义发表的"教育敕语"。该敕语要求全体日本国民都要遵守和实践忠君爱国的思想。政府规定，全国所有学校都要颂读教育敕语，每年至少举行一次集体颂读。儒教的忠孝伦理与神道的敬神尊皇思想支配了日本战前的学校教育。教育敕语对于日本走向法西斯主义和侵略扩张起到了推动作用。

　　二战后在美国的主导下，日本教育领域经历了民主化改革，鼓吹军国主义的势力在一定程度上得以清算，神道和尊皇思想受到反思和批判。1948年国会通过决议，废除教育敕语。1947年制定了《教育基本法》、《学校教育法》。《教育基本法》规定："实施教育的目标必须是培养具备健全的人格、热爱真理和正义、尊重个人的价值、重视劳动与责任、充满自主的精神、身心健康、能成为和平国家和社会的建设者的国民。"这体现了民主主义、和平主义和尊重个人自由的现代理念。《学校教育法》体现了教育机会均等的原则，确立了六三三四制，即小学六年、初中三年、高中三年、大学四年的学制，规定实施九年制义务教育，向所有国民开放中等教育，所有国民都有权根据自己的能力和个性（日语原文为"適性"）接受教育。另外新宪法中规定，父母有让孩子接受教育的义务。

　　战后几十年，日本的教育获得令人瞩目的发展，在资本主义世界，日本的教育发达程度也是举世公认的，日本人民的受教育水平居于世界前列。20世纪60年代以前，能够上大学、接受高等教育的人一般仅限于富商和原地主的子弟。60年代以后，随着日本经济高速增长，不仅中等教育普及，高等教育也向全社会各阶层开放，人们接受教育的机会也更加趋于均等。2006年高中入学率接近97.7%，大学为45.5%，研究生为12.1%；2008年大学入学率又上升到55.3%。很多日本学者认为，全民上大学的时代正在到来。

二、日本的学校教育体系

（一）国立、公立、私立学校

日本的学校根据设立和管辖主体的不同可以分为国立、公立、私立三种。国立学校由文部科学省管辖，公立学校是由都道府县以及市一级地方公共团体建立和管辖，私立学校是由民间团体建立和经营。实施私立学校制度（简称"私学制度"）的思想基础是近代的"教育自由"观念。日本制定了专门的《私立学校法》，规定"要考虑私立学校的特性，通过尊重其自主性，提高公共性，以实现私立学校的健康发展"。日本政府鼓励兴办私立学校，对私立学校给予经费等多方面的支持。比如2002年设立了"私立大学教育研究高度化推进特别补助"。以私立大学为例，日本政府拨给私立大学的"经常费补助金"在1970年时为132亿日元，此后逐年上升，到2004年达到3262.5亿日元。拨给私立高中的"经常费补助金"在1975年为80亿日元，此后除个别年份外，一直保持上升趋势，到2004年达到1028.5亿日元（根据2004年『文部科学省白书』）。私立中学则是由都道府县地方公共团体给予经费支持。同时日本政府对私立学校的管理也比较严格，如审查私立学校是否符合学校设立的标准，其教学活动必须依据政府制定的学习指导纲要。2004年修改《私立学校法》，要求私立学校公开财务，设置学校法人理事会，以改善其管理制度。

（二）高等教育

日本的高等教育机构包括大学和各种专修学校。大学学制一般为4年，医学相关专业为6年（包括医学、牙科、兽医专业）。2007年，日本共有大学756所，其中国立大学87所，公立大学89所，私立大学580所。最著名的六所国立大学是东京大学、京都大学、东北大学、名古屋大学、大阪大学、九州大学。公立大学中比较有名的有东京都立大学、京都府立大学、大阪府立大学等，私立大学中比较有名的有早稻田大学、庆应义塾大学、一桥大学、筑波大学、日本大学、关西大学、同志社大学、立命馆大学等。

短期大学也是大学的一种，学习年限为2~3年。90年代以来，短期大学迅速减少，1990年有593所，到2003年减少到525所，入学人数也相应减少。其原因一是在18岁以下人口的减少，二是年轻人更愿意上4年制大学。

研究生阶段在日本称为"大学院"，分为硕士和博士两个阶段，或者称为博士前期和博士后期。学校教育法第65条规定，研究生教育目的是"教授和研究并且深化学术理论及其应用，培养高深的学识和卓越的能力，将来能够承担具有高度专业性的职业，为文化的发展作出贡献"。80年代以来，随着社会经济发展对于高级人才的需求不断增加，以及人们对于高学历的追求，日本应届大学生的研究生入学率提高了3倍，2005年研究生入学率为11.6%。其中理科专业的研究生入学率最高，为42%，工科32%。不过与其它发达国家相比，日本的研究生教育相对薄弱，美国有研究生学历者占全国人口的7.6‰，英国和法国都是占3.3‰，日本只占1‰。[49]社会人的研究生入学率很高，硕士课程中有11%、博士课程有32%、专门职研究生课程有37%是以社会人的身份入学（文部科学省《学校调查速报》2007年）。由于研究生教育规模不断扩大，社会人踊跃接受研究生教育，原有的单一的全日制学制不能满足实际需求，日本又实施了夜校博士课程（夜间博士）和研究生函授教育（大学院通信教育）。

60年代以来，随着经济的发展，日本高等教育逐步实现大众化。随着全球化趋势的日益加强，积极开展国际交流对于大学来说已是不可逆转的潮流。日本大学的国际化起步于19世纪后半叶的明治维新时期。当时日本仿照欧洲的大学制度创建了本国的高等教育体系，并且聘请了一些外国教师和专家。直到20世纪70年代末为止，日本大学的国际化都是以引进型为主，日本的科研和教育水平都落后于欧美国家，故有很多日本人选择出国到欧美留学，把欧美先进的科技成果和思想引进日本。80年代以来，日本高等教育面临的客观环境发生很多变化，比如随着全球化时代的到来，日本自身科技和经济实力的提升，日本提出了要求以平等的伙伴国的身份参与全球化活动的新观念。还有，日本青年人口明显减少，大学招不够学生的现象越来越严峻。高等教育国际化的理念也相应发生变化，已经超越了传统的出国留学观。日本一方面倡导"培养世界通用的日本人"的教育理念，另一方面积极吸引外国留学生，探寻大学走出国门、到海外办学的道路。1983年，21世纪留学生政策委员会（COSP）在《关于21世纪留学生政策的建议》

---

49. 刘向虹：《20世纪90年代以来日本研究生教育改革与发展探析》，《日本问题研究》，2007年第2期，第34页。

报告中提出了日本在2000年接受10万名外国留学生的目标。为此采取了向外国留学生提供奖学金，改善住房条件，鼓励民间团体资助留学生等措施。由于80年代末泡沫经济破灭影响了外国人到日本留学的积极性，招收10万留学生的计划最终于2003年完成。大部分留学生来自亚洲国家。日本积极加强与外国大学的交流合作，开展联合办学，设立学分互换制度，1996年实行学分互换制度的大学达342所。东京大学、早稻田大学与中国北京大学缔结了联合培养研究生的合作关系。日本的大学除了积极聘用外籍教师以外，还谋求到海外创办分校。日本大学与外国大学展开交流的主要目的是加强跨文化体验、培养教师和学生的国际视野，单纯的科学技术专业知识的学习则相对次要。

（三）日本的大学入学考试

1976年文部省批准成立"大学入学考试中心"，负责全国的高考事务。目前日本的高考最基本的有两种，一种是"大学入学考试中心考试"，另一种是大学自己命题的入学考试。

在学历主义主导之下，单一的笔试考试以知识的考察为主，考生被迫死啃书本，创造精神和思考能力受到压抑。另一方面，近年来，青少年人口减少，大学实际录取人数与报考人数逐渐趋向持平，舆论认为，日本正在进入"大学全入"的时代。一些大学招生不满名额的现象引起人们注意，比如2008年日本私立大学中有266所学校不能按计划招满学生，占47.1%。短期大学的情况更加严重，有243所学校招不满学生，约占67.5%。传统考试的局限性与确保生源的需要促使大学对考试进行改革，降低入学门槛。首先是考试形式多样化，引进了美国的"招生办公室考试"（アドミッション・オフィス試験，简称"AO試験"），通过对考生的个人资料进行审查，让学生提交小论文，并通过细致的面试对考生的能力、适应性、入学后的学习愿望做出综合判断。这种选拔方式侧重于学生的主动性、创造性、交流能力等方面的考查，受到很多私立大学的重视。1990年庆应义塾大学首先实施AO入学考试，现在国、公、私立大学中共有75所实施这种考试。除此之外，大学招生还实施推荐入学制度。推荐生必须有所在高中校长的推荐信，大学要对推荐生做综合考查，以决定是否录取。20世纪90年代末以来，日本几乎所有大学都招收推荐生，全部入学学生中有三分之一通过推荐形式入学。以上几种录取形式，具体采用哪些，决定权在大学本身。

三、日本教育的主要问题

（一）学历主义与学历社会

"学历社会"（学歴社会(がくれきしゃかい)）是一个社会学名词，通常是指这样一种社会：其成员的地位、职务、工资待遇等主要由其学历高低甚至毕业学校声望的大小来决定。学历社会是工业社会的普遍现象，是适应现代科层制的需要而产生的。日本是公认的学历社会，由学历带来的评价和待遇的差异在职业种类、工资、晋升途径等方面被制度化，从而使学历事实上成为个人居于不同社会地位的依据。学历在决定一个人的职业、经济收入、社会地位和人生命运方面起到最主要的作用。如在企业中，大学生第一年工资比中学毕业生可高出50%—130%。另一方面，社会对学历的心理认同很高，学历差异在社会关系、社会威信等方面都能广泛表现出来。SSM调查发现，有38%的人同意"学历相当程度上反映本人的能力"，而不同意的人为35%。[50]

最近40年间，高级白领（专业职业和大企业白领）阶层一直与高学历有着密切的关系，再加上中小企业和自营业的白领的数字，整个白领阶层中大学文化程度的比例一直维持在90%的高位。同时，很多人对于学历主义也非常不满。1985年男性中有64.3%的人认为学历的不同会导致不公平，到1995年，认为学历导致不公平的人居然多达90%。

日本的学历社会已经有很长的历史，可以追溯到明治时期。产业的现代化、经济的起飞都需要受过良好教育的高素质的人力资源，反映在职业领域，表现为高学历者比低学历者能获得更高的工资和更好的职位，这推动着人们追求高学历。二战前的日本就已经是一个典型的学历社会。战后，教育机会均等理念的确立，为人们接受高等教育创造了条件，日本人以空前的热情投入教育，拼命追求高学历，使得战后的学历主义现象更加突出。

学历主义是近现代社会普遍存在的现象，并非日本独有，欧洲、美国以及东亚的新兴工业国家都是学历社会，其中东亚国家的学历主义现象尤其明显。对于学历主义，日本社会上存在肯定和否定两种不同的评价。实际上，学历主义对于一个国家的影响有积极与消极两个方面。积极层面表现在：学历主义优于身份

---

50. 本田由紀、平沢和司：『日本の教育と社会』第2卷，日本図書センター，2007年，25頁。

制、世袭制。在身份制、世袭制中，个人的职业、地位是由父辈、家庭决定的，缺乏自己选择职业的自由，也堵塞了底层人的上升渠道。学历主义把人从父辈和家庭背景等束缚中解放出来，根据所接受的教育选择职业，因此比身份制、世袭制进步。对于高学历的追求提高了高等教育的普及率，提高了国民的科学文化素质，为经济发展提供了有力的人才支持，推动了日本综合国力的上升。日本学者矢仓泰九说过："日本之所以能够在近百年的时间内做到与欧美先进国家并驾齐驱，是由于日本尊重了学历的结果。"对社会的消极影响在于，日本社会的人才选拔主要通过大学入学考试来实现，也存在着"一考定终生"的现象。因此考试竞争长期以来与欧美国家相比更严酷。学历竞争导致"应试战争"，教学领域过度重视智育，实行填鸭式教学，这不利于培养学生人格的全面发展，造成学生高分低能、缺乏创造性和道德观念淡漠等。为了考入一流大学，必须进入一流的高中，而为了进入一流高中，又必须进入一流初中，……竞争甚至一直提前到幼儿园阶段。长期以来日本少年儿童承受着沉重的升学压力。曾经有"四当五落"的说法，即每天为了学习只睡4个小时的学生能够考上自己满意的大学，而睡5个小时就会考不上。在升学压力下，日本的厌学、逃学、自杀等现象比欧美国家更加严重。

为了在激烈的考试竞争中胜出，仅仅依靠课堂学习远远不够，请家庭教师、或者上补习班（"塾"）成为大多数日本学生的选择。日本存在大量的升学补习班，称为"进学塾"或者"预备校"。考试产业已经成为一个非常重要的产业。

近年来，日本出生率持续偏低，青年人口减少，对于教育来说，意味着生源减少。这一定程度上减轻了大学入学考试的竞争，升学率大大提高。虽然升学考试的压力相对减轻了，但学历对于一个人的职业、社会地位的影响并没有消失。随着高等教育的普及，学历逐渐趋于均一，人们竞争转向了学校，大学的等级化日益明显，"出身大学"（毕业于哪一所大学）又成为新的影响职业和社会地位的因子。

（二）欺负同学与不上学、学校暴力

日本基础教育阶段的主要问题有欺负同学、"不上学"以及近年来逐渐抬头的学校暴力现象。欺负（いじめ）是指力量相对较强的一方在未受激惹的情况下对较弱小的一方重复进行的攻击。80年代在日本学校中的欺负同学现象就受到关注，可以说是一个老问题，2007年已发现的欺负同学事件有10.1万件，依然是居高

不下。[51]1994年发生的爱知县西尾市一名初中生由于难以忍受同学欺负和勒索钱财而选择自杀的悲剧，震惊了日本社会。欺负同学现象的一般特点是：（1）发生地点多在学校内；（2）行为的集团性，即欺负一方以班级、年级为单位，形成一个小集团，以全体一致的形式对一个学生施加暴力；（3）欺负现象在小学高年级和初中阶段比较严重；（4）欺负同学的手段多种多样，有殴打、勒索钱物或者故意冷落等。

学生不上学（不登校）也是长期存在的现象。其实，只要存在学校教育的社会，总会有一些学龄少年儿童应该上学却不上学，造成不上学的原因多种多样，如疾病、贫困以及厌学都可能导致不上学。而日本目前引起社会关注的不上学现象特指除疾病、贫困以外的原因导致的逃学、辍学现象。这类不上学现象在以往曾经有不同的名称，如60年代叫做"学校恐怖症"（学校恐怖症），70年代叫做"拒绝上学"（登校拒否），90年代改称为"不上学"（不登校）。

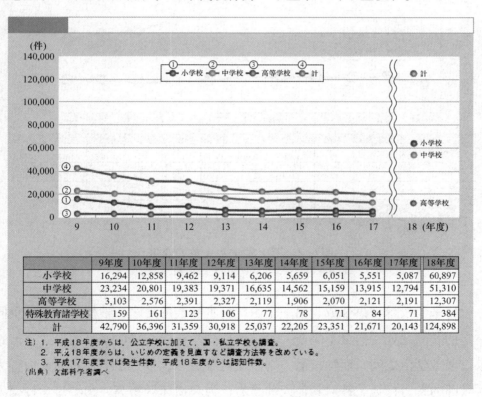

图7-1　近10年来欺负同学事件认定（发生）情况

资料来源：『文部科学白書』2007年，第2章。

---

51. 『文部科学白書』2008年，94頁。

图7-1显示，不上学现象长期维持在一定水平，得不到切实改善。2007年度小学和初中学生1年之内不上学天数超过30天的学生为29255人，高中为53041人。造成不上学的直接原因以下几种，如（1）在学校遭遇欺辱或者与教师关系不好；（2）贪玩，严重时加入少年犯罪团伙；（3）性格散漫等因素引起的对上学缺乏积极性；（4）情绪紧张不安；（5）认为上学没有意义，自己选择别的生活道路。不上学现象较多发生在问题家庭的孩子中间，如那些父母离婚、或者不和睦的家庭。因为有这种生活经历的孩子在学校中更容易遇到学习困难、欺负、甚至卷入违法犯罪等否定性的学校体验。

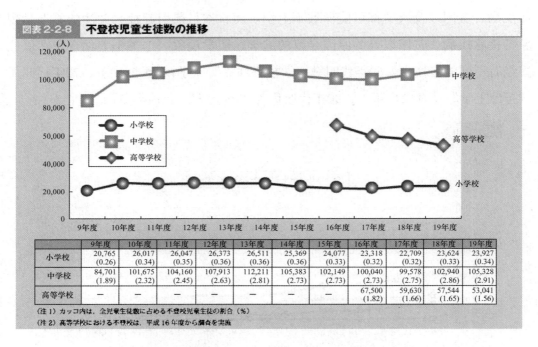

图7-2　不上学学生人数的变化

资料来源：『文部科学白書』2008年，97頁。

近年来学校暴力事件成为另一个困扰日本社会的问题，学校暴力与欺负同学有一定的共同之处，但又不完全一致。欺负同学有时会采取暴力的形式，但这种现象仅限于学生之间，而学校暴力则涉及对象更多，包括学生之间的暴力行为、针对教师的暴力行为、针对其他人的暴力行为和损坏器物等。2007年学校暴力事件有53000宗，为历年之最。

日本教育界对于各种欺负现象的原因进行了很多研究。有的学者认为，现代社会的城市化，价值观和规范意识的多样化，家庭的育儿环境的恶化，会对儿童产生负面影响。还有一种观点认为，日本家长过多地让孩子上补习班，使孩子丧失自由时间，也无法充分与家庭成员交流，使得孩子产生怨恨心理，导致欺负同学行为的发生。

总的来说，无论是欺负、逃学还是学校暴力都有着共同的社会根源，主要是（1）学历中心主义影响下对一个人评价标准过于单一，使得许多孩子的个性得不到认可，从而变成跟不上学校秩序的"掉队生"（落ちこぼれ）；（2）家庭层面的变化，即年轻家长的教育能力不足，对孩子的基本生活观念和能力方面的教育比较欠缺，等等。

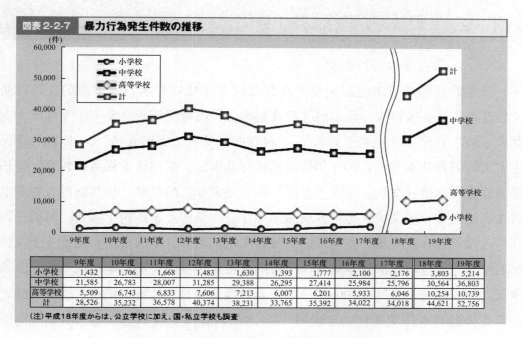

图7-3　学校暴力行为发生数量的变化

资料来源：『文部科学白書』2008年，95頁。

日本教育部门以及社会各界对于中小学的欺负同学问题一直非常重视，也认识到：要解决以上问题，必须学校、家庭和社会联合起来共同努力。其中比较重要的举措有：（1）加强家庭与社区的教育功能。欺侮行为产生的根源很大程度上在于家庭与社会，学生的家庭背景对其人生观、价值观和情感层面有着巨大的影响，因此日本提出注重家庭教育，力图通过和睦的家庭环境来培养儿童正确的伦理观念、生活态度。在社区层面上，呼吁成年人积极参与制止欺侮行为，对于欺侮现象不能袖手旁观，即使对于别人的孩子之间发生的欺侮现象，也要予以干预；（2）在学校教育中，首先树立绝对不允许欺侮现象发生的原则，既不允许欺侮他人，也不允许袖手旁观。改变了以往从受害者性格方面找原因，结果反而纵容了欺侮的作法，强调加害者负全部责任。加强道德教育，培养学生珍爱生命、尊重他人的人权与个性，建立和睦良好的人际关系；（3）建立教育咨询体制，即设置咨询员（カウンセラー），同时在各级地方自治体设立教育中心，聘请心理、精神医学方面的专业人士担任，举办教育咨询活动；（4）对于不愿上学的学生，开展"适应指导班"（適応指導教室），进行课业辅导，并帮助他们适应集体生活。

四、当今日本教育领域的变化

（一）教育基本法的修改

日本教育领域也未能避免整个社会意识保守化的影响，最重要的变动就是《教育基本法》被修改。原来的《教育基本法》明确规定教育要"培养尊重个人尊严、追求真理和希望和平的人"，教育的目的是"完善人格"，体现的是民主主义的教育基本理念。2006年修改的教育基本法，倾向于重视道德教育，特别强调尊重日本传统文化，培养"爱国"和"爱家乡"的精神。虽然新的教育基本法在表述上兼顾热爱国家与培养成为国际社会成员的意识这两个方面，然而强调"深入理解并尊重本国、本地区的传统和文化，培养日本人意识和热爱乡土及国家的精神"，这与此前日本教育所坚持的宗旨截然不同，在日本国内引发了激烈争议。为实现这一方针，2008年开始中学阶段开设日本传统舞蹈和武道等课程，让学生体验日本传统文化。这表明，日本的教育所立足的基本思想明显地向国家主义方向发生了重大转变。教育中的民族主义化是当今日本社会保守化、右倾化的一个典型表现。

（二）基础教育的改革

90年代日本的初等、中等教育一直倾向于减轻学生的学习负担，给学生以更多自由学习的时间，这种教育路线称为"宽松教育"（ゆとり教育）。日本实施"宽松教育"的原因，一是为了纠正填鸭式教育的弊端，减少应试教育对少年儿童造成的身心压力，激发学生自主学习的积极性。第二则是与经济领域的新自由主义的思维有关，政府希望可以由此减少对教育的投入，拉动民间对于教育产业的需求，推进教育的产业化、市场化，把教育当作新的经济增长点。

根据"宽松教育"的理念，2002年开始，日本的小学和初中实施新的学习指导纲要，提出要培养学生"生活能力"（生きる力）和"扎实的学力"（確かな学力），将全部科目的学习内容削减30%，增加选修课，要求教师的课堂讲授做到"容易理解"，根据学生的个性特点开展教学，增加综合性学习的时间等。然而在实施过程中，宽松教育并没有真正激发学生的积极性。单纯削减学习内容，反而引发了教育的混乱，一定程度上加剧了此前就存在的"学力低下"趋势。

90年代末期，日本政府和社会开始注意到学生学力低下的趋势。2004年OECD公布的"国际学习到达度调查"（PISA）与"国际数学、理科教育动向调查"（TMISS）显示，日本青少年学力水平明显下降。下降的主要原因有80年代以来学生放学后学习时间逐渐减少，比如高中生2003年时课外学习时间比1980年前后减少一半，仅相当于中国高中生的三分之一，放学后几乎不学习的高中生居然超过50%。所以在学习成绩的国际比较中日本排名落后。

学力下降、学习积极性降低的问题引起社会和政府的忧虑，宽松教育的取向得到纠正。2008年对基础教育阶段（小学、初中）的"学习指导要领"又一次进行大幅修订，增加了10%的授课时间。在课时安排方面，增加主要科目的课时，而压缩了综合学习时间的课时。其中增加幅度最大的是小学阶段的算术和理科，初中阶段的数学、理科与英语，体现了重视自然科学和英语的倾向。日本小学本来没有英语课，现在小学高年级阶段新开设了70个课时的"外语活动"课。

中学教育方面，中学阶段改革重点是开展初高中一贯制教育，初中学生不必经过考试可以直接升入高中的制度。这样有利于保证高中有足够的生源。1998年开始实行初高中一贯制教育，2008年已经共有334个学校实施这种制度。教学方面设立"综合学科"，从1994年开始实施，学生可以从多样化课程中选修自己喜欢的课程，可以更好地为将来找工作和大学阶段的学习打好基础。

（三）大学改革：国立大学的法人化

日本的国立大学以前都是国家的行政机构的一个部分，由于受到国家财政预算以及公务员制度等的制约，教学研究方面不能充分自由开展，从而影响了大学社会效益的发挥。进入21世纪，日本政府决定实施法人化，力图通过把国立大学从政府机构中分离出去，提高大学的自主性、自律性，促进良性竞争，提高教学研究的水平，建设富有个性的大学。2003年日本通过了国立大学法人法等相关的6项法案，2004年开始实施，当年有89个国立大学转制为法人。具体办法是政府不再负担大学的财政，教职员不再拥有国家公务员身份，学校的人事可以不受国家公务员法的制约，采取更加灵活的人事制度。在大学的教学研究业绩评价方面，引进了由第三方评价机构定期进行评价的"认证评价制度"（2004年开始实施）。大学必须依据评价结果，参照自己的办学理念，努力提高办学质量。

第二节 科学技术

一、日本政府的科技战略与政策

日本在各个历史时期，根据时代特点和社会发展的需求，积极制订科技战略。科技战略是指一个国家或地区在一定时期内对科技活动的全局性和长期性的规划和行动方针。目前政府中有关科技事业的最高决策机构是综合科学技术会议。2001年以前该会议称为"科学技术会议"，2001年经过改组，改称为"综合科学技术会议"。

战后，由于日本的科技水平比欧美落后很多，科研基础遭到战争破坏，为了迅速提高科技水平，日本政府实施了重引进技术、重应用研究的科技战略。到1970年为止，通过技术引进，日本掌握了除个别特殊领域以外几乎全部世界先进技术，不仅实现了对世界先进水平的追赶，而且节省了大量经费。据估计，日本1949—1970年引进的全部技术的研制费本来约需1800—2000亿美元，但日本只花了57.3亿美元的专利费和技术指导费就获得了这些技术。[52]直到80年代，日本在技术自主创新方面的投入还是少于引进技术，在技术的自主创新方面落后于欧美。应用研究发展很快而基础科学研究相对薄弱，也是战后日本科技发展的一个特点。80年代日本确立了"技术立国"的战略，发展的重点依然放在技术上，而不是基础科学。"技术立国"战略实施过程中，其缺点也逐渐显现出来，直到90年代也未能改变日本基础研究薄弱的局面。日本在工业生产中主要不是靠自己研发新技术，而是利用欧美已有的技术成果，稍加改造，从中获取巨额利润。这招致欧美国家的不满，他们纷纷要求日本加强本国的基础研究。80年代末期泡沫经济破裂，民间企业被迫削减研究经费的投入，发展科学技术无法仅靠民间企业，必须由政府给予更多的关注和支持。

---

52. 陈建安：《产业结构调整与政府的经济政策：战后日本产业结构调整的政策研究》，上海财经大学出版社，2002年，第167页。

90年代日本政府认识到基础科学研究对于经济的深刻影响力，把"技术立国"改为"科学技术创造立国"的战略。1995年通过了《科学技术基本法》，标志着日本科技政策进入到重视基础研究和强调创新的新阶段。该法律规定"政府为了综合地、有计划地实施振兴科技的政策，必须制定科学技术基本计划"。从1996年开始，日本政府每5年制定一部科学技术基本计划。目前实施的第三期科学技术基本计划是2006年内阁会议通过的。在第1期基本计划中，日本确定了振兴科技的两个基本方向，一是大力推动满足社会经济需要的研究开发；二是积极振兴基础研究。第2期基本计划则明确了科技发展的总目标，就是使日本成为"在知识创造和利用方面为世界做贡献的国家"、"具有国际竞争力、可持续发展的国家"和"安心、安全、高质量生活的国家"，这称为振兴科技的"三个基本理念"。第3期基本计划设定了四个科技领域作为战略重点，即生命科学、信息通讯、环境科学和材料科学。政府对这四个领域给予财政上的大力支持，经费在预算中的比例从2001年的38%提高到2005年的46%。

　　21世纪，日本政府根据全球大竞争的需要，开始对科技体制进行改革。主要内容有：

　　1. 促进培养人才和吸引人才。第一是改善人才发挥能力的环境，具体措施：要求大学和研究机构实施公开透明的人事制度，以吸引人才和激励人才；帮助青年研究者实现独立研究；支持女性研究人员；支持外国研究人员到日本开展科研，等等；第二是加强大学培养人才的功能，具体措施有发展研究生教育、实施研究生教育振兴措施纲要、支持博士生等；第三是培养能够满足社会需要的人才。

　　2. 强调科技创新。基于鼓励创新的精神，建立竞争性的科研环境，加强大学的竞争力，着手建设30个领先世界的研究据点。重视大学与地区社会的联系，鼓励大学与地方社会携起手来，激发地方社会的活力。比如大学协助地方社会对传统产业进行开发，或者研发新技术。完善创新体制，包括完善研究经费制度，使得处于不同研发阶段的科研活动能够得到相应的经费支持。建立跨学科尖端领域研究据点，加强产业界、学术界和政府之间的合作关系。在政府机构广泛采用新技术和新的研究成果，如最新反恐技术和低公害汽车，以帮助实现科学研究的社会效益。大力扶植研究性风险企业。

　　3. 加强振兴科技的基础建设。主要是改善大学和各种研究机构的硬件环境，促进知识产权的保护与应用。对于研究成果申请专利给予支持。

4. 提出从战略的角度推动科技领域的国际化。依靠日本本身的科技实力参与国际问题的解决；积极参与科技领域各种国际标准的制定；培养能够活跃于世界舞台上的国际化人才；以及积极引进外国研究人才等等。

日本科学技术振兴机构（Japan Science & Technology Agency，简称JST）是日本国家科学计划的实施机构，其前身是"日本科学技术振兴事业团"，2003年10月改为现名，是独立行政法人。JST的使命以技术创新为目标，致力于推进从基础研究到企业应用研究的全面研发和技术转移，同时开展科普、促进科技情报流通等工作。具体任务是根据国家制定的中期目标，提出国家认可的中期计划和年度计划并加以实施。JST的经费来源以政府拨款为主。其运作模式主要是"委托开发"和"开发斡旋"两种。"委托开发"是指JST在广泛搜集科研成果的基础上，从中挑选出具有重要意义但民间企业又难以单独承担的科研成果作为应用开发课题，交由专家审议确定后，委托民间企业进行应用开发，向受委托的企业发放委托开发经费（每年约为70亿日元）。"开发斡旋"是指由熟悉产业界情况的专家、技术人员和学者组成的新技术斡旋委员会，为科研成果持有者选择合适的企业，协助其签订开发合同，推动科研成果转化为经济效益。

二、科学技术支出

日本承担科学技术研究的主体有大学、研究机构和民间企业。日本全部科研经费中政府支出的比例相对较小，在主要发达国家中间是最少的。造成这种局面的原因之一是其他发达国家政府用于国防和军事方面的科研投入力度很大，而日本政府在国防方面的资金投入相对较少。此外，国立大学、国立研究机构依赖国家预算，因此其研究经费也受到限制。日本的科研资金主要依靠产业界提供。

日本政府为学术研究提供的经费支持，包括基础性经费与竞争性资金。竞争性资金是政府为了鼓励研究者自由地开展研究而设置的，如"科学研究补助金"，其支持对象非常广泛，涵盖了自然科学、人文社会科学、基础研究和应用研究等各个领域、各种性质的研究活动。第3期科学技术基本计划中，政府在科研开发方面的投资为25万亿日元，占该计划实施期间GDP的1%。

日本科研人员数量2006年约为70.5万人，仅次于美国，居世界第二位。总人口中每1万人中有122人是科研人员，在发达国家中居于首位。研究人员供职于产业界的最多，占58.7%，并且有持续增长的趋势；其次是供职于大学，占36%，供职于政府研究机构的占4.2%（2007年）。

第七章 日本的教育、科技与传媒

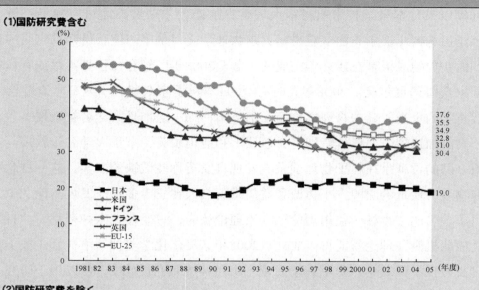

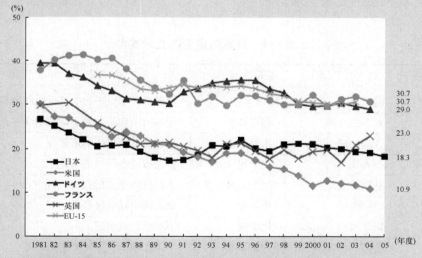

注）1. 国際比較を行うため、各国とも人文・社会科学を含めている。
2. 国防研究費を除く政府負担割合は、〔（政府負担研究費－国防研究費）／（研究費－国防研究費）〕×100
なお、国防研究費は国の国防関連研究予算額を使用しているため、本指標は参考程度に扱う必要がある。また国防目的の研究開発であっても、その成果が民生の科学技術の発達をも促すことが多いことに注意する必要がある。
3. 日本は、1996年度及び2001年度に調査対象産業が追加されている。
4. 米国の2003年以降は暫定値である。

图7-4　主要国家研究经费中政府负担比例的变化趋势
资料来源：文部科学省网页。

三、日本取得的科技成就

近代以来日本科学技术取得很大成就，从诺贝尔获奖方面可以窥见一斑。1949年汤川秀树（湯川秀樹）获得诺贝尔物理学奖，是第一位获得诺贝尔奖的日本人，他获奖的成果是在1936年完成的。截至2008年已经有13位日本籍或者日本裔科学家获得诺贝尔奖。2008年同时有4位日本科学家获奖，引发日本全社会对于自然科学的重视。其中物理学奖授予南部阳一郎（芝加哥大学名誉教授）、小林诚（高能加速器研究机构特别名誉教授）和益川敏英（京都大学名誉教授）。南部阳一郎的贡献是在粒子物理学领域发现自发对称性破缺的事实，这一概念可以解释物质的质量的起源。小林诚和益川敏英二人在三十多年前发表的论文中共同提出了著名的"小林·益川理论"。该理论认为，只要存在六种夸克，"自发对称性破缺机制"理论就能得以成立。2008年诺贝尔化学奖授予下村修（波士顿大学名誉教授），其学术贡献在于发现了绿色荧光蛋白质GFP，可以用于研究癌症和老年痴呆症的发病机理。

表7-1　日本的诺贝尔奖获奖者

获奖年份	姓名（日语）	获奖领域	获奖成果
1949年	湯川秀樹	物理学奖	发现了在阳质子与中性子之间的核力
1965年	朝永振一郎	物理学奖	超多时间理论、量子电磁力学
1973年	江崎玲於奈	物理学奖	半导体、超导体隧道效应
1981年	福井謙一	化学奖	新领域的电子轨道理论
1988年	利根川進	医学生理学奖	多种抗体培养的遗传原理
2000年	白川英樹	化学奖	聚乙炔类导电聚合物
2001年	野依良治	化学奖	不对称合成研究
2002年	小柴昌俊	物理学奖	宇宙中微子和宇宙X射线研究
2002年	田中耕一	化学奖	"蛋白质解析技术开发"
2008年	南部陽一郎 小林誠 益川敏英	物理学奖	"自发对称性　破缺机制"理论
2008年	下村脩	化学奖	绿色荧光蛋白质GFP
1968年	川端康成	文学奖	《伊豆的舞女》等作品
1994年	大江健三郎	文学奖	《个人体验》等作品

生命科学领域：

生命科学由于能够广泛应用到医疗领域，为人类的健康服务，因此日本对此十分重视。日本着力推动染色体分析研究，把相关研究成果应用到常见疾病如痴呆症、癌症、哮喘、糖尿病等的预防与治疗领域。2005年开始，日本着手开发分子影像仪器，用于癌症的超早期发现。

能源领域：

核能发电在运营过程中不产生温室气体，有助于抑制气候温暖化，而且电的供给比较稳定，因此受到日本的重视。日本早在1955年就制定了《核能基本法》，2005年又制定了《核能政策大纲》，把核能作为日本的基础能源，推动核能的研究开发与利用。现在核电占日本总发电量的约30%（2009年）。1968年，日本开展高速增殖反应堆的研究，1981年建成反应堆"常阳号"，1985年建成高速增殖原型反应堆"文殊号"。核聚变产生的能源是新一代能源，也是核能技术新的发展方向。2006年日本原子能研究开发机构（JAEA）开发出了可在保证安全的前提下、对临界等离子体试验装置（JT-60）进行远程遥控实验操作的系统。这是世界上首次验证远程研究人员能够与现场的研究人员在同等环境下、用大型核聚变实验装置进行实验。2008年JAEA成功制造出用于聚变中子源（FNS）的氚靶，这在日本国内尚属首次。这次试验表明该氚靶在发生中子量的时间变化与使用期限等方面都优于进口产品。此外，核聚变技术还可广泛应用于原子能以外的其他领域，如无损探伤、矿产资源勘探、放射治疗等。

在新兴的生物能源方面，日本目前取得成功的课题有：（1）生物体产生甲醇的新汽化系统的研发；（2）对生物发酵中产生的乙醇进行分离和浓缩的生物膜技术；（3）牲畜粪便半固体甲烷发酵技术。2008年千叶县建成了日本最大规模的生物能源发电站，该电站以废弃的建筑材料为原料，经过再利用，发电量达到50 MW。

宇宙空间科学领域：

1970年日本发射第一颗卫星"大隅号"，这是一颗试验性卫星。到2006年底日本共发射卫星119颗，继俄罗斯、美国之后，排名世界第三。1986年日本自行研制的第一枚火箭H-I火箭发射成功。1972年日本宇航员秋山丰宽(秋山豊寛)首次搭乘美国的宇宙飞船进入太空。到目前为止进入太空的日本宇航员有秋山丰宽、毛利卫、土井隆雄、向井千秋、土田敏雄、野口聪一、若田光一、星出彰彦，其中向井千秋是唯一的女宇航员。2007年日本发射月亮女神号（かぐや）探月卫星。日本和美国、欧洲、加拿大、俄罗斯一起，共同开展国际宇宙空间站计划（ISS计划）。目前在种子岛建有宇航中心和发射基地。

环境科学领域：

环境观测技术是日本重点攻关的课题之一。为了应对气候变动问题，日本把"卫星观测温室气体和地球表层环境"作为一个战略重点课题，2009年1月发射了一颗温室气体观测卫星"气息号"（いぶき），可以提高温室气体排放量的推算精度。

四、日本的技术贸易

技术贸易包括技术输出和技术输入两种。90年代以前日本技术输入大于输出，即以引进先进技术为主，但是90年代以后随着日本本国科学技术水平的不断提高，技术输出超过了输入。从1990年以来技术输出贸易额基本保持增长态势，特别是进入21世纪，对外技术输出更加活跃，2004年—2006年连续三年保持14%以上的快速增长势头。日本输出的技术主要集中在运输机械、信息、通讯产品和医药等领域。而输入则主要集中在电气、机械和信息、通讯领域。日本技术贸易的特点之一是无论输入还是输出都以美国为最大的对象国。输出方面，对美国技术输出占到40%，对整个亚洲为33.5%，其中对中国的技术输出为8.9%，对欧洲为16.7%。技术输入方面，从美国引进技术的比例高达73%，从欧洲引进的比例为25.4%，也就是说日本的技术几乎完全是从欧美引进。[53]

第三节 大众传媒

一、出版业

战前日本天皇制国家限制言论出版自由，出版事业一直受到极大的阻碍。战后随着政治的民主化，出版事业迎来了迅速发展的时代。目前日本有出版社约4000家，书店约2万家，主要出版社有岩波书店、角川书店、讲谈社、中央公论社、新潮社等。2004年的数据显示，日本每年新刊书籍7万种，杂志3320种，书籍和杂志总发行量为38亿部，推定销售额为2.4万亿日元。

日本人在五六十年代的读书倾向是注重教养类书籍，喜爱经典著作，因此大量出版世界文学名著。进入70年代，日本读者的阅读倾向趋于娱乐性，疏远了厚

---

53. 日本統計協会：『統計でみる日本』2009，281頁。

重的文学名著，追求轻松消闲的题材，阅读杂志超过了阅读书籍。为了适应这种消费偏好的变化，出版业从书籍出版型转变为杂志出版型。最近由于网络的飞速发展，日本人逐渐减少阅读书籍和杂志，转而从互联网上寻找自己需要的信息。

（一）书籍出版

日本出版业的特色是大量采用文库本和新书系列的形式。文库本是指小型廉价的系列丛书，用纸的标准规格是A6型。最初的文库本系列是追溯到明治末期1903年富山房出版社发行的《袖珍名著文库》，1927年岩波书店出版的《岩波文库》标志着现代形态的文库本的出现。最初以文库本形式刊行的大多是文学作品，后来扩大到历史、漫画、落语等各种题材。由于文库本价格便宜、携带方便，深受读者欢迎。岩波书店策划《岩波文库》的目的就是让普通大众能够花很少的钱读到全世界的文学名著。《岩波文库》引发了文库本热，20世纪50年代，岩波、新潮、角川等三个主要的文库每年出版文库本书籍超过100部。目前日本有94家出版社出版165个系列的文库本（包括漫画文库在内）。

书籍出版的另一个形态是新书，这也是一种丛书形式，最早出版新书系列的也是岩波书店。文库本以古典名著为主，而新书则是当代作者新创作的书籍。著名的新书系列有岩波新书、中公新书、平凡社新书等。新书按照题材内容分为非虚构类和虚构类。非虚构类分为教养系列和实用系列，虚构类主要是文学作品。

（二）杂志

杂志由于定期出版，能够比书籍更快地为受众提供新的信息。目前日本人的杂志消费已经超过图书。日本发行的杂志种类繁多，数量庞大。按照日本杂志广告协会2008年的最新分类方法，可以分为面向大众的"一般性杂志"和专业性强的学术性杂志，前者又分为综合类、生活设计类（如时装杂志）、商务类（ビジネス）、生活文化类（如育儿、美食杂志）、兴趣类（如汽车、钓鱼等杂志）、信息类（如婚礼信息杂志）等。由于日本流行服饰文化近年来风靡海内外，日本成为时装文化的引领者，所以一些日本时装杂志进军国外市场，比如《瑞丽》（Ray）已经在中国市场上发行中文版，杂志发行的国际化成为日本流行文化提高国际影响力的重要途径。

现代日本杂志的特点之一是内容上功利主义色彩浓厚，越来越注重娱乐性，大量使用视觉效果生动的彩色照片或者图画来吸引读者眼球。第二个特点是为了保证经济效益而大量刊登广告，使杂志变成发布广告的媒体。刊登广告最多的杂志种类是女性时装类杂志，如《Cancam》广告率最高为50.1%，《ViVi》为

48.1%,《an·an》为47.2%。[54]多发广告是由于许多杂志为了追求高发行量，定价较低，甚至低于制作成本，因此需要用刊登广告的收入来弥补亏损。

（三）报纸

日本最早的报纸出现于江户时代末期，在江户、大阪等大城市以及横滨、长崎等开放的港口城市出现了一些翻译报纸和英文报纸。1871年1月28日日本诞生了近代第一个每天发行的报纸——《横滨每日新闻》。此后，日本进入了一个报纸创刊比较集中的时期。

2006年6月世界报业协会发表的《2005年世界报业趋势报告》指出，日本是世界上报纸发行量最大的国家，年发行量约6970万份。在全球发行量最大的10种报纸中，有7种在日本，其中《读卖新闻》、《朝日新闻》、《每日新闻》、《日本经济新闻》和《中日新闻》排在前五名，《产经新闻》、《东京体育新闻》分别位列第七和第十。日本人有阅读报纸的习惯，每1000名成年人中就有634人每天都购买报纸。在战前，报纸是获得信息的最主要的手段。现在，虽然报纸越来越受到电视和网络的强大冲击，但依然拥有庞大的读者群。2005年日本新闻协会就人们对报纸、电视、广播、杂志和网络等五大主要媒体的接触和印象进行调查，结果显示：92.5%的人读报，88%的人按月订报，93%的人支持送报上门制度，57.4%的人每周接触报纸的平均天数为5天至6天，即几乎每天都读报。与杂志、电视、网络等媒体比较，日本人对报纸信任度较高，53.6%的人认为"作为消息来源不可或缺"、53.4%的人认为"对社会具有影响力"，52.1%的人"借报纸了解地区和当地事件"，均高出其他媒体所占比例。日本报纸的社会影响力也不容忽视，可以说是引导社会舆论走向的主要力量。

日本的报纸大致可以分为综合性报纸（一般紙）和专业性报纸（専門紙），前者又分为全国性报纸和地方性报纸。长期以来，日本报界形成了以五家大报社——《朝日新闻》、《读卖新闻》、《每日新闻》、《产经新闻》和《日本经济新闻》为主导的格局。有些报纸，特别是全国性大报每天分早报和晚报两次发行。近来由于网络竞争的加剧，报纸销量萎缩，不少报社取消了晚报发行，比如《每日新闻》在2002年就停止发行晚报。

报纸发行量大的原因之一是日本人平均受教育水平较高、绝大多数人具有识字阅读能力。第二是日本报业形成了成熟完善的发行体制。比如专卖制，即报社

---

54. 川井良介：『出版メディア入門』，日本評論社，2006年。

与报纸销售店签订合同,由销售店负责报纸销售的制度。报纸销售店一般仅与一家报社签订销售合同,因此又称为"报纸专卖店"。报纸销售方式以按户送报制度为主,即由专卖店的员工把报纸送到订户的家里。通过按户送报方式售出的报纸占全体的93%左右,零售仅占约6.3%。按户送报制度也为报纸提供了稳定的受众群体。为了抑制价格方面的恶性竞争,日本报纸的发行遵守"再销售价格维持制度",由报社对报纸进行统一定价,禁止销售店任意更改价格。该制度有助于日本报业健康有序的发展。

在网络、手机等新媒体日益普及的今天,日本报业为了适应形势,开始向新媒体进军,许多报纸都开通了自己的网站。三大报纸《日本经济新闻》、《朝日新闻》和《读卖新闻》联合经营新闻网站,提升报业在网络媒体的影响力,吸引已经远离报纸的年轻读者。

二、电视

日本广播电视产业分为以日本放送协会(NHK)为代表的公营电视媒介和以日本民间放送联盟(简称"民放",NAB)为代表的商业电视媒介等两大体系。1926年东京广播局("东京放送局")、大阪广播局("大阪放送局")和名古屋广播局("名古屋放送局")等3个广播电台合并成立了社团法人"日本放送协会"。二战期间"日本放送协会"发挥了煽动和美化战争的作用。战后在民主化改革过程中,原日本放送协会解散,成立了新的公共广播电视组织,名称依然叫"日本放送協会"。1953年2月1日NHK下属的东京电视台正式开始播放电视节目。按照日本《放送法》的规定,日本放送协会的运作经费完全依靠来自受众的收视费,不播放广告和商业性节目内容。

由民间投资设立的电视台和广播台,统称"民间放送"。日本于1951年成立了"日本民间放送联盟"(日本民間放送連盟)。民间的电视台不收取收视费,而是依靠广告收入来维持电视台的运作。日本第一家民营电视台是1953年8月成立的日本电视台(日本テレビ,NNN-NNS),目前日本较大的民营电视台除了日本电视台以外还有富士电视台(FNN-FNS)、TBS电视台(JNN),朝日电视台(ANN)等。他们都形成了庞大的电视台系列。

20世纪60年代,彩色电视机开始普及,看电视成为日本人主要的休闲、娱乐方式和获得信息的手段。80年代电视产业迎来了全盛时代。1989年6月NHK开始两套卫星节目的播送，即BS1和BS2。随着通信技术的日新月异，90年代日本开始播出地面数字电视（地デジ）。第一个地面数字电视台是完美电视台（Perfect TV），现在称为"天空完美电视台"（SkyPerfectTV）。数字电视的应用，可以提供高清晰的画质和音质，使得接收频道一举增加到约300多个（包括广播节目频道），受众有更多的选择余地，娱乐生活将更加丰富。现在越来越多的电视台在采用数字播送，日本计划于2010年7月24日把所有电视广播节目全部改为数字化。

三、动漫产业

动漫产业，日语一般叫做"アニメ"，其构成非常广泛，包括漫画、动画电影和电视片、视频、网络游戏以及各种衍生艺术、商品和服务。动漫是日本的第三大产业，也是大众流行文化的主要组成部分。

动漫产业起步于战后的漫画文化。漫画出版业是动漫产业链条的基础环节。漫画是深受日本人喜爱的出版物，具有娱乐性强、通俗易懂、廉价等特点，无论老人小孩，各个年龄段的人都喜欢看。漫画出版在日本出版领域占据非常重要的地位。漫画的出版形态分为漫画杂志和漫画书两种。一部漫画作品一般是先以杂志连载的形式出版，然后在结集成书发行。目前日本发行部数超过100部的杂志有8种，除了《月刊电视》（月刊ザテレビジョン）以外，其余7种全部都是漫画杂志。其中，漫画杂志《周刊少年Jump》的发行量位居各种杂志之首，1993年曾经创下648万部的最高发行记录。2005年漫画杂志和漫画书的总发行量是13亿4874万部，占日本全部出版物的37.4%。漫画家手家治虫从40年代起就投身于漫画创作事业，被誉为"漫画之神"。他的代表作品有长篇连载漫画《铁臂阿童木》等。2000年以后初版发行超过100万部的漫画书主要有《钢的炼金术师》（鋼の錬金術師）、《死亡笔记》（デースノート）、《名侦探柯南》（名探偵コナン）、《网球王子》（テニスの王子様）、《花样男子》（花より男子）、《头文字D》（頭文字D）等。漫画作品在出版环节取得良好业绩以后，则进入影视制作环节，拍成电影或者电视剧形式的动画片，再进一步制作相关游戏、音乐、Cosplay、开发出玩具、申请商标和形象使用权，等等，以漫画出版为基础，形成一个巨大、高效、囊括多个行业的动漫产业链。而日本也被称为"动漫王国"。

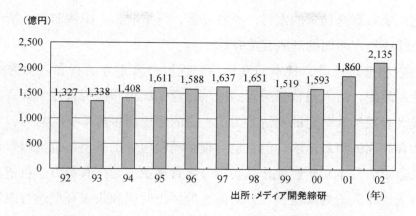

图7-5　电影动画片、电视动画片和动画录像带市场规模

资料来源：http://www.jetro.go.jp/jfile/report/05000977/05000977_001_BUP_0.pdf#search='日本のアニメーション産業の動向'.

60年代，漫画艺术与电视技术结合起来，催生了电视动画片的繁荣。日本电视系列动画片迄今已制作了1500余部，可谓世界之最。日本电视台每周新播放的动画片有40—50集，年播出时间达到89万分钟（年统计数字）。[55]东芝公司赞助的《海螺小姐》（サザエさん）从1969年10月开始，连续播放了36年。1974年由松本零士负责脚本及人物的《宇宙战舰》上演，引起了巨大轰动效应。《聪明的一休》、《花仙子》、《哆啦A梦》、《圣斗士星矢》都是脍炙人口的电视动画片。

著名的动漫影视制作者有宫崎骏，他导演的《千与千寻》于2002年获得柏林电影节金熊奖，2003年又获得奥斯卡长篇动画片奖，同时也是日本国内迄今为止影院观看人数最多的动画片。此外还有《风之谷》、《天空之城》和《哈尔的移动城堡》等等。

日本的动漫制作公司约有430家，其中有264家左右（约占61.4%）在东京，主要集中于杉并区和练马区。绝大多数公司以制作电视动画片为主，如东映公司。制作电影动画片（剧场版）的公司很少，而推出《千与千寻》等经典影片的吉卜力工作室就是其中之一。

根据不同的读者群体，漫画分为幼儿漫画、少年漫画、少女漫画、青年漫画、女性漫画、成人漫画等多种。日本的动漫作品特点是题材非常广泛，放眼全世界，既有立足于日本本国的传统文化、民族风格浓郁的作品，又从世界各国的

---

55. 景宏：《日本动漫产业的发展及其对世界的影响》，《日本学刊》2006年第4期，第135页。

历史文化中吸收筛选精彩的素材，兼收并蓄，博采众长。图像制作、情节构思设计方面渐臻成熟，不同的画风百花齐放。

从内容和思想性看，日本动漫作品表现出良莠不齐的状态。优秀的作品表达对自然的热爱、对人与自然关系的深刻思考，反思和剖析人性（如宫崎骏的作品），或者表现纯真坚定的友情、为了心中的理想而百折不挠的努力，以及对于事业成功和胜利的勇敢追求。但是也有很多动漫包含了暴力、色情因素或者宣扬民族主义意识。日本对于影视作品实行分级管理制度，把有暴力、色情内容的成人动漫与未成年人看的动漫分开，对前者的播出时间和收视环境进行限制，比如有的动漫不能在黄金时段播放，只能是满一定年龄的人才被允许观看等等。分级制度一定程度上减少了暴力、色情动漫（以及其它影视作品）对青少年的消极影响。

动漫作品的衍生品开发是动漫产业的主要组成部分，其形式多种多样。以动漫形象营销为例，动漫制作公司会把一些动漫形象的使用权出售给其他公司，如生产汽车、航空、食品、服装、玩具、文具的公司，收取动漫形象使用费。以上生产实体商品的公司可以把动漫形象用于自己开发的产品上面，或者直接开发出动漫形象玩具和装饰品等。以卡通主人公形象制成的玩具以及装饰着动画图像的文具等受到少年儿童的喜爱。动漫衍生品对动漫制作公司非常重要，因为仅靠动画片的话，几乎所有作品都是亏本的，必须依靠开发衍生品、出售动画DVD、录像带才能收回投资并赢利。目前动漫衍生品的商品市场规模达到2万亿日元。

日本动漫产业也是高度国际化的产业，一方面积极开拓国际市场，赢得令人瞩目的销售业绩和很高的国际声望，另一方面制作过程本身也国际化了。大的制作公司实施国际分工体制，将描线上色等动画绘制工序外包给其他国家来完成。动画绘制环节中有90%的工作实行外包，全部在日本国内完成制作的动画片已经少之又少。外包对象主要是中国、韩国和东南亚国家。这些国家廉价的人工费为日本动漫企业大大削减了制作成本。在中国，承接动漫外包工作的基地主要在北京、上海、深圳、杭州和成都等地。

练习题

一、填空

1. 日本航天史上第一个进入太空的宇航员是_____。

2.日本动漫领域中创作出《天空之城》等众多作品的著名制作者是_____。

二、选择

1.2008年一共有4名日本裔科学家获得诺贝尔自然科学类奖项,他们是（　　）。

A.南部阳一郎　　B.下村修　　C.小林诚　　D.益川敏英　　E.汤川秀树

2.日本报纸界最主要的大报社有五家,以下选项中属于五大报社的是（　　）。

A.《朝日新闻》　B.《中日新闻》　C.《东京新闻》　D.《读卖新闻》

三、判断对错

1.日本技术输入的最大对象国是美国,技术输出的最大对象国是中国。

2.日本公立广播电视媒介中最主要的是日本放送协会。

四、简述：日本学校教育领域欺负同学与"不上学"现象的特点、原因以及日本采取的相关对策。

第八章　日本传统艺术与文化

第一节　日本传统艺术

一、能乐（能楽）

能乐，又叫做"能"，是日本传统的假面戏剧，也是联合国规定的非物质文化遗产（無形文化遺産）。关于能乐的起源，目前学界通说认为能乐起源于猿乐（猿楽），而猿乐则起源于中国的散乐（散楽）。隋唐时期，存在着多种多样的散乐，包括歌舞、杂技、武术、魔术、滑稽表演等。散乐最晚在奈良时代便传入日本，多在神社寺庙的祭祀仪式上演出，作为献给神佛的娱乐。后来散乐的读音逐渐演变为"さるがく"，日本人用"猿乐"一词来表示这个读音。后来，猿乐中歌舞和戏剧表演的因素发展为现在的能乐，而滑稽表演因素则发展为狂言。

另一种观点认为，能乐起源于农村祭神活动中表演的"翁舞"（翁舞），能乐在舞台形态、角色性质、面具等诸多方面保留了较多的神道信仰的色彩，这表明能乐与祭神的"翁舞"有着密切的关系。[56]

在猿乐发展为能乐的历史上起到关键作用的是室町时代的观阿弥（観阿弥）和世阿弥（世阿弥）父子。他们本来是大和一带猿乐剧团的演员，其表演受到幕府将军足利义满和足利义持的赏识。在将军的支持下，他们对猿乐表演进行了改进和创新。观阿弥侧重于滑稽表演方面，同时丰富了音乐形式，引进了当时流行的"曲舞"音乐，在表演风格上讲究含蓄，提高了人物塑造的艺术性，他创造的能乐称为"猿乐能"。而世阿弥为了迎合义持喜欢幽玄风格的偏好，在故事情节和表演手段方面进行创新，多表现神鬼精怪的世界，风格神秘而抒情，从而形成了"梦幻能"（夢幻能），提高了能乐的艺术水平。父子二人都重视从日本古代经典文学，如《伊势物语》中挖掘艺术题材，将和歌等文学因素引入能乐。世阿弥还创立了自成一家的表演理论，撰写了20多篇理论著作，其中以《风姿花传》（風姿花伝）影响最大，世阿弥在这部著作中确立了能乐艺术的核心概念"幽

---

56. 滕军：《叙至十九世纪的日本艺术》，高等教育出版社，2007年，第四章。

玄"（幽玄），即浪漫、含蓄、柔和、孤寂的风格。

能乐的演出者包括扮演剧中人物的演员、伴唱者和伴奏者。剧中人物分为主角（シテ仕手）、配角（ワキ脇）和龙套（ツレ）。并不是所有的演员都戴面具，一般需要戴面具的是神灵、鬼怪、老人、女性等角色，男性的现实中的人物原则上不戴面具。面具使得演员无法依靠面部表情来表达内心情绪，其实即使不戴面具，也不可以通过面部表情的变化来表演，这是能乐不同于其他戏剧的特点之一。不过戴面具时一些细微的位置差异被视为表达不同的感情，如面具略微向上戴表示微笑，往下戴表示悲伤低落情绪。不同的角色有着专门的面具，如天真可爱的少女用"小面"（小面）；因嫉妒或者怨恨而变成鬼的女性的面具有"般若"（般若）、"真蛇"（真蛇）；青年小伙子的面具有"中将"（中将）、"若男"（若男）；武士用的面具有"平太"（平太）等等。

能乐的表演手段包括动作（所作）、念唱（谣）、伴奏（囃子）。能乐的"所作"指人物的各种动作和姿势，有着严格的程式（型），其中最重要的是"舞"（舞）。演员的基本姿势（かまえ）是背部挺直且微微前倾，膝盖略弯，重心降低。移动时的步法叫做"运步"（ハコビ），脚掌要永远贴着地面，脚后跟不能抬起离地。能乐的"舞"，禁止大幅度夸张的肢体动作，基本以身体旋转为主。念唱的发声法非常独特，需要把舌头往后缩，把喉结往下压，才能发出这种声音。剧中角色的演员既可唱亦可念道白。而舞台后方的伴唱演员只有唱，不念道白，这种伴唱叫做"地谣"（地謡）。能乐的伴奏乐器也是固定的，共有笛子（笛）、小鼓（小鼓）、大鼓（大鼓、大皮）和太鼓（太鼓）四种。击鼓的时候要一边喊号子一遍击鼓。

能乐的题材是按照主角的身份属性来划分的，包括神、男、女、狂、鬼五种。神戏的主角是神灵，代表作品有《高砂》（高砂），讲述的是一对枝叶连理的松树化身为老夫妇。男戏的主角是战死沙场的武士的亡灵。女戏主角是无法摆脱爱情纠葛的女性亡灵，如《井筒》（井筒），讲述著名诗人、英俊才子在原业平的妻子，她虽然人已经死了，其灵魂依然苦苦思念生前夫妻恩爱的日子。狂戏的主角是发疯的女人，如著名的《隅田川》（隅田川）表现一个因孩子失踪而发疯的女性。鬼戏的主角多是动物精灵或者扮成动物形象的仙人之类，如《鵺》（鵺）。在江户时代一次正式的能乐演出要严格按照上述顺序编排曲目，同时在开演前要加上翁舞，两幕戏之间加上狂言，方才组成一套完整的能乐，因此一次能乐演出要演很长时间。在现代社会已经很难演出全套的能乐，一般商业演出的剧目组成是演两幕，中间加演狂言。

能乐的演出组织方面也很有特色，演出团体称为"座"（座）或者"流"（流）。演出团体按照演出功能进行专业化分工，有的剧团专门演主角，如观世流（観世流）、宝生流（宝生流）、金春流（金春流）。有的专门演配角，如宝生流、高安流（高安流）等。负责伴奏的剧团也根据乐器进行分工，如小鼓方面有观世流、大鼓有葛野流（葛野流）等。举行一次演出时，由扮演主角的演员出面，根据上演剧目的需要从别的座中选择配角、龙套、乐队和演唱队，合作演出一套能乐。

能乐的舞台起源于神社中举行祭拜仪式的拜殿，舞台的后壁上画有一棵松树和一片竹子，除此之外无论演什么剧目都不用布景。现代舞台左侧设有一道廊桥，表示连接人与神灵世界的道路，剧中的神灵角色一般经过廊桥走到舞台开始表演。

二、狂言（狂言）

狂言最初是在能乐演出的中间穿插表演的滑稽剧，其特点是以语言道白为主要表现形式，题材多描写现实中世俗人物的种种弱点和可笑之处，追求逗趣娱乐的艺术效果。狂言穿插在贵族趣味和宗教气氛浓厚的能乐之间表演，可以很好的调节演出气氛。狂言的演员叫做"狂言师"（狂言师），最初狂言由能乐演员兼任。江户时代初期，狂言逐渐从能乐中独立出来，出现了专门表演狂言的家族，形成了三个主要的流派——大藏流（大蔵流）、和泉流（和泉流）和白鹭流。最近进军影视界的和泉元弥（和泉元彌）就是和泉流的掌门。狂言按照内容题材可以分为神狂言、大名狂言、小名狂言（或称"太郎狂言"）、女儿女婿狂言、鬼狂言、僧人盲人狂言等。狂言以滑稽的语言动作讽刺人性中的自私、贪婪、愚蠢、怯懦等弱点。如大名狂言类的代表作《两个大名》（ふたり大名），讲述两个自命不凡的大名强迫一个乡下人为他们扛沉重的大刀，但是这个乡下人非常勇敢机智，威胁要杀死大名。大名吓坏了，不得不对他俯首贴耳，学狗叫等，丑态百出。小名狂言主角是太郎冠者，即仆人，代表作品有《烤栗子》（栗焼）。女儿女婿狂言作品有《渡船上的女婿》（船渡聟）、《女婿争水》（水掛聟）等。僧人盲人狂言（出家座头狂言）主角是僧侣或者盲人等残疾人。作品有《宗论》（宗論）。

三、歌舞伎

歌舞伎是日本传统的戏剧艺术，起源于17世纪京都一带流行的称为"かぶき"的舞蹈。当时"かぶき"的语义是新潮、另类。最初一个名叫阿国（お国，又称为出云阿国）的年轻女性从出云来到京都，男扮女装表演歌舞伎舞蹈，受到热烈欢迎，这种舞蹈很快流行开来。当时的歌舞伎表演者或为妓女，或为年轻男子，其表演离不开色情因素，故先后受到幕府的禁止。后来幕府重新允许歌舞伎演出，但是禁止女性参加表演，男演员必须剪掉原来女性化的刘海发型。这种没有刘海的发型叫做"野郎头"，所以由男演员表演的歌舞伎被称为"野郎歌舞伎"。在17世纪晚期，歌舞伎开始重视内容情节，从单纯的舞蹈演变成集音乐、舞蹈、剧情和舞台美术于一体的戏剧艺术形式。

歌舞伎作品有很多分类方式，按照内容可以分为历史剧、舞蹈剧和生活剧。正规的歌舞伎演出要从这三种类别中选择剧目，连续演出，因此和能乐一样，一次演出要进行一天时间。历史剧的代表作有《义经千本樱》（義経千本桜）、《忠臣藏》（忠臣蔵），舞蹈剧中比较典型的是《京鹿子道成寺》（京鹿子娘道成寺），著名的生活剧有《殉情曾根崎》（曽根崎心中）等。另外歌舞伎还有文戏和武戏之分。以展示普通人的人生经历、爱情故事为中心的歌舞伎被称为文戏（日语为"和事"），其风格细腻优雅。文戏在传统文化积淀深厚的上方一带非常受欢迎，其风格的创立者和代表人物是第一代坂田藤十郎（坂田藤十郎）。与文戏相对的是武戏（荒事），即多武打场面、风格激烈雄壮的歌舞伎。这种风格的歌舞伎在武士的统治中心——江户特别受欢迎，其创立者和代表者是第一代市川团十郎（市川団十郎）。

从17世纪开始，出现了许多创作歌舞伎剧本的剧作家，成就较大的作家有第四代鹤屋南北（四代目鶴屋南北）、近松门左卫门（近松門左衛門 1653—1724）和幕末到明治时期的河竹默阿弥（河竹黙阿弥）。近松门左卫门名气最大，但他主要创作人偶净瑠璃的剧本，歌舞伎剧本方面多描写上方（京都大阪）町人阶层的生活和感情，其中有许多关于花街柳巷的描写，如《倾城阿波的鸣门》（傾城阿波の鳴門）。除了原创歌舞伎作品之外，近松有很多净瑠璃剧本被改编成歌舞伎。

歌舞伎的舞台设计很有特色，有两条花道（花道）穿过观众席，从舞台左侧一直通到演员出场口，演员上场要经过花道，从观众中间穿过，最后走上舞台。花道有利于缩小演员与观众的距离感，使观众更好地融入戏剧中。歌舞伎还有旋转舞台（迴り舞台），可以把大型道具如房子等等放在上面，通过旋转，迅速变换场景。有升降台（セリ），演员站在升降台上，或者把道具放在上面，可以表现人与物的瞬间出现或者消失。歌舞伎表演非常重视舞台特技，例如空中飞人等，给观众以极强的视觉冲击力。

四、文乐（文楽ぶんらく）/木偶净瑠璃（人形にんぎょう净瑠璃じょうるり）

文乐[57]是一种木偶与说唱艺术相结合的舞台戏剧，在明治时代以前称为"木偶净瑠璃"。所谓"净瑠璃"是日本说唱艺术的总称，大约产生于15世纪，其名称来源于一个说唱故事《净瑠璃物语》（或叫《净瑠璃十二段草子》）。这个作品讲述牛若丸（源义经）与净瑠璃姬的浪漫爱情故事，深受人们喜爱，于是同一类的说唱艺术都被称为净瑠璃。大约1593年前后，净瑠璃表演者目贯屋长三郎（目貫屋長三郎めぬきやちょうざぶろう）与木偶艺人引田淡路掾（引田淡路掾ひきだあわじのじょう）合作，把净瑠璃与木偶表演结合起来，并且使用"三味线"（三味線しゃみせん）作为伴奏乐器，三者结合就形成了木偶净瑠璃。而那些不用木偶表演的净瑠璃就叫做"素净瑠璃"（素净瑠璃すじょうるり）。木偶净瑠璃首先在上方流行起来，出现了一批很有才华的说唱演员，其中最有名的是竹本义大夫（竹本義太夫たけもとぎだゆう，1651—1714）。他同时学会了两种风格迥异的说唱风格——刚健的"播磨调"（播磨節ぶし）和柔美的"加贺调"（加賀かが節ぶし），还广泛吸收其他曲调的优点，形成了具有独特风格的"义大夫调"（義太夫ぎだゆう節ぶし），对木偶净瑠璃影响巨大，以至于后来木偶净瑠璃的说唱一般都采用"义大夫调"。

说唱演员称为"大夫"或者"太夫"，发音都是"たゆう"，演员的名字中都带有"大夫"一词。文乐要求说唱演员一个人既要叙述故事情节，又要念剧中人物的台词、独白，还要描述故事发生的场景气氛等，因此优秀的说唱演员必须具备综合的艺术表现能力。

三味线是从中国经过琉球传入日本的三弦乐器，本来用蛇皮作为共鸣装置，传入日本以后，日本把蛇皮改为猫皮。三味线分为几种，文乐使用的三味线特点

---

57. 文乐的名称来源于明治时期表演木偶净瑠璃的剧场"文乐座"。从"楽"的日语读音为"らく"而不是"がく"来看，其汉语读音应该是lè而不是yuè。

是琴杆和琴弦较粗，称为"粗杆三味线"（太棹）。[58]文乐表演要求三味线琴师不仅要为说唱演员伴奏，还要烘托气氛，把说唱和木偶表演的感情心境恰到好处地传递给观众。木偶净瑠璃一般是一个说唱演员配一名琴师，有时也多名说唱演员和琴师共同表演。

木偶净瑠璃中使用的木偶按照角色特点分为许多种类，比如男性文角有

少男（若男）：是指十来岁的少年，一般是女主角的恋人

源太（源太）：是二十岁左右的英俊男性

男性武角主要有

金时：豪放的武将

孔明（孔明）：扮相清秀、富有谋略的中老年武将

女性角色有

姑娘（娘）：漂亮可爱的未婚少女或者已婚的年轻女子

倾城（傾城）：最高级别的妓女，木偶头上插满复杂的头饰，在所有木偶中装饰最为华丽

阿福（お福）：女丑角

木偶净瑠璃中木偶一般由三个演员同时操纵，其中操纵木偶的头和右手的演员叫做"主遣い"，操纵木偶左手的叫做"左遣い"，操纵腿部的叫做"足遣い"。他们上场时与木偶一起出现在舞台上，身穿黑衣，其中"左遣い"和"足遣い"还要用黑布把自己的头部完全蒙起来，表示自己不存在（"无"），让观众集中注意力欣赏木偶的动作。

木偶净瑠璃界最伟大的剧作家是江户时代的近松门左卫门，他一生创作100多部木偶净瑠璃剧本，许多剧本后来又被改编为歌舞伎剧本。近松创作的历史剧代表作有《景清发迹》（出世景清）、《国姓爷战斗》（国性爺合戦），生活剧类有《殉情天网岛》（心中天網島）、《殉情曽根崎》（曽根崎心中）、《女杀油地狱》（女殺油地獄）、《冥途邮差》（冥途の飛脚）等。他与竹本义大夫合作，创作并演出了许多经典之作，把木偶净瑠璃这一门艺术推向顶峰。其他优秀的剧作家有第二代竹田出云、三好松洛和并木千柳，他们共同创作的三个剧本——《假名手本忠臣藏》、《菅原传授手习鉴》、《义经千本樱》并称为净瑠璃的三大杰作。

---

58. 文乐以外的长歌、小歌等音乐用"细杆三味线"（細棹）伴奏。

明治维新以后的1872年，第三代植村文乐轩（三代目植村文楽軒(さんだいめうえむらぶんらくけん)）在大阪建立了木偶净瑠璃剧场，叫做"文乐座"（文楽座(ぶんらくざ)），成为传承和弘扬木偶净瑠璃艺术的主要据点，因此人们就把木偶净瑠璃本身称为"文乐"。2003年"木偶净瑠璃文乐"被联合国教科文组织指定为世界非物质文化遗产。值得注意的是，日本民间还存在少数不属于文乐的木偶净瑠璃，如阿波木偶净瑠璃等。

五、日本雅乐（にほんががく）

雅乐是中国古代音乐舞蹈的一种，唐朝时期把祭祀仪式中表演的乐舞称为"雅乐"。雅乐之外还有来自西域（泛指印度、龟兹、高丽、安国、林邑等东北亚、中亚、南亚地区）的乐舞，叫做"胡乐"；而来自中国民间的民俗乐舞称为"俗乐"，"胡乐"和"俗乐"在宴会上演出，以烘托热烈的气氛，故两者合称为"燕乐"。古代日本全面吸收中国文化，音乐舞蹈艺术也在学习模仿的范围内，比如在乐舞管理机构的设置方面，模仿唐朝的"雅乐寮"设置了日本自己的"雅乐寮"。不过日本没有真的引进唐朝的雅乐，而是吸收了唐朝的燕乐部分。此外雅乐寮还演练日本本土的乐舞即"国风歌舞"（くにぶりのうたまい），这部分乐舞也被算作雅乐。因此日本雅乐内容不是真正的中国雅乐，但日本人却习惯上称之为"雅乐"，两者之间名同而实不同。平安时代雅乐逐渐形成了包括国风歌舞、外来乐舞和管弦吟唱三种类型的音乐舞蹈艺术形态，它们分别在不同的场合演出，国风歌舞庄重严肃，主要在神社祭祀仪式上作为供奉神的仪式来表演。外来乐舞充满异域风情，多在节日和典礼聚会上表演；管弦吟唱（日语称为"歌い物"或"歌曲"）包括管弦乐器演奏与诗歌吟唱，是贵族宫廷社会社交和娱乐的一种形式。国风歌舞中比较有代表性的有《神乐》（神楽(かぐら)）、《东游》（東遊(あずまあそび)）、《久米舞》（久米舞(くめまい)）、《五节舞》（五節舞）、《倭歌》（倭歌）等。国风歌舞使用的乐器既有来自中国的笙箫和笛子，也有日本的神乐笛、笏板（笏拍子(しゃくびょうし)）与和琴（和琴(わごん)）。外来乐舞在平安时代分为左方乐舞和右方乐舞两个部分。中国、印度和林邑的乐舞属于左方乐舞，朝鲜半岛和渤海国的乐舞属于右方乐舞。左方乐舞的例子有《太平乐》、《万岁乐》、《春莺啭》、《迦陵频》、《兰陵王》等。右方乐舞有《延喜乐》、《蝴蝶》、《纳曾利》等。日本方面长期以来主张《兰陵王》就是中国隋朝时的《兰陵王入阵乐》，但有的中国音乐学家认为，日本雅乐《兰陵王》其实是来自印度的乐曲《罗龙王》，两者发音很相近,故以讹传讹被说成《兰陵王》。[59]还有一些乐舞,虽然名称与唐朝的一些燕乐相同,比如《春莺啭》,但其旋律和舞蹈形态并没有保持了唐代同名乐舞的真面目。左方乐舞和右方乐舞各有特色,如使用乐器上,左方乐舞的乐队由三管和三鼓组成,三管是笙、筚篥和龙笛,三鼓是羯鼓、钲鼓和太鼓,不使用弦乐器,而右方乐舞中不使用笙和羯鼓,笛子也不是龙笛而是高丽笛。在舞蹈方面,左方的舞蹈服装以红色为基本色,手持道具统一为金色;右方服装以绿色为基本色,手持道具统一为银色。左方舞蹈风格充满阳刚雄壮的气势,右方舞蹈则多倾向于女性化的柔美。演出的时候左右乐舞交替表演,并且有固定的配对规则。如左方的《兰陵王》与右方的《纳曾利》为一对,左方的《迦陵频》与右方的《蝴蝶》为一对,等等。[60]

管弦吟唱中使用的乐器很多,流传到今天的管弦演奏规定必须使用8种乐器,包括三管(笙、筚篥、龙笛)、三鼓(羯鼓、钲鼓、太鼓)、二弦(筝、琵琶)。流传下来的管弦演奏曲目都是唐乐,如《越殿乐》、《春莺啭》、《贺殿》等。吟唱部分既有唱日本的民间歌谣,也有吟唱汉诗的,前者称为"催马乐"(催馬楽),后者称为"朗咏"(朗詠)。

六、庭园文化

日本传统的庭园属于东亚园林文化的一个分支,有着很长的历史。它既吸收中国建筑与园林美学理念,又结合日本自身的自然环境与审美意识,把神道、佛教文化精神贯注于风景之中,形成了富有日本特色的庭园文化。从庭园发展史角度看,日本庭园经历了以下几种类型,其使用功能、体现的文化精神上各有特色。

1. 寝殿式庭园(寝殿造り庭園)

寝殿式庭园是平安时代贵族阶层中间流行的住宅式样的统称。虽然名为"庭园",其实包括供日常起居生活的住房和作为游玩欣赏对象的庭园两个部分。住房部分呈日语假名的"コ"字形,整体坐北朝南。中间的正房称为"寝殿",此外有对屋、渡殿(即回廊)、钓殿、中门廊等。被这些建筑包围在中间的空地称为"广庭"或"南庭",广庭地面铺以白色沙石,用以举行仪式或者节庆活动。

---

59. 参照金文达:《日本雅乐的实质——为其中的中国古代已失传的乐曲而正名》,《音乐研究》1994年第2期。
60. 参照滕军等著:《叙至十九世纪的日本艺术》,高等教育出版社,2007年。

其南边有水池，池中有岛，称为"中岛"，岛上有桥通到岸上。池中可以泛舟，供天皇和贵族观赏。平安时代最有代表性的寝殿式庭园是藤原道长的宅邸——东三条殿。但是当时的建筑遭到破坏，没有保存下来。目前只有宇治平等院还保留着寝殿式庭园的一些特点，可以据此想象寝殿式庭园的风貌。宇治平等院（宇治平等院）位于今京都市南郊的宇治，是贵族藤原赖通于1052年建造的。当时社会上流行佛教的末法和净土思想，认为人们在末法时代无法摆脱苦难，只能期待死后进入西方极乐净土，平等院就是根据净土思想建造的。其现存的主要部分是阿弥陀堂和水池，阿弥陀堂坐西向东，面向水池。堂的南北两侧有回廊通往配殿，其布局基本延续了寝殿式庭园的风格。不同的是平等院体现了向往净土的宗教精神，阿弥陀堂象征阿弥陀佛所在的净土，水池象征苦海，水池东侧象征此岸世界等等。

2. 枯山水庭园（枯山水庭園）

枯山水庭园是中世禅宗寺院中庭园常见的模式，其建筑功能是供打坐参禅冥想用的，体现了浓厚的禅宗精神。所谓"枯山水"，是不用树木花草和流水、仅使用沙石造就的庭园。表面上看，枯山水是对平安时代以来池水环绕楼阁的回游式庭园的否定，但是沙石表现的同样是大海与岛屿的主题。京都龙安寺的庭园堪称枯山水的典范，方丈面对的庭园中铺满白色的沙石，用竹耙犁出波纹，象征浩瀚的大海，横在沙中的15块石头，宛如波涛中浮出的岛屿、礁石。整个庭园没有任何花草树木，是用最简单的黑白两色来表现宇宙的奥妙和禅意的深邃。京都的大仙院（大仙院）、退藏院（退藏院）里的庭园以及银阁寺（銀閣寺）的银沙滩、向月台（向月台）也都是著名的枯山水设计。从中国传入日本的山水画对于枯山水的形成发挥了一定的影响作用。

3. 茶道庭园

茶道庭园，简称茶庭（读作"ちゃてい"或"ちゃにわ"），传统上又叫做露地（露地），是茶室附带的庭园，也是茶道艺术的一个重要组成部分。茶道的三个流派——表千家、里千家和武者小路千家的茶室（分别为不审庵、今日庵和官休庵）的庭园都是最有代表性的茶庭。茶庭基本布局的特点是用一道简朴的竹木结构的门把庭园分为两个空间——外露地和内露地。这道门的名称因茶庭而异，比如表千家的叫做"中潜门"，里千家叫做"中门"。客人经过这道门，心境上就会有一个调整，从世俗空间进入一个幽静深邃的艺术化空间。茶庭里的道路是由石头铺成，称为步石。步石依据其大小形状而被赋予不同的功能、意义，

有飞石、踏分石和关守石等不同种类。客人应该掌握步石排列的规则，才能避免走错路。石制洗手钵（蹲踞、手水鉢）是茶庭里必不可少的，用于茶会开始前的漱口、洗手，在清洁身体的同时也净化内心。茶庭种植的植物以绿色草木为主，控制花的数量，如表千家的不审庵茶庭有意不栽种开花植物，用绿树苍苔营造出古朴、幽深、淡泊的意境。总的看来。茶庭的景观设计充分体现了茶道所崇尚的"和敬清寂"的理念。

4. 回游式庭园（回遊式庭園）

在日本建筑史上，江户时代的庭园一般称为"回游式庭园"，其建造者多为大名或者京都的公家贵族。所谓"回游"意思是在园中一边走一边欣赏景色。这种欣赏庭园的方式与枯山水庭园不同，枯山水庭园一般位于方丈等房屋建筑的前面，园中没有道路，人不可以进入园中，只能置身于方丈、书院等室内或者在檐下的走廊上观赏，这种欣赏方式称为"坐观"。回游式庭园因为规模较大，园中有道路，人们可以进入园中顺着道路边走边观赏。实际上中国园林基本都属于回游式，只是没有专门的词汇。回游式庭园吸收了此前的多种庭园的构成要素，包括寝殿、茶庭、池泉、岛屿、枯山水、筑山（土堆成的假山）等等，有的还采用中国建筑，比如亭子或者桥等等。多样化要素的并用使得回游式庭园的景色非常丰富，而池塘或者湖配以水中岛屿的手法依然是其最主要的部分。比较有代表性的回游式庭园有江户时代水户藩修建的后乐园（後楽園）、金泽藩修建的兼六园（兼六園）、冈山藩修建的偕乐园（偕楽園）以及京都皇族的桂离宫（桂離宮）、修学院离宫（修学院離宮）等。

七、日本绘画

（一）大和绘（大和絵）

中国绘画艺术很早就传入日本。9世纪左右，日本人在模仿中国绘画（唐絵）的基础上，开始在绘画中加入本国元素，比如绘画题材上表现日本的自然风光、社会风俗、文学故事或者历史事件，在技法上采用更符合日本人审美情趣的色彩和线条，这种绘画称为"大和绘"。大和绘在平安时代发展出两种基本形态——与文学作品和宗教相结合的"绘卷画"（絵巻）和与贵族住宅式样相结合的障壁画（障壁画，指画在障子、拉扇、屏风上的画）。"绘卷画"是以绘画形式展示"物语"、传说或者寺社缘起故事的内容，制作成卷轴画的形式，配上

解说词，欣赏时从右向左，横向展开。平安时代"绘卷画"的整体特征是采用俯瞰式构图，描绘建筑物时省略屋顶，称为"吹拔屋台"（吹抜屋台ふきぬけやたい），这是一种非常独特的画法。绘卷画有不同的风格。一般说来，与古典文学结合的绘卷，如《源氏物语绘卷》（源氏物語絵巻げんじものがたりえまき），以抒情为主，着力传达故事的意境和画中人物的感情，人物面部造型非常模式化，都是脸部上窄下宽，眼睛仅用一条细线勾画，鼻子画成带直角的线条，这种人物画法称为"细目钩鼻"（引目鉤鼻ひきめかぎはな），这一类风格的绘卷又称为"女绘"（女絵おんなえ）。而描写寺院、神社的缘起或者地狱等宗教题材的绘卷，侧重于使用线条，作品的重点不是渲染感情，而是讲述故事情节，称为"男绘"（男絵おとこえ）。《信贵山缘起》（信貴山縁起しぎさんえんぎ）、《粉河寺缘起》（粉河寺縁起こかわでらえんぎ）、《地狱草纸》（地獄草紙じごくぞうし）属于这一类。平安时代绘卷一般为彩色，但也有少数纯粹用墨的单色画，《鸟兽戏画》（鳥獣戯画ちょうじゅうぎが）就是最有代表性的。它用拟人的手法描绘鸟兽，线条简洁流畅、生动传神。但关于该作品的寓意则有不同说法。

日本绘画史上四大绘卷作品全都创作于平安时代末期，分别是《源氏物语绘卷》、《信贵山缘起》、《鸟兽戏画》和《伴大纳言绘卷》（伴大納言絵巻ばんだいなごんえまき）。

（二）镰仓时代的水墨画

镰仓时代是武士掌握政权的时期，长期的源平战争使得京都贵族的优雅艺术化为灰烬，美术领域的风尚也从华丽雅致转变为质朴理性。来自中国的新的宗教形态——禅宗，和新的绘画门类——水墨画共同给日本的美术带来巨大影响，"唐绘"（或者称为"汉画"）又一次成为日本绘画的主流。此时的绘画创造者多为禅僧，如京都相国寺画僧周文和雪舟等杨。周文（周文しゅうぶん）的代表作有《水色峦光图》等。雪舟等杨（雪舟等楊せっしゅうとうよう）是室町时代水墨画的集大成者，享有古今画圣的美誉。1648年他为了学习中国绘画专门前往中国，用画笔记录下所游览过的山川景色、市井风貌。他画的《秋冬山水图》、《天桥立图》，标志着水墨画在日本达到一个高峰。

（三）狩野派（狩野派かのうは）与土佐派（土佐派とさは）

室町时代，日本画领域形成了狩野派与土佐派两大画派双峰并峙的局面。狩野派的创立人是狩野正信（狩野正信かのうまさのぶ），号称"土佐派中兴之祖"的土佐光信（土佐光信とさみつのぶ）与狩野正信生于同一年。狩野正信被任命为室町幕府的御用画师，其风格基本上属于汉画系统，但他善于在汉画中融入大和绘的技法。狩野家族博得织田信长、丰臣秀吉和德川幕府的青睐，奉命为统治者制作大量的用以装饰城

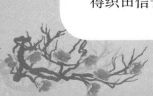

堡的障壁画。直到德川幕府倒台，400多年间，一直称雄于日本画坛。在安土桃山时代，狩野永德（狩野永徳/かのうえいとく）的障壁画迎合了丰臣秀吉等统治阶层好大喜功的性格，多用红绿蓝等浓艳的色彩，并涂上金银粉，贴上金银箔，使得画面金碧辉煌，气势压人。目前存留的狩野永德的作品有《唐狮子图屏风》和上杉本《洛中洛外图屏风》（洛中洛外図屏風/らくちゅうらくがいずびょうぶ）。土佐派是朝廷的御用画师，与将军家也有密切的联系。土佐派注重继承平安时代大和绘的样式。作品多取材于古典文学，风格精致稳重，代表作有土佐光信创作的《源氏物语（争车）图屏风》。

（四）江户时代的浮世绘（浮世絵/うきよえ）

浮世绘是江户时代兴起的以描写世俗生活为主要内容的大众绘画艺术。"浮世"本意是指现实世界、世俗社会，也包含"时尚"、"风流放荡的生活方式"以及"世事无常的感觉"等多种意味。浮世绘的题材多种多样，主要有美人画（美人絵/びじんえ）、演员画（役者絵/やくしゃえ）和名胜风景画（名所絵/めいしょえ）等三种。美人画的描写对象多为妓女、艺伎，也有普通的妇女。优秀的美人画作品在表现女性美艳姿态的同时，也注重展示当时女性日常生活的各个侧面，如梳妆、弹琴、休闲、恋爱场景等等。演员画一般是为歌舞伎演员做宣传的广告性作品。浮世绘是江户时代的町人文化的重要组成部分，反映了经济上崛起的町人阶层重视现实生活和追求享乐的意识。

浮世绘既有木版画，也有用画笔画出的肉笔画。版画技术使得浮世绘可以大量生产、大量销售，推动了浮世绘的商品化，因此版画是浮世绘的主流。创作技术最初是墨印（墨摺り/すみずり），即单纯用墨、不用彩色的黑白木版画。17世纪中期采用从中国引进的彩色套印（色摺り/いろずり）技术，使用的色彩也逐渐丰富，从开始的单色，发展到二色印、三色印。17世纪中期画师铃木春信创造出了多达10种色彩的"锦绘"（錦絵/にしきえ），把浮世绘的艺术性推向高峰。

江户时代二百多年间，浮世绘界一直活跃着大批画家。初期的菱川师宣（菱川師宣/ひしかわもろのぶ）是浮世绘的创立者，被誉为"浮世绘之祖"，他最著名的作品是肉笔浮世绘《回首的美人》（見返り美人/みかえりびじん）。江户中期的铃木春信（鈴木春信/すずきはるのぶ）也是一位美人画的大师，他的绘画主要描写江户吉原（官方承认的色情业区域）的妓女的生活以及普通青年男女的恋爱场景，代表作有《黄昏骤雨》（夕立/ゆうだち）、《卖团扇的女子》（団扇売り/うちわうり）、《雪中同打一把伞》（雪中相合傘/せっちゅうあいあいがさ）。喜多川歌麿（喜多川歌麿/きたがわうたまろ）的美人画取得了独特的创新，他画的人物为半身像，不同于此前的全身像。这样，人物的头部相应变大，有助于更加细致地刻画女性丰富微妙的

面部表情，这种风格的绘画称为"大头画"（大首絵）。他还创造了在背景部分涂上云母以表现光泽效果的手法，称为"云母印"（雲母摺）。喜多川歌麿的代表作有《宽政三美人》（寬政三美人）。演员画方面，第一代歌川丰国（歌川豊国）非常擅长画演员在舞台上的造型，他的《演员舞台之形象图》（役者舞台之姿絵）在当时获得很高的评价。东洲斋写乐（東洲斎写楽）的演员画则富于夸张笔法，代表作有《第三代大谷鬼次之奴江户兵卫》（三代目大谷鬼次の奴江戸兵衛）。写乐是一位谜一样的画家，本名和生卒年月都不详，出版浮世绘的时间也仅有10个月，但是其艺术成就却至今为人们所关注。

美人画在江户后期艺术上故步自封，进入衰退期，此时名胜风景画为浮世绘开辟出一块新天地。代表画家有葛饰北斋（葛飾北斎），他在其将近90岁的生涯中，不断学习新的画风，博采众长。不论是日本的狩野派、琳派、住吉派，还是从荷兰传入的风景版画，他都大胆借鉴吸收，一生作品数量众多，硕果累累。他创作了成套的版画《富岳三十六景》（富岳三十六景），其中最著名的是《凯风快晴》，描绘被朝阳染成红色的富士山；《退潮赶海图》（潮干狩り図）描绘了大海退潮以后妇女儿童赶海捡贝壳的情形；《神奈川海面波涛里》（神奈川沖浪裏）则受到欧洲印象派的重视。

另一位风景类浮世绘画家是安藤广重（安藤広重）。他的代表作有《东海道五十三驿站之图》（東海道五十三次の図），描写了从江户到京都的东海道上五十三个驿站城市的风貌，其中最受赞誉的是《庄野》，展现了人们在山坡上赶路时突然遇到倾盆大雨而匆忙奔跑避雨的瞬间。此外描绘镰仓金泽（今神奈川横滨市金泽区一带）的《金泽八景》（金沢八景）、《江户近郊八景》（江戸近郊八景）以及《江户名胜百景》（名所江戸百景）也是脍炙人口的佳作。无论是葛饰北斋还是安藤广重，都在画客观风景的同时，还用心摹写风景中各种人物的生活、举止、表情和内心世界，这也是风景类浮世绘的特点之一。

19世纪中期，在日本出口到欧洲的陶瓷中，使用浮世绘作为陶瓷器的包装用纸，这样一个偶然的机缘使得浮世绘流传到欧洲，受到意想不到的欢迎。许多印象派画家，如莫奈、凡高、德加、高更、马奈都学习借鉴过浮世绘的技法。凡高甚至临摹过安藤广重《江户名胜百景》中的《龟户梅花庭院》（亀戸梅屋舗）等作品，成为东西方艺术交流史上的一段佳话。

江户时代绘画领域以浮世绘最为著名，但是应该看到，浮世绘属于一种大众通俗美术形式，并非江户时代日本绘画的全部。除浮世绘之外还有狩野派、南画

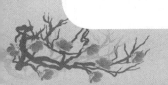

派、写生派、土佐派以及模仿西方绘画艺术的洋画等。南画是学习中国明代的南宗画、文人画的基础上形成的。在中国，文人画是指创作主体为文人、士大夫而不是宫廷画院画家或者民间画工的绘画，其特点是多借山水、花鸟、木石等题材表达文人的理想抱负或者对社会不满的心境。但在日本从事南画或者文人画创作的人群来自不同的社会阶层，有武士，有町人，也有职业画师。代表画家有池大雅（池大雅）、与谢芜村（与謝蕪村），画风重在写意，追求神似而不拘泥于形象是否逼真。与写意相对的是写生，江户时代的写生主义画风来源于中国的一名普通画师——沈铨（沈南苹）的工笔画。在京都出现了一批重视写生的画家，称为写生派（写生派）或者四条圆山派（四条円山派），其代表人物是圆山应举（円山応挙），其代表作有《深山大泽图屏风》、《雪中松图屏风》。

（五）近现代绘画

明治维新不仅是一场政治变革，在绘画领域也迎来了一个全新的时代。西方美术的浪潮汹涌冲进日本，"洋画"（洋画）作为一个绘画门类正式形成。传统的日本画流派自然而然地与洋画形成双峰对峙的局面。但是这种对峙带来的是良性竞争，东西方两种绘画之间相互冲击、摩擦、借鉴和渗透，同时又在各自内部形成风格不同的分支，共同推动了日本绘画向多元化方向发展。

明治初期洋画的特点是追求高度逼真的写实主义，所画物象栩栩如生，近乎照片。例如高桥由一（高橋由一）的《鲑鱼》（鮭）以忠实准确地再现客观事物而轰动一时。黑田清辉（黒田清輝）是较早从法国学成回国的画家，他注重在户外自然光线中描绘景物，称为"外光派"（外光派），其作品有《湖畔》（湖畔）。印象派绘画也传入日本，万铁五郎的《裸体美人》（裸体美人）是著名的印象主义作品；而岸田刘生则模仿欧洲文艺复兴时期的古典主义，以自己的女儿为模特创作了《丽子像》（麗子像）系列。明治中期，很多洋画家都非常重视把东西方不同的艺术理念与表现手法结合起来，比如藤岛武二的人物肖像画《芳惠》（芳恵）、青木繁的《海之幸》（海の幸）、《海神之宫》（わだづみのいろこの宮）等。

传统的日本画领域掀起了新日本画运动，美国人弗诺洛萨（フェノロサ）和他的日本助手冈仓天心（岡倉天心）在日本画的复兴方面功不可没。日本画的画家们并不是死守传统，而是在日本画的基础上积极吸收洋画因素，比如横山大观的《屈原》，舍弃了中国、日本一贯奉行的重视笔墨线条的传统，尝试洋画的色彩晕染方法。此外代表新日本画成绩的还有下村观山的《树间秋》、菱田春草的

《落叶》等。

日本绘画史的发展历程非常典型地体现出日本人特别善于通过学习模仿外来文化，从中寻找到最适合自己的因素，与原有的特点相结合，形成传统与创新巧妙融合、独具特色的新文化。

八、书道（書道 しょどう）

文字书写艺术在中国称为"书法"，在日本则称为"书道"。6世纪前后，在日本认真学习汉字的过程中，中国的书法艺术传入日本，受到古代国家的重视。奈良时代对日本书法影响最大的是王羲之的书法。在日本，按照中国书法规范来书写汉字的书道形态一般称为"唐风书道"。奈良时代"唐风书道"的代表作有圣武（聖武 しょうむ）天皇亲笔书写的《杂集》、光明皇后临摹的《乐毅论》。平安时代，"唐风书道"全面开花，出现了三位书道大师，分别是空海（空海 くうかい）、橘逸势（橘 逸勢 たちばなのはやなり）和嵯峨天皇（嵯峨天皇 さがてんのう），他们被后世称为"三笔"（三筆 さんぴつ）。唐风书道主要模仿中国的楷书和行书。平安时代也是日本本土文化意识觉醒的时期，出现了"国风化"潮流，在书道领域，出现了三迹（三蹟 さんせき），即藤原行成（藤原行成 ふじわらのゆきなり）、藤原佐理（藤原佐理 ふじわらのすけまさ）、小野道风（小野道風 おののとうふう）等三位书道家，他们虽然用汉字写作，但是却创造出日本式书写风格，即"和样"（和様 わよう）。三迹留下来的作品不像中国书法那么严谨端正，而是更加灵活多变。小野道风获得的评价最高，在世时就被赞为"王羲之再生"，死后又被奉为"书道之神"。藤原行成的书法风格在自己家族中世代相传，因其家族叫做世尊寺家，所以藤原行成开创的书法被称为"世尊寺流"（世尊寺流 せそんじりゅう）。

随着平假名文字的创造，日本书道领域开辟出不同于中国书法的新领域，新的文字形态充分体现出"和样"（和様 わよう）的审美意识。目前流传下来的假名书道作品有《古今和歌集》、《高野切古今集》等。因此，所谓"和样书道"既包括汉字书道，也包括用假名写成的书道作品。

镰仓时代日本的书道界出现青莲院流（青蓮院流 しょうれんいんりゅう），又称为御家流（御家流 おいえりゅう），这是伏见天皇的皇子尊圆亲王（尊円親王 そんえんしんのう）开创的书道流派。此后直到江户时代，朝廷、幕府的文书一直把青莲院流作为标准字体。镰仓—室町时代日本书道受到宋代书法的影响。这个时期社会上非常推崇禅僧的书道作品，以至于"墨迹"一词专门是指禅僧写的字。

明治时期，1880年中国金石书法家杨守敬来到日本，带来六朝时代的书法风格、篆书和隶书以及大量的汉魏六朝时期的碑刻作品，使得原来很少接触篆刻、隶书的日本书道界大开眼界。不少日本书道家认真学习篆刻隶书，近代日本篆刻艺术得以发展，这是不同于古代书道的新趋势。円山大迂（円山大迂）、桑名鉄城（桑名鉄城）是近代工于篆刻的书道家。日下部鸣鹤（日下部鳴鶴）通过不断向杨守敬学习，掌握了六朝书法，在此基础上确立独特的书风，被称为"日本近代书道之父"。假名书写方面，明治大正时期的小野鹅堂（小野鵞堂）是近现代假名书道的大师。日本近代比较重视书道教育，在学校开设习字课，民间书道团体也纷纷出现，并且经常举办各种规模的书道展览，如"日本书道展"，而最权威的展览——日本美术展览会（通称"日展"）也设有专门的书道分展。

九、日本传统音乐

现代日本把传统音乐称为"邦乐"（邦楽），意思是本国音乐。"邦乐"与中国古代音乐有着很深的渊源关系，尤其是乐器，绝大部分源自中国，只是传入日本之后进行了一些改造。邦乐使用的基本乐器中，弦乐器有琵琶、三味线、筝、胡弓等；管乐器有尺八、能管、筱笛（篠笛）等，打击乐器有小鼓、大鼓、绷面鼓（締太鼓）、梆子（拍子木）、钲、铃等。

（一）邦乐中的主要器乐

1. 筝曲（筝曲）

筝在奈良时代从中国传入日本，用于雅乐的演奏。室町时代，九州久留米善导寺的僧侣贤顺（賢順），在学习中国七弦琴乐曲的基础上，对于筝曲进行整理，创造了以筝为主要乐器的筑紫乐。江户时代幕府规定演奏筝是专门属于盲人的职业。目前筝曲界有两大流派——生田流（生田流）和山田流（山田流）。生田流的创始人是生田检校[61]（生田検校），他创作的筝曲重在器乐演奏，该流派使用的筝的特点是琴拨（爪）前端较尖利。山田流的创始人是山田检校（山田検校），他从江户一带流行的净瑠璃和谣曲中吸收优秀之处，创作出新的筝曲，从而开创出山田流。山田流筝曲重视声乐歌唱。山田检校对筝本身进行改造，使用的筝柱比生田流的要大，因此提高了乐曲的音量。无论是生田流还是山田流，

---

61. 检校是日本古代盲人集团中的一个级别。

都经常把筝与三味线放在一起合奏。明治以后筝曲的发展进入一个空前活跃的时期，在日本传统音乐领域，筝曲界率先吸收西方音乐的因素，开一代风气之先。二十世纪初期，音乐家宫城道雄（宮城道雄）成为筝曲创新的第一人，他创作的《唐砧》（唐砧）是日本第一首引入西方音乐技法的筝曲。

2. 尺八乐

尺八（尺八）是中国一种古老的竖吹管乐器，其名称来源于该乐器的长度，按照唐代长度单位计算为一尺八寸，故名尺八。唐代尺八有六个音孔，宋代有五个音孔。流传到现代的日本尺八就是南宋时期传入日本的五孔尺八，正面有四个音孔，背面有一个音孔。江户时代幕府许可普化宗的僧侣（虚無僧）在云游四方的过程中吹奏尺八。此时的尺八与其说是一种乐器，不如说是僧侣的法器；吹尺八不是艺术活动，而是一种宗教修行实践。明治以后，尺八才突破宗教的范围，正式成为音乐家庭的一员。尺八音乐分为本曲和外曲两大类。本曲是单纯用尺八演奏的乐曲，外曲是由原本由其他乐器演奏的音乐改编而成尺八音乐。

（二）邦乐中的声乐

邦乐中的声乐种类大致分为歌曲（歌い物）和讲说（語り物）两类。歌曲以表现音乐旋律、曲调为重点，讲说则是有音乐伴奏的讲述故事情节。

日本传统歌曲的特点是常用拉长音节的方法。主要的歌曲形式有：

1. 地歌（地歌）：用三味线伴奏的声乐。出现于近世早期，属于艺术歌曲。演唱与乐器伴奏为同一人，边唱边弹。主要以上方（京都大阪一带）流传。

2. 长呗（長唄）：近世以江户为中心发展起来的用三味线伴奏的声乐，与地歌不同的是演唱者与伴奏者是分开的。长呗最初是在剧场演出的音乐，随着歌舞伎一起发展起来。代表曲目有《秋色种》（秋色種）、《越后狮子》（越後獅子）等。

3. 平曲：平曲属于讲说类，是指用琵琶伴奏讲说的《平家物语》。镰仓时代出现平曲，室町时代非常盛行，并且产生很多流派。讲平曲的一般是专业的琵琶法师（盲人琵琶演奏者），他们组成一个特殊的社会集团，直到江户时代结束，讲平曲都是该群体的专利。平曲从旋律形态上可以分为三种，（1）"节物"（節物），旋律性较强，以抒情为主；（2）"拾物"（拾い物），重在叙述情节，多用于描述战争场面；（3）"读物"（読み物），特点是重在朗读。

4. 净瑠璃类

净瑠璃是用三味线伴奏的说唱故事。说唱者称为"大夫"，弹奏三味线的

人称为"三味线乐师"（三味線方）。关于净瑠璃在文乐部分已经有所涉及，文乐是有木偶表演的净瑠璃，本节介绍的是没有木偶表演的净瑠璃，即"素净瑠璃"。文乐中音乐部分采用义大夫调，但义大夫调只是净瑠璃的一种曲调，除此之外还有风格不同的多种曲调流派。近世发展起来的流派主要有：

（1）一中调（一中節）：由竹本义大夫的同门都大夫一中（都大夫一中）创立，使用中棹三味线，曲风优雅婉约，长于抒情。

（2）丰后调（豊後節）：由一中调发展而来，继承了一中调婉约的特点，多表现男女艳情，在江户获得大众的热捧，也遭遇过幕府的压制。后来分化出常磐津调、富本调和清元调等三个分支。

（3）新内调（新内節）：第二代鹤贺新内（二代目鶴賀新内）于18世纪中期在京都创立，内容多讲妓女的生活和男女殉情故事，曲风缠绵柔美。

十、日本舞蹈（日本舞踊）

日语"舞踊"一词是明治时期文学家坪内逍遥创造出来的新词，意义基本相当于汉语的"舞蹈"。日本舞蹈泛指在舞台上表演的传统舞蹈和民间流传的各种舞蹈，目前一般专指歌舞伎舞蹈和上方舞。日本舞蹈包括"舞"和"踊り"等两大类。舞的基本动作是脚底紧贴地面同时身体旋转，踊是配合音乐节拍踏步并做出各种肢体动作。日本历史上较早的舞蹈形式有中世流行的念佛舞（念仏踊り）。在织丰时代著名的舞女出云阿国（出雲阿国）在京都表演"歌舞伎舞"（本义为另类舞），成为当时最新潮的大众流行文化，此后在舞蹈的基础上发展出新的戏剧形式——歌舞伎。日本舞蹈与歌舞伎的关系非常密切。江户时代的舞蹈主要就是歌舞伎舞蹈，它是歌舞伎戏剧的一部分。一般一段舞蹈有三部分组成，套用能乐的理论称之为"序破急"（序破急）。序是舞蹈开始，人物出场。破的部分是舞蹈的中心，其中女角表演"倾诉"（くどき）场面，用舞蹈表现对男性的爱恋等内心的各种感情；男角则通过舞蹈讲述战争体验。急的部分又称为"散"（チラシ），即舞蹈的结尾，演员在舞蹈结束时要摆好姿势。

歌舞伎舞蹈按内容有很多种类，主要有：

1. 道成寺舞（道成寺物）：表现道成寺故事的一系列舞蹈的总称。所谓道成寺故事有很多版本，主要情节讲的是纪伊国的一个寡妇，爱上一个年轻和尚。但是和尚却不肯接受她的爱情，逃进道成寺，躲到一口大钟下面，不敢露面。极度怨恨使得这个女性化为大蛇，将钟死死缠住，最后用一场大火将和尚烧死。道成寺舞约有30多种，其中最著名的是《京鹿子娘道成寺》。

2. 变化舞（変化物）："变化"意思是妖魔鬼怪的变化，表演舞蹈时演员要从一个角色迅速地变为另一个角色。例如：《源太》、《倾城》。

3. 旅行舞（道行物）：表现旅行途中景物、见闻的舞蹈。

4. 松羽目舞（松羽目物）：根据能乐改编、借用能乐的题目、内容或者程式的舞蹈。例如明治以后创作的《钓狐》、《土蜘蛛》等等。

歌舞伎舞蹈的主要流派有花柳流（花柳流）、藤间流（藤間流）、坂东流（坂東流）、若柳流（若柳流）、西川流（西川流）等。

歌舞伎舞蹈在近世主要流行于江户，而同一时期京阪一带则出现上方舞（上方舞），又名京舞（京舞）。上方舞充满贵族文化的高雅气质，其表演场所不是剧场，而是在宴会上。其基本动作为旋转身体，与能乐有着很深的渊源。主要曲目有《海士》（海士）、《葵姬》（葵の上）、《山姥》（山姥）等。

十一、大众曲艺类

日本文艺范畴中有语言类艺术，以讲述故事或幽默的语言给观众带来娱乐，日语称为"話芸"，这个艺术门类相当于中国的曲艺。主要的曲艺形态有落语、漫才、讲谈、浪曲等。

（一）落语（落語）

落语由单人表演的以滑稽语言引观众发笑的大众曲艺形式，类似中国的单口相声。传统落语在专门的曲艺场——"寄席"（寄席）表演，现在也经常在电视上表演。

一段落语在结构上分为枕头（マクラ）、正文（本文）和落地（オチ）三部分。枕头是落语的开头，一般是演员的自我介绍、关于天气的家常话，或者一些小节目，相当于中国相声中的"垫话"。正文部分包括人物对话和对故事情节、人物心理等的说明。落语一般强调人物对话，但是也有的落语主要由叙述故事情节构成，这种落语称为"地段子"（地ばなし）。落语的结尾称为落地，是用一句充满机智滑稽、画龙点睛的话来收尾。落地是落语的生命，落语一词就是来源于这个"落"字。除了语言之外，落语艺人还通过肢体动作和道具配合表演，使用的主要道具是折扇和手绢。折扇可以虚拟为烟袋管、毛笔、筷子，将折扇打开约四分之一可以代表算盘,全部打开则代表书信或者喝酒的大碗。手绢可以虚拟为烟盒、账本、书、钱包等等物品。落语中的身体动作,如喝酒、钓鱼、吃面条、写信、读信等都有固定的程式。落语产生于江户时代初期,很多古典落语都是在江户到明治时期创编的,反映了这个时代的社会风貌。因此落语中的出场人物往往是店铺的掌柜与伙计,长屋("長屋",意为大杂院)的房东和房客,工匠、小摊贩、甚至花街的妓女与嫖客。有代表性的落语段子有《火焰太鼓》(火焰太鼓)、《寿限无》(寿限無)、《称赞小孩》(子ほめ)等。

与日本其他传统文艺一样,落语界形成了江户落语与上方落语两大系统。江户落语不使用音乐,完全靠艺人的口头语言表演。而上方落语往往根据节目内容加入音乐,以烘托气氛。两者表演时的舞台场地布置也不一样,江户落语舞台上摆放一张较厚的木板,称为"高座",艺人就跪坐在高座上表演。上方落语没有高座,代之以"见台"(見台)和"挡膝"(膝隠し)。

江户落语的艺人大多属于三游派,少数属于桂派。上方落语主要有桂派和笑福亭派。江户落语艺人根据学艺时间长短、表演水平分为三个级别,由低到高依次为"前座"、"二目"(二つ目)和"真打"。一般学艺者入师门后学习一段时间,获得前座头衔后才有登台表演的资格。而要想成为"真打",一般需要学习10—15年左右。艺人级别晋升的同时往往伴随着改艺名。很多落语艺人在从艺生涯中多次改艺名,而且起艺名的时候经常同时使用汉字与假名,与一般日本人的名字有所不同,如"古今亭志ん朝"、"柳家さん乔"等。

(二)漫才(漫才)

漫才是由两个人表演滑稽语言的大众曲艺形式,它起源于"万岁"——一种卖艺人上门祝贺新年的民间文艺。在古代万岁由两个人表演,分别称为大夫和才藏(才蔵)。大夫手持扇子跳舞,才藏击鼓伴奏,两人共同表演一些内容滑稽的段子。万岁在江户时代以前主要在京阪一代流传。明治时期曾一度改称为"万才",1933年前后,著名的演出团体吉本兴业的宣传部开始使用"漫才"一词。漫才的两个演员分别承担"搞笑"(ぼけ)和"吐槽"(つっこみ)任务。"搞笑"类似中国相声的"逗哏",指叙述情节、制造笑料。"吐槽"类似于"捧哏",指出"搞笑"演员制造的笑料,并且帮助观众理解。"吐槽"的方式有语言和动作两种,常见的动作是用手或者道具敲一敲"搞笑"演员的头,或者拍拍"搞笑"演员的胸部等。

同为滑稽语言艺术,漫才的表演比落语更加灵活,可以使用背景音乐或者演员自己弹奏乐器，所穿的服装不是落语中的和服而是时尚的具有夸张效果的现代西式服装。

（三）讲谈（講談こうだん）

日本的讲谈起源于江户时代的"讲释"，它也是在寄席表演的语言艺术。段子内容多为历史故事，根据题材可分为

"军谈段子"（軍談物ぐんだんもの）：讲历史上著名的战役，以《太平记》为代表

"御记录段子"（御記録物ごきろくもの）：讲将军家或者大名家族发生的重大事件

"武艺段子"（武芸物ぶげいもの）：讲一些武艺高强的武士的故事

"政谈段子"（政談物せいだんもの）：主要讲江户时代的政治或者断案故事

讲谈表演时由一个讲谈师跪坐在高座上表演，其面前摆放一张小桌子，表演时手持一把"张扇"（張扇はりおうぎ），一边敲打桌子，一边讲述。

（四）浪曲（浪曲ろうきょく）

浪曲，又称为浪花调（浪花節なにわぶし），是用三味线伴奏讲述故事情节的大众曲艺形式。浪曲起源于江户时代僧侣化缘时唱的一种歌谣——化缘调（ちょぼくれ節・ちょんがれ節）。大阪的浪花伊助（浪花伊助なにわいすけ）表演化缘调，受到人们欢迎，于是这种文艺形式就被称为"浪花调"。明治时期的桃中轩云右卫门（桃中軒雲右衛門ちゅうけんくもえもん）是浪曲史上最著名的艺人。昭和时代为了吸引观众的注意，浪曲界进行了许多革新尝试，包括接受女性学习浪曲、参与表演，引进吉他等西方乐器，吸纳摇滚乐等外来流行音乐元素等。浪曲的题材来源多种多样，有的借用讲谈的段子，有的借用义大夫调的作品。表演包括"唱"（節ふし）和"科白"（たんか）。主要作品有《清水次郎长传》、《天保水浒传》、《壶坂灵验记》等。

第二节　日本文化

一、日本人的意识

（一）日本人的审美意识

日本人的审美倾向之一是喜欢纤细小巧的美。例如，在对自然风景的欣赏中，中国传统上以高山大河为贵，推崇雄伟磅礴的气势；而日本人则喜欢低矮但又覆盖着青翠树林的小山丘，浅而清澈的山涧和小溪。日本生产的餐具、儿童玩

具乃至汽车都体现了小巧而精致的美感。

日本人审美倾向的第二个特点是喜欢简约与清淡，20世纪初期芳贺矢一（芳賀矢一）在他的《日本人十论》中就指出日本人"淡泊潇洒"的性格。总的来说，日本人不太喜欢浓艳华丽的色彩，而是倾向于青、绿、蓝、灰、黑、白等素淡沉静的冷色和中间色。日光东照宫的阳明门，以金碧辉煌的大气风格而著称，但是日本人认为这偏离了日本主流的审美取向。而皇宫的宫殿墙壁和房顶仅用朴素的黑白两色，柱子使用原木，不涂任何颜色，这种低调素淡的风格被认为是日本美的正宗。

日本人审美意识的第三个特点是崇尚非对称、不完美之美，表达这种美学理念的词就是"空寂"。这种审美意识与日本人对自然的认知有关。日本人在认识自然时更多地注意自然中的非对称性的一面，忽视其中对称性的一面，甚至否定自然中存在对称性。自然中当然存在着对称现象，比如叶子的形状、很多动物的体型都是对称的。日本人的这种自然观念以及美学意识在建筑、艺术等各个方面都得到充分贯彻，在这些领域，中国是追求对称性的，但是日本却强烈排斥对称性。如对后世日本住宅带来巨大影响的书院式建筑，就是在否定中国建筑的对称性的基础上发展起来的。茶道中被茶人奉若至宝的高级茶碗，往往是形状不对称、碗口高低起伏、釉也涂得不够均匀，从陶瓷烧制的技术来说是有缺陷的，然而日本人却从中发现自然的、质朴的美。现代日常生活中使用的碗碟杯壶等用品也经常采用不对称、不规整的形状。不对称之美被日本的艺术设计家视为指导性的设计理念。

以下介绍日本艺术与美学领域有代表性的审美范畴：

1. 物哀（物哀）

"物哀"作为日本艺术审美领域的一个概念是江户时代国学者本居宣长（本居宣長）在研究《源氏物语》的过程中提出来的。本居宣长注意到《源氏物语》中多次出现"哀"和"物哀"，用于表达人物的感动心情。他由此用"物哀"指人的一切感动，一方面认为物哀不仅限于悲哀的感情，诸如高兴、有趣、愉快、可笑等一切都属于感动，都可称作物哀。另一方面又认为在人的种种感情中，苦闷、忧愁、悲哀，也就是不如意的事情才给人以最深的感动，由此可知悲哀是物哀的核心内容。物哀是客观的对象（物）与主观感情（哀）相一致而产生的美的情趣，是对客体抱有一种朴素而深厚的感情的基础上产生的。物哀代表的感动包括哀伤、怜悯、同情、共鸣、爱怜等多种感情，总体上以静寂含蓄为特征。例如表现物哀精神的代表作品《源氏物语》，就是通过描写出身皇室的源氏与众多女性的爱情故事，表达了人世无常、贵族社会没落的悲哀与感慨。物哀被认为是日本艺术美的根基。

2. 空寂（侘び）、闲寂（さび）

"空寂"与"闲寂"是中世与近世艺术领域发展起来的审美范畴，也是日本艺术与审美领域的重要概念，两者包含的美学精神相通，因此往往并用。"空寂"侧重于表达试图在贫乏、缺陷和不完美中发现美、感受心灵充实的意识。"わび"一词在古代日语中原意为"失意"、"失落"，而"わび"对应的汉字"侘"，在古代汉语中也是"失意"的意思。日本平安时代以前"侘び"主要用于表达爱情无法实现的痛苦，与审美并无关系。平安时代，"侘び"的意义逐渐扩展到由各种原因造成的失意、惆怅，比如分手别离时的情感等。文学家对于这种失意寂寞心情的语言描述，使得这种人生境遇本身成为审美的对象。人们从失意生活中感受到风雅情调，比如通过描写秋冬萧瑟荒凉的景物来突出人物失意孤寂的心情，这样"侘び"一词就演变为和歌评论以至美学评论中的一个范畴，用于指枯淡、脱俗、寂寥的美。中世日本艺术审美领域受到禅宗思想的影响，重视从有缺点、不完美的事物中发现美，这与中国传统上喜爱的"花爱半开、酒要微醺"的人生状态是相通的，"侘び"就与这种审美思想的潮流结合起来。日本和歌中被认为最能够体现空寂意境的是藤原定家的和歌——"見渡せば花も紅葉もなかりける浦のとまやの秋の夕暮れ"（望不见春花，望不见红叶。海滨小茅屋，笼罩在秋暮）[62]

"空寂"精神在茶道艺术中得到最大的发挥。15世纪著名茶人村田珠光发展起来的茶道艺术"草庵茶"，又称为"空寂茶"（侘び茶），这种风格的茶道在千利休手中得以发扬光大，成为后世茶道的主流。千利休主张茶道的根本是"贫困"，所谓贫困，不是指作为客观事实的贫穷、物质贫乏，而是指要从贫穷中体验、感受艺术性和美的精神。"草庵茶"中茶室本身面积非常小，仅有两个榻榻米甚至一个半榻榻米。茶室的装饰、茶具都讲究使用淡雅的颜色，排斥华丽的大红大绿，器物形状也倾向于不规则，比如使用的陶制茶碗、茶壶的质地比较粗糙，夹杂着较粗的沙砾，陶釉涂抹得也不够均匀等等，通过朴素和缺憾来追求一种静寂低徊的意境，这就是"空寂"。

---

62. 滕军：《日本茶道文化概论》，东方出版社，1992年，第337页。

"さび"一词在日本艺术学领域解释为"闲寂",或者"闲寂枯淡",它不是单纯的寂寞,而是指寂寞、静谧、古老等意义叠加起来,让人体验到其中蕴藏着深邃丰富的韵味。总之"さび"是一种蕴涵着深邃情趣的闲寂枯淡的美,它主要是由自然风物引发的一种悲凉静寂的审美感觉,具有风雅的性质。江户时代俳句作家松尾芭蕉(松尾芭蕉)的俳谐作品被认为是闲寂精神的代表,他的俳句"古池やかわず飛び込み水の音"(闲寂古池旁/青蛙跃进池中央/水声扑通响)[63]表达的是对自然状态的闲寂意境的向往和憧憬,其中包含着孤高、虚静、淡泊、简素之意。

(二)自然观

在世界诸多国家中,日本是自然环境相对优越的国家之一,自然景观美丽。日本列岛四面环海,岛上山脉纵横交错,山上森林郁郁葱葱,动植物资源丰富;拥有众多的峡谷、溪流、瀑布、湖泊以及风景秀丽的海岸线;气候四季分明;这些都造就了日本丰富多彩的自然景观。但另一方面日本又多火山、地震、台风、洪水等自然灾害,给人们的生活带来很大破坏。自然既给日本带来恩惠,又造成威胁,因此日本人的自然观也具有两面性,热爱与畏惧同在,亲近与忍耐并存。

日本人对自然抱有一种热爱、依赖、希望与自然融为一体的态度。他们对季节的变化极为敏感,也热衷于用俳句、和歌等各种文学方式描写四季细微的变化。即使在日常书信中,开头也要写一些季语,方才显得正规。比如,四月的季语有"新绿耀眼"(新緑眩しい)、五月的季语有"熏风的五月"(風薫る五月),九月是"残暑逼人"(残暑厳しい折柄)等等,每个月都有一些约定俗成的季语。日本人与自然的一体感、共生意识在传统住宅和庭园建筑方面体现得比较明显。开放式的木结构住宅追求与外部环境融为一体的感觉,屋内装饰用的绘画多以山水、月亮、花鸟为题材,与西方喜欢在房间里挂人物肖像画的做法大不相同。再如,日本人对于食品的命名,也大多采用自然事物,如牡丹糕(牡丹餅)、莺糕(鶯餅),日式点心也多用自然风物命名,如"红梅烧"、"矶松"等,这都是日本人热爱自然、把自然引入生活的方方面面的表现。日本的神道教以崇拜自然为根本,一座山、一块巨岩、一片森林都可被视为神灵。日语中"自然"一词本身就有褒义,经常用于指称理想的、人们乐于追求的状态,这与汉语中"自然"的意义是相同的;而英语中的"nature"(自然)和"natural"(自然

---

63. 叶谓渠译。

的），则隐含着未经加工的、粗糙的、原始的意思，带有某种负面评价。语义上的不同也显示日本与西方的自然观差异较大，而更接近中国的自然观。对于日本人来说，当遭遇人生挫折，对人世感到失望与厌恶的时候，一般会从自然的花鸟风物中寻求安慰与救济。日本人说的"厌世"，不是厌恶整个世界，只是厌恶人的社会。而投身美丽的自然风景中则会缓解对人世的厌烦。日本历史上有许多人遁世，比如西行法师，选择一生四海漂泊的生活，沉浸于各地的山水风光之中。这种在自然中寻求精神慰藉的观念与中国传统的自然观、隐士文化有着相通之处。

（三）生死观

在生与死这样的大事方面，日本自古以来认为"生死一体"，把死亡视为生命的延续而不是对立面，这种认识一直存留到现代。但是对于生死的价值观却以日本战败为分界线经历了很大变化。战前日本的生死价值观的特点是轻视生命、不畏惧死亡、进而动不动以杀人或自杀解决问题。武士之间杀人如麻的战争以及剖腹自杀、南京大屠杀的滔天罪行、神风特攻队的自杀式袭击等都是蔑视生命的文化的典型表现。而战后日本逐渐接受了现代的生命价值观，"生死一体"观主要用于缓和人们对于死亡的恐惧，尊重死者，凸显生命的尊严，而不再是纵容杀人或者鼓励自杀。

日本传统的生死价值观受到佛教的深厚影响。佛教的核心范畴就是空、无、无常，其本身就是否定现世的，认为生命和现实生活是短暂的、不稳定的，只有涅槃的世界才是真正的永恒。净土思想把现实世界视为秽土，最大的愿望就是死后被菩萨迎接到极乐净土。佛教把死亡看作永远的生。佛教"生死一如"的思想淡化了人们对于死亡的恐惧感，但是在武士统治战争不断的时代，发挥的却是鼓励杀人、自杀的作用。

武士道的生死观一直为人们津津乐道。武士的伦理规范中忠君和荣誉被放到至高无上的位置，为主君战斗直到死亡是武士的义务。为了保护自己的荣誉、不受侮辱，武士比一般人更多地面临着杀人和自杀的局面，个人生命被贬低为一个微不足道、随时可以抛弃的存在。重名重义胜过重视生命，贪生怕死意味着不能为主君尽忠，是可耻的背叛行为。武士道中最核心的价值就是"懂得死"，强调武士要随时做好"死亡的心理准备"（死の覚悟）。江户时代阐述武士道的著作《叶隐》（葉隠）中认为"武士道就是发现死"（武士道と云は、死ぬ事と見付たり）。《武道入门》要求武士们"常思人生无常，武士之命无常。则汝即能以

日日为己之末日，奉献身心于日日以尽汝之本分。勿思长命。"[64]

武士的生死观衍生出独特的自杀文化，在武士道中，自杀被视为一种荣誉，其价值高于被对手敌人杀死。武士在战斗中自杀之所以选择剖腹而不是刎颈或者其他形式，原因是在战场上刎颈的方式很难看得出是自杀还是被杀的，剖腹则很清楚地展示自己是英勇自杀，而不是被敌人杀死。自杀的荣誉性也导致剖腹越来越成为一种仪式，对于剖腹的方式有着详细严格的规定，剖腹者不是一个人在孤寂中了结自己的生命，而是在一些相关者的环视中，按照规则进行。如果不能准确、镇静自若的按照规则完成剖腹程序，就是一种耻辱，即自杀本身也要强调美感。还有专门辅助自杀的人"介错"（介錯），在剖腹之后，把自杀者的头砍下，帮助其尽快死亡以减少痛苦。

日本传统上不仅不避讳死亡，而且还用一种审美的眼光看待死亡。日本人喜爱樱花，不仅喜欢樱花盛开时的灿烂，也为樱花凋落时的瞬间飘零深深打动。樱花凋落被认为象征着生命无常，以及武士不贪恋人生，爽快大气地走向死亡的精神，因此武士或者军人的死经常被比喻为樱花的凋落。"在花要做樱花，在人要做武士"的谚语（花は桜木、人は武士），就包含着强调武士死亡之美的意思。

日本传统上还有一种比较独特的观念，即认为死亡本身可以偿还罪过。无论生前犯过多大的罪恶，只要死了，无论是主动自杀还是被杀，其罪恶就都可以一笔勾销，和其他人一样可以成佛，生者也要给予这样的死者以足够的尊重。日本古代有一种怨灵和御灵信仰，相信任何人死后如果得不到足够的供奉和祭奠，其亡灵就会作祟，滋扰活人。日本至今在靖国神社供奉甲级战犯的灵位，除了有美化战争、为军国主义招魂的目的以外，其思想基础之一就是这种不分善恶、模糊是非、死后不计罪过的观念。直到现在这种死亡观在日本社会还有一定影响。然而这种一死可以了结所有罪恶的观念，从世界范围来看属于少见的，也很难得到被侵略国家和人民的理解与认同。

日本传统的生死观对日本人影响巨大，在日本发动多次侵略战争的过程中，无数日本人在忠君和生死观的影响下选择了为天皇和军国主义不惜一死、充当炮灰的下场。现代日本自杀率之高长期名列世界前茅，传统的轻视生命的价值的影响不容忽视。

---

64. 转引自铃木大拙著、陶刚译：《禅与日本文化》，三联书店，1989年，第48页。

战后，日本的生命观念方面也经历了现代化的洗礼，尊重生命（无论是自己的还是他人的）的价值观已经在社会中普及开来，并且以宪法的形式作为国家的根本理念固定下来。宪法第13条规定："国民对于生命、自由和追求幸福的权利，只要不违反公共福祉，在立法和其他国政方面必须给予最大的尊重。"每一个国民都拥有生命权，作为国家机构必须保卫国民的生命（国民の命を守る），这已经成为基本的政治原则。

在日本的大众文艺作品中有很多传达着尊重生命的观念，影视作品经常出现对企图自杀者苦苦劝告、终于使其打消其自杀念头的情节。比如在2009年公映的电影《阿马尔菲——女神的报酬》中，藤井昌树绑架了女主角矢上纱江子的女儿，并且决定以自杀方式赎罪，但是纱江子却希望藤井以活着的方式偿还对她和女儿犯下的罪过。而藤井以及和他一起实施恐怖行动的同伴最终都放弃了杀人和自杀。获得奥斯卡奖的影片《入殓师》，则是通过表达对于死者的尊重与呵护，张扬了对生命、对于每一个不可复制的个人的生命的尊重。这是一种新的生死一体观，与蔑视生命价值的武士道截然不同，对死亡的尊重与对生命价值的弘扬浑然一体，体现了现代的生死价值观。很多大众艺术作品（例如一些推理剧）中，也往往宣传这样一种意识：即使对于道德败坏的人，其他个人不能随意杀死坏人，而应该交于法律经过审判，得到应有的惩罚。日本政府也在采取措施来减少自杀行为，并制定了相关的法律。

二、茶道

茶道是沏茶、饮茶的技艺与程式，也是指以品茶为手段的交谊活动。"茶道"一词源自于中国，首次使用"茶道"一词的是唐代诗僧皎然。他的《饮茶歌诮崔石使君》有句"孰知茶道全尔真？唯有丹丘得如此。"唐代陆羽撰写的《茶经》奠定了中国茶文化的理论基础。茶与饮茶习俗传入日本是在平安时代初期，一些到唐朝的日本人（如著名僧侣最澄）把茶叶和饮茶习俗带回日本。饮茶成为皇室和贵族阶层专享的风雅的生活方式。

平安时代末期到镰仓时代，日本僧人荣西（读作"えいさい"或者"ようさい"）赴宋朝留学，回国时带回中国寺院的饮茶文化，并撰写了《吃茶养生记》（喫茶養生記）一书，其中介绍了中国的抹茶法和茶的医疗养生作用，但此时尚未涉及茶的艺术精神。饮茶文化以禅宗寺院为平台发展起来，产生了"禅院茶礼"。室町时代将军、高级武士和贵族等上流社会中流行举行"茶会"（茶会），又称"斗茶"（闘茶），这是当时一种新的社交方式。由于举办场所一般是在"书院式"风格的会所，因此这种茶会称为"书院茶"（書院茶）。当时武士住宅的书院面积较大，有12叠、16叠之说，书院茶讲究用"唐物"（唐物中国工艺美术品）装饰会所房间，强调参与者之间的等级秩序。室町后期，上层社会审美倾向转变为追求面积较小的四叠半书院，在狭小的空间里体会禅意和主客之间的心灵交流。将军足利义政（足利義政）在别墅东山山庄建造了一个四叠半书院，名为同仁斋。四叠半书院举行的茶会体现了当时流行的隐逸精神。上流社会向往遁世隐逸的文化风尚、书院茶的生活方式以及禅宗思想相结合，产生了一种新的饮茶形式——草庵茶（草庵茶）。草庵茶开创者是村田珠光（村田珠光），他被视为日本茶道的开山鼻祖。村田珠光最早确定了茶室的建筑规格，即面积为四叠半，其茶道风格重视枯淡、幽远的风格，崇尚不完整的美，曾以云遮月来形容他追求的意境。

村田珠光之后，茶道经过武野绍鸥（武野紹鴎）的进一步发展，到千利休（千利休）时期，发展到顶峰。千利休的茶道重视把茶道与佛教、特别是禅宗相结合，力求在茶道中体现深邃的宗教精神，例如装饰茶室床间的字画用禅僧的墨迹。他曾说过："草庵茶的本质是体现了清净无垢的佛陀的世界"。他创造出比四叠半茶室更小的、面积仅为二叠半或一叠半的小茶室，每次招待的客人不过两三个人，更加缩短了主客之间的距离。在茶道用具的审美方面偏重于日本风格的不对称、粗糙拙朴之美。千利休还与制陶工匠一起创造了乐茶碗（楽茶碗），其特点是以黑色和无花纹者为上等。当时茶道经过村田珠光和武野绍鸥的发展，已经形成许多规则。千利休则不受这些既有规则的束缚，创造出新的形式，在使用茶道具方面地把生活用具引进茶道，从而酝酿出自由自在、别具一格的气氛。千利休把茶道的规范与精神总结为"四规七则"，四规是"和敬清寂"（和敬清寂），七则是在茶会上招待客人的七个规则，包括"茶要点的正好；加碳要达到水烧开的程度；冬要暖，夏要凉；插花要如同花开在野外；做事时间要提前；不下雨也要准备雨具；要照顾陪客。"千利休曾受到织田信长和丰臣秀吉的赏识，但是他的茶道理念与喜欢豪华富贵的丰臣秀吉不一致，触怒了丰臣，最终被迫剖腹自杀。利休死后，他的子孙继承并发扬他的茶道，形成了表千家（表千家）、里千家（裏千家）和武者小路千家（武者小路千家）等三个著名的流派。

日本茶道中主客聚在一起饮茶的行为称为"茶事"（茶事）。茶事在茶道专用的茶室中举行，一般持续四个小时，分为初座和后座两个部分。初座阶段，主人首先为客人表演添碳技法，称为"初碳"（初炭），然后请客人吃怀石菜（怀石料理），这是为了避免空腹喝浓茶对胃造成伤害。吃完怀石菜之后，初座结束。客人走出茶室到茶庭中休息，这称为"中立"（中立ち）。稍事休息之后，主人敲响铜锣作为信号，邀请客人们回到茶室，开始真正的点茶与饮茶。茶道中把沏茶称做"点茶"（お茶を点てる）。使用的茶是粉末状的茶——抹茶，分为浓茶（浓茶）和淡茶（薄茶）两次，中间加上一次添碳表演，称为"后碳"（後炭）。整个茶事遵循繁多和严格的规则和礼仪，比如点浓茶环节，主人用茶勺把抹茶粉放到茶碗里的动作、客人们饮茶的动作，客人对于茶道具的评价赞赏等等，都必须按照一定的规则。主人的点茶行为本身也有多种分类和相应的规范，这种技法叫做"点法"（点前），"点法"多达100多种，如"风炉浓茶"、"盆略点法"等等。茶道不仅是点茶、饮茶，还包括对茶道具（茶道具）、茶室建筑、室内装饰和茶庭的欣赏。茶道具是茶事中使用的各种物品的总称，举凡茶碗、枣（专门盛薄茶的茶罐）、茶筅、茶勺、挂轴、香盒、炭道具都属于茶道具的范畴。一些有历史的茶道具如"耀变天目茶碗"、"黑乐茶碗"（黑色的乐烧茶碗）等价值连城，甚至被指定为国宝。茶室建筑遵循独特的建筑式样，四叠半以下的小茶室的门非常狭小，仅容一个人弯腰才能进入，称为"蹒口"（にじり口）。著名的茶室建筑有表千家的不审庵（不審庵）、里千家的今日庵（今日庵）和武者小路千家的官休庵（官休庵）。

在日本，很多艺术、技术被冠以某某道的名称，如毛笔书写艺术称为"书道"、剑术称为"剑道"。沏茶、饮茶行为同样被称为"茶道"，这表明日本人比较强调沏茶饮茶行为的精神内涵。茶道精神受到中国道教、儒教以及禅宗的深刻影响。特别是禅宗的影响尤其重要，茶道与禅文化的关系可以归结为"茶禅一味"（茶禅一味）一词，至今茶道依然强调"茶禅一味"的理念。茶室床间悬挂的挂轴讲究用禅语，如"本来无一物"、"无"、"平常心是道"等。日本学者久松真一认为："茶道的第一目的是为了修炼身心"，在严格复杂的练习中进行个人修行，这与禅宗强调修炼、了悟是相通的。茶道中虽然使用很多精美昂贵的茶道具，但是在根本上却追求达到"无"、"不持一物"的境界，超越了丰富的物质层面，这也体现了禅文化超越世俗规则、返璞归真的精神。

三、花道（いけばな　花道〔かどう〕）

　　插花艺术在其数百年的历史中有过不同的名称，现代日本一般称为"いけばな"、"花道"或者"華道"。

　　日本花道起源于佛教仪轨中的佛前供花，即在佛像前面的供桌上摆放花卉，作为献给佛的一种供品。而据传日本最早对佛前供花进行研究的是飞鸟时代的官员小野妹子，他因受圣德太子之命出使隋朝而闻名。传说他长期居住在京都六角堂内的池坊，钻研供花的艺术，并制定了供花的一些规则。后来插花界最权威的流派池坊流，就是把小野妹子视为鼻祖。这表明插花从一开始就与佛教有着不解之缘，具有浓厚的宗教性。

　　室町时代是日本花道艺术正式形成的时期。以新的住宅模式——书院式建筑的兴起为契机，作为世俗的室内装饰的花道艺术出现了。书院式住宅包括床间、长条几案（押し板）、书桌以及放艺术品的多宝阁（違い棚）。武士、贵族等上层阶级非常热衷于室内装饰，在上述家具上面摆放花卉就是当时必不可少的装饰手段之一。在这种装饰用花的基础上，产生了花道的第一个形式——立花（立て花〔たてばな〕）。特别是装饰床间用的"三具足"中的瓶花，是立花的直接起源。所谓"三具足"（三具足〔さんぐそく〕）是佛教词汇，意为香炉、瓶花和插在烛台上的蜡烛三者俱全。立花是由室町时代花道艺术家池坊专庆（池坊　專慶〔いけのぼうせんけい〕）初创，到17世纪最终确立。立花是花道艺术中级别最高的形式，其特点是由9个花枝构成。这些枝条的摆放位置和伸展方向都有严格规定，整体姿态高挑犹如站立，故称为立花。立花风格庄严大气，适合在正式场合使用。

　　江户时代立花在第一代到第三代池坊专好（池坊　專好〔いけのぼうせんこう〕）的手中达到顶峰，以后渐趋于拘泥形式、墨守成规，失去了创新精神。晚于立花出现的抛入花（抛入花·投入花〔いればな・なげいればな〕）以及由抛入花衍生出来的生花（生花〔せいか〕）逐渐受到重视。抛入花有两个源头，一是挂在房屋柱子上的插花，在室町时代称为"挂花"；二是举行茶会时装饰用的插花。它强调依据举行茶会的场所——客厅（座敷〔ざしき〕）的特点，以轻松悠闲自由的心态来插花，插花作品仿佛被随意扔进瓶中那样随性自然，故称为"抛入花"。茶道大家千利休对于抛入花提出自己的见解，要求"插花要像生长在野外那样"，即作品要展现花草本来的自然风姿。中国明朝文学家袁宏道的花艺著作《瓶史》传入日本后，抛入花在其影响下逐渐形成了自己的理论。

18世纪后期出现的"生花",其特点是使用3个花枝,分别叫做真枝、副枝和体枝,代表天、地、人,体现了源自中国的天地人三才阴阳思想。由于日本封建社会中区别等级高低贵贱的意识弥漫在社会生活的各个方面,原本以自由创意为灵魂的生花也逐渐发展出严格的等级,称为"格式"(格式),借用中国书法的概念由高到低分为真、行、草三个等级。真级生花使用松竹梅三种素材,用于正式仪式;行草级生花用于日常观赏,无论在花器、花材的选取方面都比较自由。

进入明治时代,追求自然、自由的艺术精神推动着日本花道进一步发展,花道艺术在原有生花的基础上,吸收西方美术的点线、明暗、远近等审美范畴,产生了"自由花"(自由花)。"自由花"这一概念是由关西的山根翠堂(山根翠堂)提出的。

在几百年花道艺术历史上,出现了众多的插花流派,最著名、影响最大的当属池坊流(池坊流)。池坊流是立花的创造者和权威。江户时代生花形成三大流派——源氏流(源氏流)、远州流(遠州流)和东山流(東山流),但是现在东山流已经衰落。自由花领域比较有名的流派有1927年河原苍风创立的草月流(草月流)。另一方面,插花界也不断对插花理论进行探索和总结,出现了大量的理论著作,统称为"花传书"(花伝書)。如据传成书于室町时代的《仙传抄》(『仙伝書』)、《池坊专应口传》(『池坊専応口伝』,又名『専応花伝書』),江户时代影响较大的插花理论著作有《立花大全》(『立花大全』)等。

四、香道(香道)

在日本,香道往往与茶道、花道并称为茶、花、香。香传入日本的时间其实远远早于茶,它是在奈良时代随佛教一起从中国传到日本的。最初香完全用在佛教仪式上,但不久开始走上世俗化的道路,进入宫廷贵族的生活。当时贵族有在室内燃香和用香熏衣的习惯,熏衣时在香炉内焚香,炉外罩一个笼子,把衣服覆盖在笼子上,香气就会染在衣服上。平安时代把这种在日常生活中使用的香叫做"薰物(薰物)"或"空薰(空薰)"。薰物和佛前供香在质料上有所不同,供香主要是未经加工的香木,如松、杉、梅、橘等,薰物则是用香木或其他发香物质(如麝香、龙脑、大黄、茴香)调和而成的。人们根据和歌或汉文学的典故给香取了十分优美的名字(香铭),如"红尘"、"逍遥"、"杨贵妃"、"富士烟"

等，把香与文学世界联系起来。香在贵族的社交生活、尤其是男女交往中扮演着重要角色。以恋爱为主题的文学作品中常出现"移香"（移香）一词，意思是染在衣服上的香气会长久地飘在空气里，即使其人已离去，其香气犹存，令人回味无穷。贵族们还喜欢举行"薰物合"（薰物合たきものあわせ，意为闻香比赛），参加者各自展示自己的香，由评判人（判者）评价香气的优劣、香铭是否与香的性质相符，并写下"判词"。对香的品评涉及到许多文学知识，因此闻香比赛要求参加者具备较好的文学素养。

到了中世，薰物合逐渐被使用香木的"香合"（香合こうあわせ）取代，香合与茶汤、生花一起，成为贵族、大名和文人的娱乐消遣方式。文人把俳句和连歌引入香合，发展出"炷继香"这种游戏方法，即按照连歌的规则，把参加者带来的有着不同香铭的香进行排列，顺次焚烧，赏其香气。薰物合、香合都是以比较香本身的优劣为中心，文学性是其副产品。而18世纪以后流行的"组香"的规则却相反，是先设定一个主题，然后用两种以上的香组合起来表现这一主题。组香的主题大都来源于和歌，复杂的组香还要分正式闻的"本香"和在本香之前试闻的"试香"。由于组香的规则与和歌有密不可分的关系，表演组香的香主和参加者必须对和歌掌握熟稔、理解透彻。

香道与茶道一样，表演时需使用各种"道具"。香道具不仅名目繁多，使用时还必须严格遵守一定的技法，这叫做"炷香手前"（炷香手前たきこうてまえ）。另外所有参加者都必须遵守香会的礼节，如参加香会之前不要饮酒，不要拿着一种香长时间闻个不止，不要与其他人交头接耳地说话等等。可以说，香道就是通过严格固定的规则来感受香的神秘气味和丰富的文学意境。

五、日本陶瓷艺术

陶瓷器包括陶器和瓷器等两种原材料与制作工艺都不同的器物。陶器使用的原料是黏土，烧制温度在1300度以下，而瓷器的原料是瓷石或高岭土，烧制温度在1300度以上。陶器包括有釉和无釉两种，日本把无釉的陶器叫做"土器"（土器どき）；而瓷器必须施釉。世界几大文明圈都发展了各自的陶器制作技术与文化，而瓷器则为中国独创，后来其生产技术传播到其他国家。

日本的陶器历史可以追溯到绳纹时代，这个时代日本人制造的陶器表面多有绳子滚动造成的花纹，因此称为绳纹陶器（縄文土器じょうもんどき）。公元前3世纪到公元3世

纪之间，日本生产的陶器多饰以规则的几何花纹，烧制温度高于800度，这种陶器因最早出土于东京文京区本乡弥生町而被称为"弥生陶器"（弥生土器）。弥生时代后期出现了土师器（土師器），这种陶器继承弥生陶器的传统，无釉，多呈红褐色。在神社使用的盛供品的陶器器皿一般属于土师器。5世纪左右窑炉技术从中国经朝鲜传入日本，日本用这种技术生产出了须惠器（須惠器）。须惠（すえ）就是日本对于"陶"的训读，其特点是呈深灰色，质地较硬，不用釉。奈良时代的平民日常生活中使用本国生产的土师器和须惠器。而宫廷、贵族和寺院则使用来自中国的有釉陶器，如唐三彩，并且仿照唐三彩制作出日本历史上较早的有釉陶器，由于这种陶器使用白色、绿色和茶色等三种颜色的釉，故称为"奈良三彩"（奈良三彩）。

12世纪，日本出现了六大陶器生产中心，又称"六大古窑"，即濑户（瀬戸）、信乐（信樂）、常滑（常滑）、丹波（丹波）、备前（備前）、越前（越前）。其中濑户窑最为重要，其创始人为加藤四郎左卫门春庆，他于13世纪前期到宋朝学习制陶技术，回国后投入生产，制成的陶器称为"濑户陶"（瀬戸燒），代表器种为天目茶碗，被后来兴起的茶道界奉为茶具中的珍宝。室町时代美浓窑超过濑户窑，代表器皿类型有织部陶（織部燒）、志野陶（志野燒）和黄濑户（黄瀬戸）。织部陶由古田织部创作，追求新奇的创意，如画上各种装饰图案，器形也多种多样，体现无拘无束的自由。志野陶以白釉为基调，绘以铁青色花纹，图案本身比较简单朴素。黄濑户最大的特色是使用黄色和绿色的釉。安土桃山时代，茶道的兴盛带动"乐陶"（楽燒）工艺的发展，在千利休指导下制造的"乐陶"，形状拙朴而不规整，体现了茶道追求的和敬清寂的审美情趣。

日本的瓷器生产远远晚于陶器，瓷器是江户时代从朝鲜传入的。1616年朝鲜人李参平在九州肥前的有田（位于今佐贺县）制作瓷器，获得成功，这是日本瓷器制造的开端。有田也成为最初的瓷器制作中心。日本瓷器根据釉的形态分为青花（染付け）、彩绘（色絵）和青瓷（青磁）技术。日本瓷器界历史最悠久的两处产地是有田和九谷（在今石川县加贺市）。江户时代有田瓷大量出口欧洲，其始发港为伊万里，故又名伊万里瓷（伊万里燒）。有田瓷发展出三种样式——古伊万里（古伊万里）、柿右卫门（柿右衛門）、锅岛（鍋島）。古伊万里彩绘瓷仿效中国瓷器风格，大量使用丰富的地纹、金银彩以及各种图案组成的连续纹样，图案繁复，色彩浓烈，几乎不留余白，与日本传统的重视余白、以空寂为美的美学理念大相径庭。柿右卫门样式的特色是瓷胎不用纯白色，而是称为"米

汁胎"（濁し手）的乳白色瓷胎，彩绘所用的颜色主要有红黄绿青四色等，色彩明丽，但是比较重视余白。锅岛瓷是锅岛藩的官窑生产的瓷器，以彩绘瓷为主，也有少量青花瓷和青瓷。所生产的瓷器几乎全部供锅岛藩主家族自用或者用于皇室、将军等上层社会之间的礼物馈赠，不在一般市场上销售。因此瓷器的制造技术高超，对艺术水平要求非常严格。与古伊万里瓷、柿右卫门瓷仿效中国瓷器的风格不同，锅岛瓷发扬了日本样式。其中的彩绘瓷器使用的颜色只有红绿黄三种，器型主要是高圈足盘（高足皿），直径只有1尺、7寸、5寸、3寸[65]等四种，其他器型很少。锅岛藩对于生产过程和技术秘密进行严格管理，防止制造工艺被外人知晓，因此在很长时期内保持了自己的独特风格。

九谷瓷最初是17世纪中期位于加贺的大圣寺藩的藩窑生产的瓷器，因生产地点主要在九谷村而得名。后来当地民营瓷窑也加入生产行列。九谷瓷较早地采用西洋颜料，创造出著名的"彩色金襕手"技法，近代以来"彩色金襕手"风格成为九谷瓷的主流。

六、相扑

相扑是两人徒手较量，以把对方摔倒或推出界外为胜的一种竞技运动。相扑一词来源于中国。古代日本相扑又叫做"角力"、"角觝"，历史上曾读作"すまい"。 日本史料上最初出现的相扑记载是在《日本书纪》皇极天皇元年，天皇宴请百济使者的时候，"召健儿相扑"。8世纪末期宫廷设立专门的"相扑节"，这是一个每年都要举行的岁时节日。民间的职业相扑出现于室町时代末期，到江户时代获得长足发展，形成了比赛制度和训练组织。明治维新以后，相扑获得"国技"（国技）的美誉。以至于在东京建立的相扑专用的比赛场馆叫做"国技馆"。现代日本的职业相扑运动称为"大相扑"（大相撲），职业相扑运动员称为"力士"（力士）。职业相扑界的管理组织是日本相扑协会。

职业相扑有着独特的比赛场地，称为"土俵"（土俵）。土俵一般是方形土坛，土坛用若干个稻草袋子围成正方形和圆圈，稻草袋里面装满粘土。实际上，土俵一词的本义就是指这种装满粘土的稻草袋。正方形在外侧，称为"角俵"，共有28个稻草袋；圆圈在正方形的内侧，称为"胜负俵"，有16个稻草袋。"胜

---

65. 此处尺、寸都是江户时代的长度单位。

负俵"直径为15尺（此处的尺为明治时代规定的长度单位，1尺=30.3厘米），约合4.55米，构成比赛决定胜负的界线。力士就在这个圆圈内展开竞技。相扑比赛判断胜负的规则是，如果出了胜负俵，或脚底以外的身体任何部位着地，或出现违反规则的行为，则判为负。

　　土俵上方悬挂有一个屋顶，称为"悬吊屋顶"（吊り屋根），该屋顶采用一种神社建筑式样——神明式，其特点是双坡屋顶上配以交叉长木（千木）和鲣鱼形压脊木（鰹木）。本来屋顶由四根柱子支撑，1931年裕仁天皇观赏相扑的时候，去掉了四根柱子，改为悬挂四条流苏。流苏的颜色体现了中国五行思想，分别是东边用青色，南边用红色，西边用白色，北边用黑色或者紫色。

　　相扑运动员进行比赛时穿的服装很有特色，称为兜裆布（ふんどし），近乎全身赤裸。另外职业力士必须通过专门的饮食和睡眠习惯使得身材高大肥胖，一般在150公斤以上，壮硕的身体远远超出常人。相扑比赛由准备（仕切り）和开战（立合い）两个阶段组成。准备阶段，两名力士首先是做"四股"动作，即两腿叉开、抬腿、用力踩地、抬手臂、用手拍打腋下，以表示没有携带暗器，会进行公正的比赛。然后走到准备线（仕切り線），蹲下后互相对视，为正式开战做心理准备。准备阶段有一定的时间限制，目前的规则是幕内力士为4分钟，十两级别的力士为3分钟。在此时间内可以重复多次对视，每次对视过后各自离开，并且抓起一把盐抛洒到土俵上。对视结束后进入开战阶段，两个力士同时冲向对方，使用各种符合规则的招数，以求胜利。相扑的技战术叫作"致胜招"（決まり手），最初有48种，后来逐渐增加。目前依据相扑协会的规定共有87种，分为基本招、特殊招、摔（投げ）、反摔（反り手，把头抵住对手身体，然后越过头顶向背后摔过去），扭（捻り手，用手的力量将对手扭倒）、绊（掛け手）和非招等。基本招最常用，比如"突き出し"（手推出圈）、"寄り切り"（用身体把对方顶出圈）以及两种手推动作"突き倒し"和"押し倒し"等。

　　相扑比赛称为"场所"（場所），其中日本相扑协会定期举办的正式的大相扑比赛又称为本场所（本場所）。本场所每年有6次，都是在奇数月份举行，

　　比赛时间地点和名称如下：

　　一月　初场所　东京
　　三月　春场所　大阪
　　五月　夏场所　东京
　　七月　名古屋场所　名古屋

九月　秋场所　东京

十一月　九州场所　福冈

　　力士的等级制度最早出现于1789年，从高到低有横纲（横綱）、大关（大関）、关胁（関脇）、小结（小結）、幕内（幕の内）、十两（十両）、幕下（幕下）、三段目（三段目）、序二段（序二段）、序口（序ノ口）。除横纲之外都可以根据成绩升降级。近年来，日本相扑界增加了开放性，积极吸纳外国力士参与。来自夏威夷的美国人曙（曙）成为日本历史上第一个外国横纲。此后获得晋级横纲的外国力士有美国的武藏丸（武蔵丸）、蒙古的朝青龙（朝青龍）和白鹏（白鵬）。此外最近来自保加利亚和俄罗斯的力士也取得了不俗的成绩。

　　相扑力士的组织方式是"部屋制"（部屋制），力士必须隶属于一个部屋，才能参加大相扑比赛。部屋的主管叫做"亲方"（親方，意为老板）。同一部屋的力士要过集体生活。最近由于很多年轻的力士在家里是独生子等原因，很难适应部屋的集体生活，这成为部屋制面临的一个新问题。几个关系较近的部屋组成"一门"（一門），目前相扑界的"一门"有出羽海一门、二所关一门、时津风一门、立浪一门。

第三节　日本的宗教

一、现代日本宗教概况

　　日本是一个多种宗教并存的国家，主要的宗教有神道教（神道）、佛教（仏教）、基督教（キリスト教）以及各种新兴宗教。日本人对于宗教的态度比较自由宽松，很多人同时拥有两种以上宗教信仰。小孩出生时全家人一起去参拜神社，祈祷孩子健康成长，结婚时举行神前式婚礼，对于死者则按照佛教仪式举行葬礼等。因此调查数字显示日本有宗教信仰的人的总数超过总人口数。

　　在日本，传统的神道教、佛教信仰与岁时节日结合得比较紧密。大多数人，包括不是神道教信徒或者佛教信徒的人，到新年时都会去神社或寺庙进行初次参拜，盂兰盆会时到祖先的墓地上去扫墓，这些节日习俗中包含着丰富的神道教或者佛教的因素。日本人的宗教意识的表现还有在家庭里设神龛（神棚）或者佛龛（仏壇），供奉一些神的牌位或者佛、菩萨的塑像，朝夕礼拜。日本在战后进行过多次关于宗教的调查,总的来看,日本人在年轻时对于宗教的关心度较低,信仰宗教的人较少,随着年龄的增长,信仰宗教的人逐渐增多。学历高低与宗教信仰则呈现负相关的关系,即学历越高,宗教意识越淡漠。还有女性信仰宗教的比例超过男性,女性宗教意识也比男性更加强烈。NHK对于日本国民的宗教意识调查发现,在遇到困难的时候向神佛祈祷的女性比男性多。[66]传统的宗教以地缘关系为基础,如一般家庭有着固定的菩提寺,家人死后在菩提寺里设立一座墓碑,另外还以氏子身份参与当地氏神神社的祭礼等。"氏子"本来是拥有共同祖先神的同一个氏族全体成员的总称。祖先神又称为氏神,氏神后来演变为某一个地区的守护神,氏子也演变为某地区祭祀同一个守护神的全体居民的总称。氏子居住、生活的地区叫做"氏子圈"。城市化对于传统的宗教纽带造成极大的冲击,大批青壮年人口离开家乡到城市去工作,与家乡的菩提寺、氏神神社的关系就淡化了。进入城市的底层人群需要新的精神依托以及人脉关系,其中有相当一部分走向了新宗教。比如战后新宗教团体创价学会积极在城市中下层人群中传教,获得了大批信徒。1993年新宗教团体奥姆真理教(オウム真理教)制造了地铁沙林毒气事件(地下鉄サリン事件),震惊了日本社会,一时间主流社会对于新宗教非常怀疑和不信任。日本舆论调查会1995年的调查显示,关于最近的新宗教的印

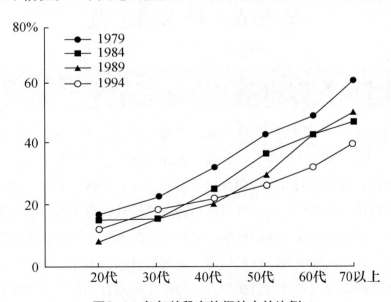

图8-1　各年龄段有信仰的人的比例

资料来源:NHK放送文化研究所:『現代日本人の意識構造』,日本放送文化協会,2004年,68頁。

---

66. NHK放送文化研究所:『現代日本人の意識構造』,日本放送文化協会,2004年,第66-68頁。

表8-3　日本社寺教会宗教団体神职信徒数

全国社寺教会等宗教団体・教師・信者数

平成19年12月31日現在

項目/系統	宗教団体						宗教法人						教師						信者
	神社	寺院	教会	布教所	その他	計	神社	寺院	教会	布教所	その他	計	男	男(外国人)	女	女(外国人)	計	計(外国人)	
総数	81,250	77,340	33,103	24,384	7,351	223,428	81,160	75,934	23,590	324	1,302	182,310	325,880	2,653	319,672	1,002	645,552	3,655	206,595,610
神道系	81,170	14	5,728	1,059	890	88,861	81,091	11	3,724	144	343	85,313	49,821	31	28,023	80	77,844	111	105,824,798
仏教系	21	77,286	2,385	2,261	3,944	85,897	18	75,885	1,100	111	430	77,544	167,482	209	153,284	118	320,766	327	89,540,834
キリスト教系	—	2	7,174	981	1,103	9,260	—	—	4,097	28	222	4,347	24,565	2,271	4,812	624	29,377	2,895	2,143,710
諸教系	59	38	17,816	20,083	1,414	39,410	51	38	14,669	41	307	15,106	84,012	142	133,553	180	217,565	322	9,086,268

(注)　教師中（　）は、外国人教師、宣教師で全教師数の内数である。

象，被访者回答"就是赚钱"的最多，占60%；其次是认为新宗教团体"劝人入教的方法太强加于人"，占45.9%。[67]

二、神道教

（一）神道教概况

神道教是在日本传统的神灵信仰的基础上融合了佛教、道教、儒学等外来文化因素而形成的宗教。日本一般称为"神道"，中国一般称之为"神道教"。世界上的宗教林林总总，宗教学界一般把宗教分为两大类，即原生宗教和创生宗教。神道教属于原生宗教，其主要特点有：它的产生不是由特定的开创者（教祖）创造，而是日本人在上古的生活实践中自发地逐渐地产生和发展，依托生活共同体，是人们集体实践的产物。在这一点上，神道教与由具体个人创建的基督教、伊斯兰教以及近代的新兴宗教等不同。

神道教的信仰对象多种多样，有自然物和自然现象，如山、岩石、江河湖海、树木森林、动物、风雨雷电等，也有灵魂信仰、祖先崇拜、英雄伟人崇拜。神道教一直号称有"八百万神"（八百万の神〔やおよろずのかみ〕），是一种典型的多神教，这不同于基督教、伊斯兰教等一神教。

神道教长期没有经典（成文教义），以祭祀、祈祷、巫术等人神交流的宗教行为为主。从镰仓时代开始，以神职人员为主的知识阶层依据神道祭祀的精神，借鉴佛教和中国文化，创造出一批神道教的经典。神道教以现世功利为目标，没有对现实社会的不满，也不强调人的有限性和渺小，没有厌世、弃世修行等观念，一心追求生产生活的顺畅与幸福，比如农业丰收、疾病的预防与治疗，摆脱自然灾害、交通安全、家庭平安等。

（二）神道教与天皇制

神道教长期以来与天皇制有着密切的关系，明治维新建立的近代天皇制国家利用神道教，宣扬天皇是太阳神——天照大神（天照大神〔あまてらすおおかみ〕）的子孙、天皇地位"万世一系"、崇祖尊皇、忠孝一体、维护日本国体等思想，天照大神被视为神道教的最高神。近代国家还鼓吹"神道非宗教论"[68]，即主张神道不是国民可以根据自己的好恶、自由选择信与不信的宗教，而是全体臣民都必须遵守和履行的道

---

67. 石井研士：『現代日本人の宗教』，新曜社，1997年，152頁。
68. "神道非宗教论"是由佛教方面的真宗教团的代表岛地默雷提出的。

德和义务。近代以来神道教与国家政权紧密结合的形态称为"国家神道"（国家神道_{こっか しんとう}）。战后以美国为首的占领军方面追究"国家神道"的责任，宣布废除国家神道。日本目前实行政教分离原则。

（三）神社

神社是神道教中供奉神灵、举行宗教活动的场所。可以说神道教大多数的信仰活动都是以神社为平台开展的，许多教义也与神社有着密不可分的关系，因此明治时期以来把以神社为基础的神道教的仪式与教义的总体称为"神社神道"（神社神道_{じんじゃしんとう}）。与神社神道相对的是"教派神道"（教派神道_{きょうはしんとう}）。实际上神道教自古以来就是神社神道，或者说神社神道是神道教的主要形态。

原始神道中本来没有建筑形态的神社，祭祀神的时候，临时把一棵树或者一块岩石视为神灵降临凭依的地方，周围用篱笆隔出一个神圣的空间，这称为"神篱"和"磐境"。后来随着建筑技术的发展，并且在佛教寺院建筑的影响下，出现了用于供奉神的建筑，这就是神社。神社的建筑布局主要有供奉神体的本殿（本殿）、供参拜者礼拜神和举行祈祷仪式的拜殿（拜殿）、为神表演神乐的神乐殿（神楽殿）、参拜者用水清洁身心、为参拜做准备的手水舍（手水舍）、分开神社区域与世俗区域的鸟居（鳥居_{とりい}）等。重要的神灵在全国各地都有神社供奉，比如供奉稻荷神的稻荷社在全国有3万多所，在各类神社中数量最多，其总社是京都的伏见稻荷大社（伏見稲荷大社）。

神社建筑中包含着很多日本传统的建筑式样，比如屋顶一般采用双坡人字形屋顶（切妻_{きりづま}，相当于中国的悬山式屋顶）、屋顶建材使用茅草或者柏树皮、地板采用高出地面的干栏式结构（日本称为"高床式_{たかゆかしき}"），这与佛教寺庙的建筑特点——歇山式铺瓦屋顶、地板不架高的做法不同，体现了日本传统的建筑文化。神殿正面檐下挂着注连绳，注连绳用稻草编成，系上白纸做成的"纸垂_{しで}"（又称"四手_{しで}"），表示注连绳内部是神圣清净的空间，防止恶灵进入。神殿建筑式样有神明式（神明造）、春日式（春日造）、大社式（大社造）、住吉式（住吉造）、流式（流造）等几种类型。神明式是伊势神宫内外宫正殿的建筑风格，特点是门开在与大梁平行的墙上，屋顶没有弧度，且屋顶两端有千木，大梁上放置鲣木，其作用是减轻风对屋顶的破坏。春日式的代表是春日大社，春日式神殿面积比较小，例如春日大社本殿正面长度1.92米、侧面长度2.52米，几个神殿连在一起。大社式的代表是出云大社，特点是门开在山墙上，房屋的面宽和进深都是2间，呈正方形结构。

（四）神道祭祀仪式

尽管日本人中自认为是神道教徒的人不算多，但是神道教与节日习俗、人生成长仪式等结合在一起，与人们的日常生活有着密切的关系。比如孩子满月的时候一家人要带着孩子去自己居住地区的氏神神社参拜，祈祷孩子健康成长。过新年的时候人们要参拜神社，新年的第一次参拜称为"初诣"（初詣<ruby>（はつもうで）</ruby>）。结婚时婚礼形式可以选择在神社举行的"神前结婚"，考试之前很多人去神社祈祷应试顺利，等等。

人们在神社的信仰活动一般有参拜和祈祷两种。单纯的参拜是在拜殿前面进行，遵循一定的礼拜方法。现代规定是参拜顺序包括在手水舍洗手以清洁身心、投赛钱（賽銭），摇动拜殿檐下的铃，然后进行"二拜二拍手一拜"（二拝二拍手一拝）。所谓"拜"为以站立姿态鞠躬，拍手又叫"柏手"（柏手），以发出响声为宜。正式的祈祷则需要向神社方面提出申请，进入拜殿内部，由专门的神职人员主持祈祷仪式。这种祈祷一般需要付费。

神道中祭祀神灵的行为叫做祭祀或者祭礼（日语有"祭り<ruby>（まつり）</ruby>"、"祭祀"、"祭礼<ruby>（さいれい）</ruby>"三种说法）。祭祀是神社神道的核心，在没有成文的教义的时期，神道主要以祭祀的形态存在。神道的祭祀分为迎接神降临、供祭神、送神等三个环节。在举行祭祀之前，神职以及相关参与者要进行斋戒，比如禁食肉类、沐浴、住在专门的斋戒房屋内等，这意味着与日常的生活状态分离，使身心进入一个清净神圣的状态。神道认为神是在夜间黑暗中降临，一般迎接神的仪式在禁止一切灯光的黑暗环境中进行，而且严禁无关人员观看。接下来的神人交流环节有为神供奉神馔；诵读祝词以赞美神和祈祷保佑；通过占卜以了解神意；表演各种歌舞、相扑、拔河、赛马等节目以娱神；有的祭祀还请神"乘坐"神舆（神輿<ruby>（みこし）</ruby>），由人抬着巡游，表示使更多的人们获得神的恩惠与保佑。把神轿抬出神社的仪式称为"神幸祭"。最后是把神送回神殿。如果是用神舆抬着回归神社，就称为"还幸祭"。

神道教的祭祀多种多样，其中与农业丰收有关的祭祀和以防止疾病为目的的祭祀最为重要。农耕祭祀可以上溯到上古时代，有祈年祭、新尝祭、大尝祭等。祈年祭传统上在农历二月举行，以祈祷五谷丰登。新尝祭在旧历10月，现代改为阳历11月举行，是在秋天收获之后感谢神的恩赐。大尝祭则是天皇的祭祀，每一代天皇即位以后举行一次大尝祭。以防止疾病为目的的祭祀多在夏季举行，最著名的是祇园祭和天神祭。

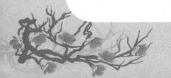

第八章 日本传统艺术与文化

日本的神道祭祀是日本传统文化艺术的重要载体,一些有名的祭祀吸引着来自日本全国和外国的旅游者、研究者来参观,非常热闹。祭祀也带动了旅游文化产业的发展。祭祀中有日本三大祭之说,指的是京都的祇园祭、大阪的天神祭和东京的神田祭。另外京都和东京分别有自己的三大祭。京都三大祭是葵祭、祇园祭和时代祭;东京三大祭是神田祭、三社祭和山王祭。以下主要介绍京都三大祭。

1. 京都祇园祭(京都祇園祭 きょうとぎおんまつり)

京都祇园祭是京都的八坂神社及其氏子圈的信众们共同举行的以祈祷驱除瘟疫为主旨的祭祀活动。它有着一千多年的历史,现代祇园祭在7月举行。

祇园祭产生的信仰来源主要有两个,一是佛教的牛头天王信仰,二是御灵信仰。八坂神社原来是一座神佛混合的宗教设施,正式的名称叫祇园社感神院,供祭的主神是佛教中的牛头天王(牛頭天王)。明治维新时期,政府实行神佛分离政策,改名为"八坂神社"。日本由于神佛混合思想的影响,认为神道的神——素盏呜尊(素盞嗚尊)是牛头天王在日本的化身。牛头天王成为人们祈祷驱病禳灾的对象,是始于日本从奈良时代开始就流传的牛头天王保佑苏民将来免遭疫病的传说。祇园祭最早的名称是"祇园御灵会"。平安时代的日本人认为瘟疫的发生是怨灵或御灵作祟的结果,所谓怨灵(怨霊)、御灵(御霊)是指当时在政治斗争中失败的人,他们含恨而死,怨气所结,成为怨灵或御灵。日本的怨灵观念与中国古代的"强死者为鬼"的观念之间的关系值得重视,早在战国时期,当时人们就认为"强死者"(死于非命者)的亡灵如果得不到祭祀,就怨恨活人,对活人作祟(见《左传·昭公七年》"子产论鬼"部分)。日本的怨灵与中国的强死者亡灵作祟观念的性质是相通的。平安时代日本人相信,为了消除瘟疫,必须举行安抚他们的祭祀仪式,即御灵会。御灵会的起源是863年朝廷祭祀早良亲王、藤原夫人、橘逸势等六所御灵的御灵会,以后朝廷和民间多次举行御灵会。祭祀牛头天王的仪式也许同样是为了驱除疾疫的缘故,被冠以"祇园御灵会"的称呼。

祇园祭自产生以来经过长达千年的发展变迁,到现代已经形成一个由大小各种仪式组成的庞大的祭祀仪式集合体。它始于7月1日的"吉符入",终于7月31日的"夏越祓",中间经过山鉾巡行和神轿巡行等盛大的仪式,前后持续整整一个月。其间几乎每天都有名目不一、规模不等的祭礼。现代日本人一提起祇园祭,会立即想起绚丽热闹的山鉾巡行。然而从严格意义上讲,山鉾巡行只是附加于祭神仪式的娱乐活动,是神人交流的一个环节,真正的祭祀其实是通过神轿巡行的方式实现的。

素盏呜尊（牛头天王）平时"住"在八坂神社内。举行祇园祭时，要请素盏呜尊及其妻子栉稻田女神、八个儿子（八柱御子神）各乘坐一座神轿（分别称为中御座、东御座和西御座），由神社的男性氏子们抬着请到他们居住的区域内，在"御旅所"（神出游时的临时落脚点）停留数日，广布神的威力，驱散瘟疫邪气，赐予健康幸福。之后再由氏子们将神轿送回神社。

祇园祭中最灿烂的亮点就是7月17日的山鉾巡行（山鉾巡行やまぼこじゅんこう）。山和鉾（鉾ほこ）都是装饰华丽的花车。鉾的名称由来于花车上高高竖起的长矛，其形体非常庞大。花车部分是用木材搭成方形框架，上部做成楼阁形状，四面围以金碧辉煌的帷幕。建造鉾的神奇之处在于，如此高大的鉾，搭建时不用一颗钉子，而是完全用绳索缠绕而成。鉾的楼台上乘坐40多名乐师，用钲、鼓和笛子演奏祇园曲。祇园曲常见的旋律"空—其—琴"（コンチキチン）在日本家喻户晓，被誉为京都夏季的风物诗。由于鉾十分沉重，巡行时必须由数十人拖曳系在鉾上的粗绳，同时有人扶着直径两米的车轮，有人坐在楼台的屋顶上扶着长矛，另有两人或四人站在辕上挥动折扇，指挥前进。"山"的形体比鉾小，不树长矛，有的装车轮，有的不装，由壮丁肩扛前进。"山"的台上设假山、花木、人物等造型，以表现故事、传说等，山上也覆盖各种帷幕。现代祇园祭中参加巡行的山鉾一共有32座，其中鉾9座，山21座，都有自己的名字。在32座山鉾中长刀鉾的地位最特殊，每一年的巡行时它排在队伍的最前面（其他山鉾的顺序靠抽签决定），并且有真人扮演的童子乘坐。原来所有的鉾都有童子，1956年开始其他鉾都改用偶人做的童子，唯有长刀鉾依然用男孩扮演童子。

山鉾的命名、创意大多取材于中国、日本的历史人物故事。比如函谷鉾取材于孟尝君鸡鸣狗盗过函谷关的典故，月鉾上祭祀的是日本神话中的月读尊神。孟宗山和郭巨山取材于中国二十四孝中的故事。保昌山表现的是平安时代的贵族藤原保昌为了心爱的宫廷女官和泉式部，偷偷在皇宫正殿紫宸殿前的梅树上折下一枝梅花，天皇的侍卫发现后向他射了一箭，藤原保昌仓惶逃走。太子山取材于圣德太子为了修建四天王寺，亲自到深山中寻求木材的传说。

正式巡行的前两天，即7月15、16日的夜晚称为"宵山"，即山鉾巡行的前夜祭。各山鉾都已搭建装饰完毕，乐师们坐在鉾中演奏祇园曲，鉾前点亮驹形提灯。山鉾町中的各户人家将珍藏的屏风、文物展示出来，供游人欣赏。7月17日上午9时，举行巡行前的核对抽签仪式（くじ改め），由身穿古装的京都市长亲自核对抽签决定的次序。此后巡行开始，长刀鉾上的童子用刀砍断横在鉾前的注连

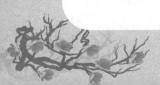

238

绳，象征着山铎进入神圣的区域，巡行正式开始。

在日本，山铎被称为活动的美术馆，这是由于山铎的各种装饰品都具有很高的美术鉴赏价值，如帷幕大多数都是以日本著名画家的作品为底稿，使用缀织、毛缀等工艺精心织染而成。还有的是来自中国、朝鲜、印度、波斯甚至欧洲的画毯。除了帷幕以外，镶嵌在栏杆、斗拱等处的金具也是雕刻成花、鸟、云、龙等造型，一件件极尽精美。可以说由这些流光溢彩的帷幕和金具装饰起来的山铎既是京都深厚的传统文化的象征，也是古今东西文化交流产生的艺术瑰宝。

2. 葵祭（葵祭）

葵祭是京都的上贺茂神社和下鸭神社在每年5月举行的祭祀，有着悠久的历史。其起源可以追溯到平安时代朝廷举办的贺茂祭。上贺茂神社又称作贺茂别雷神社，下鸭神社又称作贺茂御祖神社。贺茂神在平安时代被国家奉为平安京的守护神，当时在旧历4月份举行贺茂祭，由朝廷派出敕使、山城使和斋王（由公主担任），率领长长的祭祀队伍，从皇宫前往下鸭神社和上贺茂神社，向神宣读祭文，供奉各种供品。贺茂祭作为国家的祭祀受到重视，当时人们说"祭祀"，就是专指贺茂祭。《源氏物语》中也描写了源氏公子担任敕使的情节。应仁之乱（1467年）之后，朝廷和贵族受到严重打击，贺茂祭也停止举办，到江户时代的1693年，恢复了举办。此后在明治时代和二战后初期也分别中断过两次。贺茂祭之所以改称"葵祭"，是因为在1693年恢复举行时，所有参与祭祀的人员都佩戴二叶葵的叶子，故名为"葵祭"。

现代的葵祭，不再由皇室派出真正的公主和敕使，"敕使"改为宫内省官员担任，称为"敕使代"。"斋王"则从京都未婚女性市民中挑选合适的人选扮演，称为"斋王代"。其余参与祭祀队伍的人员还有马寮使、舞人和陪同斋王代的"女人行列"，总人数多达500多人。所有人员都身穿平安时代的服装。最吸引人的目光是"斋王代"，她身穿十二单，乘坐肩舆。葵祭由"路头之仪"和"社头之仪"组成。"路头之仪"就是祭祀队伍从皇宫行进到神社的过程，本来不是葵祭的中心，但是人们可以充分欣赏祭祀队伍体现的王朝时代的优雅风情。葵祭的核心环节是"社头之仪"，是在两个贺茂神社实施的祭神仪式，但现在属于付费观看项目。"社头之仪"包括进献供品（御币物），敕使诵读祭文，然后舞人为神表演日本传统舞蹈——"东游"，把神马供奉给神，等等。

3. 时代祭（時代祭）

在京都三大祭中，时代祭是出现最晚的一个祭祀，1895年开始实施，其由来与平安神宫有关。1895年为了纪念迁都平安京1100周年，在京都南部建立了平安神宫。当时的京都市民出于弘扬京都悠久的传统文化的目的，创造出用古装游行再现历史风貌的形式，这种古装游行后来发展为"时代祭"。时代祭举行的日子选在10月22日，即迁都平安京的日子。主要仪式有：（1）神幸祭，即将安放桓武天皇和孝明天皇的"神灵"的"凤辇"护送到京都御所，（2）在御所举行，（3）还幸祭，古装队列和"凤辇"从京都御所出发，步行到平安神宫。

明治时期时代祭的古装队伍只有6队，现在已经增加到20队，参与人数多达2000人，前后长达2公里。队列从前到后按照从现代追溯到古代的顺序，再现了从幕末维新到平安时代初期各个历史时期的重要事件、人物和社会风俗。如队列中有维新勤王队列、幕末志士队列、织田公上洛队列、室町洛中风俗队列、藤原公卿参朝队列、平安妇人队列等。由市民扮演的一些知名历史人物也出现在队列中，如坂本龙马、丰臣秀吉、织田信长、紫式部等等。

（五）神道教思想的演变史

神道教的思想在漫长的历史中经历一个逐渐演变的过程。最初阐述神道教理论的文献是平安时代末期在佛教的影响下出现的，因此，这个时期神道思想的特征是神佛融合（神仏習合）。最早的神道理论著作是佛教人士撰写的，依据佛教的概念和教义来阐释神道中的神灵的性质、大祓词的意义等等。天台宗和真言宗在创造神佛融合理论方面最为活跃，天台宗与神道融合产生的理论叫做山王神道（山王神道）或者天台神道（天台神道），真言宗与神道融合产生的理论叫做两部神道（両部神道）或者真言神道（真言神道）。佛教方面对于神道的理论阐释给神道方面带来很大冲击。镰仓时代，神道方面以伊势神宫的神职为主，陆续编写了一系列关于伊势神宫的著作，如神道五部书（神道五部書），运用中国阴阳五行、道教、儒教思想来阐释神道。这一神道理论派别被称为"伊势神道"（伊勢神道）。"伊势神道"强调"诚实"（正直）与"清净"（清浄）两种道德要求。江户时代，国学兴起。本居宣长等国学者极力排斥佛教、儒教，反对根据佛教、儒教来理解神道，宣扬要回归到纯粹的未受外来文化污染的古代，其核心思想就是主张日本民族的优越性、独特性，认为天皇万世一系就是这种优越性和独特性的表现。因此这种神道学派称为"复古神道"（復古神道）。复古神道对于明治以后的神道乃至整个日本思想界影响巨大。国家神道就是建立在复古神道的理论基础上的。二战后，国家神道被废除，在民主化与现代化的潮流中，神道界为了适应现代社会的要求，转变为侧重于强调热爱自然、保护自然的理念，但是依然保留了尊皇和国家主义的思想。

（六）教派神道

除了神社神道以外，现代神道教还存在着另一个形态，即"教派神道"。教派神道指的是幕末到近代产生的一些神道系的新兴宗教，这些新兴宗教的教义都以神道教思想为基础，但与神社神道不同之处在于有着特定的开创人即教主，也有严密的教团组织。明治政府指定了出云大社教（出雲大社教）、金光教（金光教）、黑住教（黒住教）、御岳教（御嶽教）等13个神道系的教团作为"教派神道"。

三、佛教

佛教分为大乘佛教和小乘佛教两大分支。传入日本的佛教基本属于大乘佛教，结合日本社会发展的实际和本国的文化传统，形成了具有日本特色的佛教。目前佛教信徒约为8900万人，有8万多个佛教性质的宗教团体和7万多个宗教法人。

佛教正式传入日本是在6世纪。当时日本统治阶层围绕是否接受佛教的问题分裂为两个阵营，一派是主张崇佛的豪族苏我氏，另一派是反对崇佛的豪族物部氏。两派斗争的结果，苏我氏胜利，从此佛教得到日本政权的信奉和支持。6世纪末到7世纪初的飞鸟时代，主政的圣德太子非常重视佛教，在制定的十七条宪法中提出要豪族官僚"笃敬三宝"。圣德太子还建立了著名的法隆寺和四天王寺。日本古代政权一直比较重视佛教，认为礼佛拜佛、修建寺院、优待僧侣等支持佛教的政策能够获得佛、菩萨的保护，这就是依靠佛教"镇护国家"（鎮護国家）的思想。奈良时代为了应对自然灾害和传染病，日本朝廷经常举行仁王会、读经等佛教仪式，或者修建大量寺院，如圣武天皇时代建立奈良东大寺，另外还下令在每一个国建立国分寺和国分尼寺。首都平城京是日本的佛教中心，这里聚集了很多寺院，如兴福寺（興福寺）、元兴寺（元興寺）和鉴真建立的唐招提寺（唐招提寺）。奈良时代的佛教具有较强的学术色彩，根据其理论主张的不同分为六个学派，即南都六宗——三论宗、法相宗、成实宗、俱舍宗、华严宗、律宗。平安时代，留学唐朝的日本僧侣把佛教中的密教传到日本，其中空海创立了真言宗，最澄创立了天台宗。密教的重点不在于弃世出家，相反却重视为了得到现世利益而举行各种法会仪式，因此得到朝廷和贵族的支持。奈良到平安时代南都六宗和两个密教宗派都是得到政权支持的教派，日本学术界一般把上述教派称为"显密诸宗"（顕密諸宗）。平安时代佛教领域的重要趋势是末法（末法）和净土（净土）思想流行。人们根据末法思想，认为当时日本已经进入了社会混乱、人类无法得到救赎的末法时代，只能"欣求净土"，期待死后灵魂能够往生进入阿弥陀佛的净土世界。

　　镰仓时代以后日本佛教的发展特点之一是走上易行化的道路。镰仓时代出现了一系列新佛教，如法然（法然ほうねん）、亲鸾（親鸞しんらん）、一遍（一遍いっぺん）和日莲（日にち莲れん）。他们都是在往生净土思想的基础上展开自己的理论，其创新之处在于意识到正统的显密诸宗的修行方法过于繁琐，对于人的要求太严格，大部分"烦恼具足"的芸芸众生会因为难以实践而得不到往生。他们通过不同途径简化修行方法，比如法然、亲鸾和一遍相信依靠人本身的能力无法往生净土，必须依靠阿弥陀佛的愿力（慈悲之力），这就是"他力本愿"。而要得到阿弥陀佛的救助，只需"专修念佛"（專修念仏），口诵阿弥陀佛的名号，就可以往生净土。亲鸾是法然的弟子，他提出了著名的"恶人正机说"（悪人正機説），认为阿弥陀佛的本愿就是拯救那些罪孽深重的恶人，只要信仰阿弥陀佛这一外在的力量，不必通过行善积德等个人努力就能往生。亲鸾本身并不看重开创新教派、当教祖，但是他的历代弟子把他的主张发扬光大，门人势力强大，在近代以前称为"门徒宗"或"一向宗"，明治以后改名为"净土真宗"（浄土真宗じょうどしんしゅう）。亲鸾也被视为净土真宗的鼻祖。日莲在修行方法上号召只信仰法华经，认为法华经是佛教中最优秀的经典，法华经的题目"南无妙法莲华经"中蕴含了法华经中所有的功德，只要念诵这一题目，就会获得其功德。

　　禅宗是唐朝时期产生的具有中国文化特色的新的佛教形态，有很多流派，其中传入日本的有24个流派，最主要的有临济宗和曹洞宗以及江户时代传入的黄檗宗（原属于临济宗的一支）。禅宗的特点也是易于修行，主张不立文字、见性成佛、打坐以及在担柴挑水等日常生活中体悟佛性等。禅宗的修行方式简单，再加上是来自中国较新的文化潮流，因而受到文化水平不高的武士阶层的欢迎。禅宗传入日本是在宋代（即日本的镰仓时代）。日本僧侣荣西到南宋学习临济宗，把临济宗传入日本，不过荣西主张禅、台、密兼修，比较尊重天台宗、真言宗等传统流派。南宋禅僧兰溪道隆到日本后，严厉批判了兼修，大力传授纯粹的宋禅。临济宗的特点是重视公案在修行中的作用。曹洞宗的传播方面做出主要贡献的是道元（道元どうげん），其特点是不重视公案而重视打坐，有"只管打坐"的说法，认为仅靠坐禅（打坐）就足以获得觉悟。镰仓时代在幕府的主导下，禅宗领域模仿宋朝的五山制度，形成了自己的寺院等级体制即日本的五山体制，把镰仓的五个主

要寺院称为"五山"（读作"ござん"或者"ごさん"），此后到室町时代，形成了京都五山和镰仓五山。

室町到战国时代，禅宗继续发展，禅的思想影响到美术、茶道、能乐和社会思想等多个领域。净土真宗方面，本愿寺派获得广泛信仰，势力大到在很多地方实现了自己的自治，称为"一向一揆"。他们多次与战国大名一决雌雄，但最后被决心统一天下的织田信长消灭。江户时代，幕府对于佛教采取既保护又限制的两面政策。一方面把佛教作为事实上的国教，实行寺院担保制（寺請制てらうけせい），强迫所有人民以家庭为单位成为某个寺院的"檀家"（檀家だんか，意为施主），寺院获得了管理人民的出生、迁移住址、死亡和葬礼等人生大事的权力，这种制度保证佛教在制度上和经济上得到国家的支持。另一方面幕府禁止僧侣向其他寺院的檀家传教，禁止自由建立新寺院。佛教由此失去理论创新的机会和动力，主要功能变成为檀家举行葬礼以及其他法事仪式，趋于堕落。而官方意识形态朱子学和民间兴起的国学都把佛教作为批判对象。

明治维新以后，近代国家把神道作为正统意识形态，1868年发布《神佛分离令》（『神仏判然令』），这一政令在民间引发了一场激烈的废佛毁释运动（廃はい仏毀釈ぶっきしゃく），到1871年逐渐结束。1872年政府下令"从今以后僧侣可以自由的娶妻、食肉、蓄发"，这推动了日本佛教的世俗化。近代以来日本佛教继续把举行葬礼作为自己的主要工作，僧侣生活的世俗化与葬礼佛教化使得日本佛教不同于其他国家的佛教界，具有鲜明的日本特色。

四、基督教

基督教传入日本最早是在1549年，这个时期传入的是天主教。一些葡萄牙的天主教传教士从印度果阿出发，航海来到鹿儿岛，开始在日本的传教活动。沙勿略（ザビエル）是第一个在日本传教的西方传教士。他首先在九州的领主与领主家臣阶层中传教，因为他认识到领主是日本社会的统治者，没有领主阶层的允许和保护就不可能在日本传教。其他主要的传教士还有有葡萄牙的加戈（ガーゴ）神父和弗洛伊斯（フロイス）。

战国到政权时期，天主教曾经一度得到织田信长和丰臣秀吉的保护，但是也受到佛教等日本本土力量的抵制。丰臣秀吉信仰神国思想，1587年年发布驱逐传教士令（伴天連追放令ばてれんついほうれい），命令传教士限期离开日本。德川幕府延续禁止天主教的政策，1611年正式发布禁教令，宣布对天主教徒进行惩罚，并着手在旗本阶层和天领禁教。1619年在京都、1622年在长崎、1623年在江户公开以酷刑处决传教士和教徒，史称"元和大殉教"。幕府到1639年为止共发布了五次禁教令。从此直到1873年明治政府撤销了禁止基督教的公告牌（高札）之前，300年间天主教在日本一直处于非法状态。在这个时期，日本社会把基督教视为邪教和异端，这种意识根深蒂固，一直影响到近代日本。

江户时代末期幕府在美国的军事威胁下决定开国，1859年新教传教士来到日本传播新教，最初传教的是美国的圣公会、长老派教会和荷兰的改革派教会。1872年近代日本第一个新教教会——日本基督教公会成立。基督教主要在士族和知识阶层传播，同时明治时代各个教会一般都宣布不隶属于任何外国的教派，维护独立自主的原则。日本基督教界，特别是新教界，抱有比较强烈的社会责任感，比如在废除娼妓运动中新教界的努力不可忽视。明治后期开始，随着日本国家越来越倾向于民族主义、军国主义，基督教也受到排斥。1895年，基督教徒、第一高等中学教师内村鉴三（内村鑑三）拒绝礼拜《教育敕语》，政府、媒体攻击内村鉴三的行为为"不敬"，以"内村鉴三不敬事件"为契机，各地出现了迫害基督教徒的事件。在官方和社会的压力下，日本基督教界与国家主义妥协，在甲午中日战争时期，天主教和新教的各个教会都纷纷发表声明拥护战争。后来在侵华战争期间，天皇制政权对于宗教的控制空前严厉，基督教界被迫选择了支持侵略战争、维护国体、尊崇天皇和神社的路线。日本战败后，实施宗教自由原则。战后初期在向往欧美、主张自由民主和反封建的社会背景下，基督教传播非常迅速。1967年日本基督教团发表了《关于第二次世界大战中日本基督教团的责任的告白》，承认该教团犯下了为战争服务之罪，表示决不让历史重演。基督教在日本的主要传播范围是城市中产阶级、知识阶层和年轻人，但是未能真正进入普通劳动阶层、农村社会。目前天主教、新教和东正教徒合计210万人（文部科学省2008年宗教统计调查），长期以来一直维持在日本总人口的约1%左右。

第四节　日本的世界遗产

1972年，联合国教科文组织大会通过了《保护世界文化遗产和自然遗产的条约》（简称《世界遗产条约》），把全人类公认的具有突出意义和普遍价值的文

物古迹及自然景观指定为世界遗产，编制世界遗产名录。日本非常重视申请世界遗产的工作，目前有3处世界自然遗产和11处世界文化遗产。

（一）世界自然遗产

1. 屋久岛（屋久島<small>やくしま</small>）（1993年入选）

屋久岛位于九州以南，年降雨量多达1万毫米，丰沛的降水养育了多样的植物，这里被誉为植物的宝库。动植物生态系统随着海拔高度不同而出现垂直分布，并且分布着巨大的屋久杉等当地特有的植物群落以及屋久岛固有的动物，如屋久猴和屋久鹿等。

2. 白神山地（白神山地<small>しらかみさんち</small>）（1993年入选）

横跨秋田和青森两个县，入选理由是这里生长着世界上最大的原生山毛榉树林。

3. 知床半岛（知床半島<small>しれとこはんとう</small>）（2005年入选）

知床半岛位于北海道的东北部，其中被指定为自然遗产的地区包括半岛的陆地部分和周围一公里以内的海域。入选自然遗产的主要理由是这里有保存较完好的海洋生态系统与陆地生态系统，季节性流冰使得两个生态系统相辅相成，得到较好的保护，有很多重要的或者濒临灭绝的珍稀物种，如动物有棕熊、岛枭（シマフクロウ）、鲑科（サケ）鱼类、多达10个种类的鲸类，植物方面有原生或者接近原生的针阔叶混交林。知床堇菜（シレトコスミレ）是有代表的珍稀植物。

（二）世界文化遗产

1. 古都奈良的文化遗址（1998年入选）

这是分布在奈良市的著名神社佛寺等名胜古迹的总称，包括东大寺、兴福寺、春日大社、元兴寺、药师寺、唐招提寺、平城京遗址以及春日山原生林。上述寺社代表了日本文化与日本建筑发展史的重要阶段，证明了日本文化与中国、朝鲜文化之间的渊源关系，从世界范围看也具有很高的文化价值。

2. 古都京都的文化财产（1994年入选）

这是分布在京都市宇治市和滋贺县大津市的一些神社寺院等名胜的总称，共包括17处古迹，即贺茂别雷神社、贺茂御祖神社、东寺、清水寺、延历寺、醍醐寺、仁和寺、平等院、宇治上神社、高山寺、西芳寺（苔寺）、天龙寺、鹿苑寺（金阁寺）、慈照寺（银阁寺）、龙安寺、本愿寺（西本愿寺）和二条城。

京都是日本的千年古都，也是传统的文化中心，这里集中了日本各个历史时期的知名建筑，上述入选古迹就是其中的代表。

3. 法隆寺（法隆寺ほうりゅうじ）地区的佛教建筑物（1993年入选）

该遗产包括位于奈良县生驹郡的法隆寺以及附近其他寺院建筑。法隆寺为7世纪初圣德太子建立，是日本最早的佛教寺院之一，也是世界上现存的最古老的木结构建筑。法隆寺西院属于初期佛教建筑，即使在中国和朝鲜半岛都已经很难看到，其他主要建筑物则反映了日本各个历史时期的建筑文化。

4. 姬路城（姬路城ひめじじょう）（1993年入选）

姬路城是江户时代初期大名池田辉政的城堡，拥有由多个天守阁组成的天守阁群，整体用白色漆涂墙，给人一种清新的感觉。日本人认为这一组建筑仿佛一群在天空飞翔的白鹭，因此姬路城又名白鹭城（白鷺城しらさぎじょう）。姬路城与名古屋城、熊本城并称为"三名城"。

5. 白川乡和五个山的合掌式建筑群（1995年入选）

白川乡（白川郷しらかわごう）和五个山（五個山ごかやま）位于岐阜县和富山县交界的山区，这里的冬季降雪量大，主要的产业是农业和养蚕，合掌式建筑（合掌造がっしょうづくり建築けんちく）就是当地人民为了适应独特的自然环境而发明的一种富有特色的住宅建筑式样。其特点是整体为木结构，屋顶用茅草葺成，坡度很陡，从侧面看呈三角形。房屋一般有三层到五层，其中一楼为起居空间，2楼以上都在屋顶内部，用作卧室或者养蚕。

6. 严岛神社（厳島神社いつくしまじんじゃ）

严岛神社位于广岛县宫岛，是把宫岛本身作为神灵来祭祀的神社。该神社的独特之处在于它建在海上，整体建筑以鲜艳的朱红色为基调，与蔚蓝的大海、岛上郁郁葱葱的绿树交相辉映，景色非常美丽。其中矗立在海上的大鸟居是严岛神社的标志性建筑。严岛神社自平安时代以来一直受到贵族、武士等上层社会的重视，和松岛（松島まつしま）、天桥立（天橋立あまのはしだて）并称为"日本三景"。

7. 原子弹爆炸纪念馆（原爆げんばくドーム）（1996年入选）

该馆本来是广岛县物产陈列馆馆，1945年8月美国在广岛进行原子弹爆炸时，该馆遭到破坏，但是主体结构得以幸存。日本为了纪念原子弹爆炸、展示核武器的残酷、宣传和平精神，把废墟保存下来，更名为"原爆げんばくドーム"。

8. 日光的社寺（1999年入选）

日光的社寺指位于栃木县日光市的东照宫、二荒山神社和轮王寺。东照宫建于1616年，是祭祀德川家康的灵庙，而轮王寺中则建有祭祀三代将军德川家光的灵庙——大猷院。这两处建筑是日本近世宗教建筑的代表，集中了当时最高的建筑技术。特别是东照宫的阳明门、本殿、拜殿等以繁复的彩色雕刻和雄伟华丽的风格而著称。东照宫的建成，标志着日本神社建筑中一个重要式样——"权现式建筑"的确立。

9. 琉球王国的城堡及相关遗产群（2000年入选）

冲绳方言中"城堡"叫做"グスク"。冲绳在古代称为"琉球"，15世纪琉球王国建立前后在岛上建了很多城堡。目前最重要的城堡是琉球国王的王城——首里城，此外被列入文化遗产的还有今归人城、座喜味城、胜连城、中城以及王室的别墅——识名园。

10. 纪伊山地的灵地与参拜道（2004年入选）

纪伊山地位于纪伊半岛，地跨奈良县、和歌山县和三重县等三个县。纪伊山地自古以来是山岳信仰和佛教的圣地，建立了许多寺庙和神社，吸引了修行者来参拜和进行艰苦的宗教修行。这里的宗教设施都体现了神佛习和的特点。入选世界文化遗产的有三处灵地和连接灵地的三条参拜道。三处灵地分别是吉野大峰灵地、熊野三山灵地和高野山灵地。三条参拜道是"大峰奥驱道"、"熊野参拜道"和"高野町石道"。

吉野大峰灵地成为修验道的圣地是从8世纪左右开始的。吉野山与大峰山脉本身就被修验道、神道、佛教视为神圣的所在，山地中建有著名的寺社，如金峰神社、金峰山寺、大峰山寺等。其中金峰山寺是吉野大峰地区最重要的寺院。熊野三山灵地的名胜古迹有三个与熊野权现信仰有关的神社，即熊野本宫大社、熊野速玉大社和熊野那智大社。另外还有补陀洛山寺，古代日本人相信熊野以南的大海中有普陀净土，于是形成了从此地乘船前往南海的做法，后来演变为水葬习俗。高野山灵地是佛教的一派——真言密教的圣地。816年日本真言宗的鼻祖空海在此地建立了金刚峰寺，这是真言宗的根本道场。

11. 石见银山遗址及其文化景观（2007年入选）

石见银山位于岛根县中部，在战国到江户时代是日本主要的银矿。入选世界文化遗产的有"银矿山遗址和矿山城市"（銀鉱山跡と鉱山町）、"港口和港口城市"（港と港町）以及连接这些矿山和城市的街道。这里的矿山和冶炼场保存完好，反映了江户时代银的生产技术和加工过程。这里生产的银被加工成银币，在16—17世纪东西方贸易的时代最终流入国际贸易网中，是东西方物质和文化交流的一个证明。

练习题

一、填空

1. 在日本，新年的第一次参拜称为_____。
2. 平安时代，出现了被后世称为"三笔"的三位书道大师，他们分别是空海、嵯峨天皇和_____。
3. 江户时代歌舞伎艺术中擅长表演文戏的是_____，擅长表演武戏的_____。
4. 给以下艺术术语标注日语读音：

文楽　落語　漫才　講談　浪花節

二、选择

1. 神殿建筑式样有（　　）等几种类型。
   A. 唐式　　　　B. 春日式　　　　C. 大社式　　　　D. 神明式
2. 京都的龙安寺方丈属于（　　）
   A. 回游式庭园　　B. 寝殿式庭院　　C. 茶道庭园　　D. 枯山水庭园
3. 以下艺术作品中不是近松门左卫门创作的净瑠璃剧本的是（　　）
   A.《国姓爷战斗》　　　　　　　　B.《景清发迹》
   C.《义经千本樱》　　　　　　　　D.《女杀油地狱》

三、判断对错

1. 日本的瓷器生产技术是镰仓时代从琉球传入的。
2. 日本雅乐忠实地移植了唐朝的雅乐。
3. 日本花道史上以小野妹子为鼻祖的流派是池坊流。

四、名词解释

1. 能乐
2. 相扑
3. 绘卷

五、简述

1. 日本人的审美意识的特点。
2. 日本人的生死观的特点。
3. 现代日本人的宗教信仰的基本情况。

北京市高等教育自学考试课程考试大纲

课程名称：日本概况　课程代码：00608（笔试）　2012年3月版

第一部分　课程性质与设置目的

本课程为北京市高等教育自学考试日语（基础科）（专科）专业的笔试课程，本课程性质属于外国语言文学专业的国情概况课，教材主要使用汉语编写，面向正在进行初级日语学习阶段的学习者，课程内容包括8个部分，1. 国土地理；2. 历史；3. 生活；4. 社会；5. 政治；6. 经济；7. 教育科技与传媒；8. 传统艺术与文化。

课程设置的目的是使学习者比较深入地掌握日本多方面的国情背景知识和社会总体特点，为提高对日本社会、文化的认识理解力和促进日语语言学习打下扎实的知识基础。

第二部分　课程内容与考核目标

考虑到教材难度，教材中有部分内容不列入考核范围，只有在考核知识点与考核目标中规定的部分才属于考核内容。未列入考核范围的部分可供考生在学有余力的情况下参考使用。

第一章　日本的国土地理

一、学习目的与要求

通过本章的学习，要求掌握有关日本的国土、地理环境、行政区划、人口、交通运输等基本知识，理解日本国土地理、交通运输、行政区划设置和资源的特征，能够分析日本地理环境与日本文化之间的关系。

二、考核知识点与考核目标

1. 识记：

日本的地理位置、国土面积、主要岛屿的名称

行政区划、两种习惯性地区划分法

主要的山、河流、湖泊、平原、半岛的名称（教材的表格中的内容除外）。

2. 理解：

日本的地理位置、地形、海洋、气候、森林生态的特点以及与日本文化的关系

行政区划设置的特点

二战后日本人口变化情况、人口分布的特点

国歌、国旗、国花与日本文化的关系

海洋国家建设

资源的特点以及对日本经济、对外关系的影响

3. 应用：运用本章的基本知识分析相关的理论问题和实际。

第二章　日本历史

一、学习目的与要求

通过本章的学习，要求了解日本从原始社会到近代社会各个历史时期的政治、经济、社会的基本情况，把握日本历史发展和社会变动的基本轨迹，为进一步理解日本的历史文化以及现代社会文化现象打好知识基础。

二、考核知识点与考核目标

1. 识记：

绳纹、弥生、古坟、奈良、平安、镰仓、室町、战国、江户、以及近代等日本各历史时代的称谓及其起止时间，

古坟时代以来各时代的政权所在地、统治阶级、主要政治人物

重要历史事件的名称、时间和内容

日本历史上的对外侵略战争

各个历史时期日本与外国签订的主要条约

明治宪法的主要内容

2. 理解：

绳纹、弥生、古坟时代的主要特点、邪马台国的主要情况

古代以来重要的政治社会变革或改革的主要内容与历史意义，主要政治制度、政策、经济制度、社会制度的内容，各时期中日关系史的基本情况

武士阶级的产生与武士政权成立的过程

天皇制在江户时代政治中的地位与作用

幕末的国际关系、从尊王攘夷到开国倒幕转轨的历史过程

明治维新的过程、明治宪法的性质与意义、日本近代国家的性质

大正民主运动的背景与内容、战前的政党政治的特点

日本国家法西斯化的过程

侵略战争的过程及其失败原因

3. 应用：运用本章的基本知识分析相关的理论问题和实际。

第三章 日本人的生活

一、学习目的与要求

通过本章的学习，掌握日本人的语言交往与非语言交往的特点，交往礼仪，饮食、服装、住宅等基本生活习惯，人生仪式与节日等基本知识；了解日本人在社会交往方面的一般价值观与日常生活的基本模式。

二、考核知识点与考核目标

1. 识记：

日本人的人际交往中有特色的手势动作的意义

传统日本料理的特色，正式的日本料理的类型与特点，节庆食品及其象征意义

酒的分类

和服的基本构成与"格"

日本传统住宅的建筑结构

节日的名称、时间和节日内容

婚礼的主要类型与仪式内容

丧葬仪式的主要程序与内容

2. 理解：

人际交往中语言表达、交往习惯以及其中体现的日本文化（不包括"赠送礼物的习惯"）

酒文化与茶文化的特点

传统住宅的建筑特色与日本自然环境的关系

节日的文化意义

婚礼和葬礼中体现的宗教文化

3. 应用：运用本章的基本知识分析相关的理论问题和实际。

第四章　现代日本社会

一、学习目的与要求

通过本章的学习，了解日本婚姻、家庭、人口方面的基本情况与变化趋势、社会保障制度的主要内容和改革情况，环保领域的问题与对策，理解现代日本社会的整体特点以及面临的社会问题。

二、考核知识点与考核目标

1. 识记：

日本人论的代表性著作、主要观点和著者

集团主义的特点与影响

老龄化与人口减少的基本情况

社会保障制度的内容，即社会保险、公共扶助、公共卫生、社会福利的名称

2. 理解：

关于日本人集团主义的成因的学说

非婚化趋势的情况

日本家庭模式的特点、带来的社会问题

家庭模式对于社会和人口的影响

人口老龄化、人口减少的特点、成因与影响，日本政府应对少子化的措施

3. 应用：运用本章的基本知识分析相关的理论问题和实际。

第五章　日本政治

一、学习目的与要求

通过本章的学习，掌握日本的宪法、象征天皇制、议会制度、议会选举制度、政党制度、行政机构（内阁）及其管理社会的主要方法、行政改革、司法制度、外交和军事国防方面的基本情况，理解日本政治体制的基本特征与政治改革的情况。

二、考核知识点与考核目标

1. 识记：

日本国宪法确立的基本理念

宪法和象征天皇制的主要内容、现任天皇的名字

国会的主要职权、两院权力与地位区别

主要政党的名称、政治倾向和代表人物

政坛主要人物

内阁的职权、内阁与国会的关系

首相产生的方法

行政指导的概念

日本外交路线与外交总方针

周恩来提出的中日贸易三原则与中日复交三原则的内容

中日联合声明的主要内容

自卫队的成立时间、性质与军力构成

2. 理解：

天皇在日本社会中的地位与职能

国会与内阁的关系

国会选举制度的内容

选举制度改革的背景、内容及对政治的作用

公务员制度的特点

日本政府广泛采用行政指导的原因、行政指导的优缺点

战后日本外交政策演变的轨迹

中日外交摩擦发生的原因

日本防卫方针的变化

3. 应用：运用本章的基本知识分析相关的理论问题和实际。

第六章　日本经济

一、学习目的与要求

通过本章的学习，了解战后日本经济发展的轨迹和企业管理制度和近期经济改革的动向，把握日本经济体制的主要特征。

二、考核知识点与考核目标

1. 识记：

经济高速增长时期的表现

日本应对石油危机的措施

90年代萧条期经济的主要问题

日本经济改革的指导思想、主持改革的主要政治人物

禀议制的内容及其利弊

2. 理解：

日元升值的过程及对经济的影响

泡沫经济产生与破灭的过程

日本跃升为经济大国的原因

政府在经济领域扮演的角色

日本企业雇用制度的基本特点及其对企业和员工的作用、雇用制度的变化及其社会影响

日本企业的禀议制、雇用制度与日本传统文化的关系

3. 应用：运用本章的基本知识分析相关的理论问题和实际。

第七章　日本的教育、科技与传媒

一、学习目的与要求

通过本章的学习，了解日本教育、科技、大众传媒的基本情况和特征，思考教育和传媒与现代日本社会意识走向之间的关系。

二、考核知识点与考核目标

1. 识记：

日本的学制和学校类型

学历主义的含义、学历在日本社会的重要性及其表现

欺负同学现象的特点、减少欺负同学现象的主要举措

日本的五大报纸、广播电视业的两大体系

主要动漫作家（制作人）及其主要作品、初版发行超过百万部的漫画作品。

2. 理解：

大学和研究生教育的基本情况（不包括大学入学考试）

学历主义的利弊

欺负同学现象产生的原因

社会保守化倾向对教育的影响

教育改革的理念与改革基本内容

动漫在日本的地位、动漫作品与动漫产业的基本情况

3. 应用：运用本章的基本知识分析相关的理论问题和实际。

第八章　日本传统艺术与文化

一、学习目的与要求

通过本章的学习，了解日本传统艺术、有代表性的工艺、体育以及宗教信仰等文化形态的基本知识，加深对日本文化精神的理解。

二、考核知识点与考核目标

1. 识记：

能乐、歌舞伎、狂言、文乐、日本雅乐、绘画、庭园、茶道、花道的代表人物、内部分类、流派和作品和发展简史

浮世绘的性质及对西方美术的影响

相扑的比赛场地、比赛规则、技战术以及组织制度、著名的相扑力士

神道作为原生宗教的特点、神社的特点（不包括神道祭祀仪式、神道教思想的演变史）

日本佛教的特色

日本世界遗产的名称

日本"三名城"、"三景"的名称

2. 理解：

能乐、歌舞伎、狂言、文乐、日本雅乐、绘画、庭园、茶道、花道的基本特点

绘画艺术中体现的日本文化的特色

日本人的审美意识的基本特征

艺术与美学领域的审美范畴的意义及其在日本传统艺术中的体现

传统自然观、传统生死观的主要内容

日本人的宗教意识

佛教在日本发展的历史轨迹

神道教与天皇制之间的关系

庭园、茶道、相扑与日本宗教信仰的关系

3. 应用：运用本章的基本知识分析相关的理论问题和实际。

第三部分　有关说明与实施要求

一、考核的能力层次表述

本大纲在考核目标中，按照"识记"、"理解"、"应用"三个层次规定学

习者应该达到的能力层次要求。各个能力层次为递进关系，后者要建立在前者的基础上。

识记：能够正确了解有关的术语、概念和知识的含义，并进行正确的表述，重要术语要记忆其日语原文与读音。这是较低层次的要求。<u>需要注意的是，教材中在汉字上方标注假名的日语词汇其读音均要求识记。</u>

理解：在识记的基础上，能够把握基本概念、基本原理、基本方法，了解事物之间的基本关系，是较高层次的要求。

应用：在理解的基础上，能运用基本概念、基本原理、基本方法和已学过的相关知识分析和解决有关的理论问题和实际问题，是最高层次的要求。

二、指定教材：

《日本概况》，刘琳琳编著，北京大学出版社，2011年版

三、自学方法指导

本大纲的课程要求是依据专业考试计划和专业培养目标而确定的。"学习目的与要求"部分明确了课程主要内容与要求掌握的范围，"考核知识点与考核目标"部分为自学考试考核的主要内容。自学者应充分了解本大纲的有关规定，认真阅读和学习指定教材的内容，熟练掌握教材涉及的日本国情概括知识。在此基础上，深入思考教材各个章节内容之间的相互关系，综合地立体地把握日本社会各个领域的知识，提高分析和解决问题的能力。

四、对社会助学的要求

1. 助学单位和教师应熟知考试大纲对本课程提出的总要求和各章的知识点。

2. 应掌握各知识点要求达到的能力层次，并理解对各知识点的考核目标。

3. 助学辅导时，应以考试大纲为依据，以大纲指定的教材为基础，不要随意增删内容，以免与大纲脱节。

4. 注意对应考者能力的培养，特别是对自学能力的培养。要引导考生逐步学会独立学习，在自学过程中培养提出问题、分析问题和解决问题的能力。

5. 要使考生了解试题的难易与能力层次高低两者不完全是一回事，在各个能力层次中都存在不同难度的试题。

6. 助学学时：本课程共4学分，建议助学总课时不少于72学时，具体分配如下：

章次	课程内容	助学学时
1	国土地理	8
2	历史	8
3	日本人的生活	8
4	现代日本社会	8
5	政治	8
6	经济	8
7	教育、科技与传媒	8
8	传统艺术与文化	8
复习		4
机动		4
总计		40

五、关于命题考试的若干要求

1. 命题要求基本覆盖考核内容的主要部分，可适当突出重点章节的内容，能够检验应考者对于日本社会了解水平和相关分析问题的能力水平。

2. 试题中对不同能力层次的比例安排大致是：识记为40％，理解为40％，应用为20％。

3. 试题难易程度应合理，按照较易、中等难度、较难三个水平安排，其中较难部分比例不超过30％，建议占20％。

4. 试题类型一般为：单项选择题、多项选择题、填空题、名词解释、简答题、论述题等。在保证命题质量的前提下，允许采用其他的试题类型。建议非选择题主要用中文回答，填空题允许从中日两种语言中选择一种回答。

5. 考试采用闭卷笔试，考试时间为150分钟，采用百分制评分，60分及格。

六、题型示例：

（一）单项选择题

在每小题列出的四个备选项中只有一个是符合题目要求的，请将其选出并将"答题卡"的相应代码涂黑。错涂、多涂或未涂均无分。

1. 日本人自古以来信仰的民族宗教是（　　　）

A. 佛教　　　B. 神道　　　C. 儒教　　　D. 基督教

2. 现代日本政府进行社会管理的主要方式是（　　　）

　　A. 行政指导　B. 行政命令　C. 行政管理　D. 经济计划

（二）多项选择题

在每小题列出的四个备选项中至少有两个符合题目要求的，请将其选出并将"答题卡"的相应代码涂黑。错涂、多涂、少涂或未涂均无分。

1. 下列节日中属于日本的国民节日即法定假日的有（　　　）

　　A. 宪法纪念日　B. 节分　　　C. 体育日　　　D. 孟兰盆会

2. 日本名胜古迹中的三名城是（　　　）

　　A. 熊本城　　B. 名古屋城　　C. 二条城　　　D. 姬路城

（三）填空题

1. 给下列日语名词标注假名读音

　　樱（　　　）　　日の丸（　　　）

2. 世界上现存最古老的木结构建筑是日本的（　　　）。

（四）名词解释

1. 女儿节（ひな祭り）

2. 歌舞伎

（五）简答题

1. 日本明治维新的历史意义。

2. 日本70年代如何克服石油危机？

（六）论述题

1. 举例说明日本人的表情和举止动作的特点。

《日本概况》

尊敬的老师：

您好！

为了方便您更好地使用《日语概况》，我们特向使用该书作为教材的教师赠送练习答案及电子课件。课件内容丰富，声情并茂，有助于拓宽学生视野，活跃课堂气氛。如有需要，请完整填写"教师联系表"，并加盖所在单位（院）或培训中心公章，免费向出版社索取。

北京大学出版社

教 师 联 系 表

教材名称	《日本概况》		
姓名：	性别：	职务：	职称：
E-mail：	联系电话：	邮政编码：	
供职学校：	所在院系：		（章）
学校地址：			
教学科目与年级：	班级人数：		
通信地址：			

填写完毕后，请将此表邮寄给我们，我们将为您免费寄送《日语概况》练习答案及电子课件，谢谢合作！

北京市海淀区成府路205号
北京大学出版社外语编辑部　兰　婷　　邮 购 部 电 话：010-62534449
邮政编码：100871　　　　　　　　　　　市场营销部电话：010-62750672
电子邮箱：lanting371@163.com　　　　　外语编辑部电话：010-62759634

练习题参考答案

第一章 日本的国土地理

一、填空

1. 樱花　2. 北海道、本州、四国、九州

二、选择

1. A B C　2. B

三、判断对错

1. 错　2. 对

四、名词解释

里亚斯式海岸是一种海岸地形，是近海的山地由于地壳运动或者海面的升降变化，受到海水侵蚀，从而形成曲折复杂的海岸线。里亚斯式海岸往往形如锯齿，可用作港口，同时也适于渔业生产。日本的里亚斯式海岸主要分布在志摩半岛、日丰海岸以及东北的三陆地区沿海一带。

五、简述

日本是一个海洋国家，一直非常重视海洋开发。20世纪80年代以来日本提出了"海洋国家构想"和"海洋国家论"。为了唤起全社会对海洋的热爱与重视，日本政府于1996年规定把7月20日（现在改为7月的第三个星期一）作为海洋日，是法定假日。制定这个假日的宗旨就是为了"感谢海洋的恩惠，祝愿海洋国家日本的繁荣。"2007年日本又制定了《海洋基本法》。日本的海洋开发大致分为海洋国土开发、海洋资源开发和海洋经济开发。在国土开发方面，通过填海造陆、增加国土面积，解决陆地领土面积狭小的问题。资源开发方面，日本由于陆地上资源贫乏，因此重视寻找海洋资源，目前在东海进行海底石油和天然气的勘探与开采。海洋经济开发方面，日本已经建立了由多个海洋产业组成的海洋产业体

系，既有传统的渔业，又有海洋土木工程、海洋食品、海洋生物和制药技术、沿海旅游业。21世纪以来，日本更加重视维护本国的海洋权益，目的是成为领先世界的海洋强国。不过日本在海洋开发等领域的强势姿态，也与中国、韩国等周边国家的海洋权益发生冲突，引发了一系列外交摩擦。

第二章　日本历史

一、填空

1. 平安时代　2. 1936年

二、选择

1. C　2. D

三、判断对错

1. 错　2. 错

四、名词解释

1. 太阁检地：丰臣秀吉掌握政权时期进行的土地清查，其特点是把土地清查与石数制结合起来。把需要清查的水旱田地都划分为上、中、下、下下等不同级别，对每一块土地的石数进行计算核准。农民交纳地租（年贡）和参加劳役全部以拥有土地的石数为依据，这种土地和赋税制度就是石数制。每一块土地指定了一个直接耕种该土地的农民作为年贡负担者，彻底否定了庄园制下长期存在的同一块土地上复杂分散的权利关系。这种"一地一耕者"制度将土地所有权集中到丰臣本人和各个大名手中。太阁检地确立的土地制度后来被江户幕府继承下来，在日本土地制度史上具有重要意义。

2. 二十一条

1915年，日本为了把中国变成其保护国，趁一战爆发之机向袁世凯政府提出"二十一条"要求，主要内容包括要求把德国在山东的一切殖民权益转让给日本；日本在"南满"和"东蒙"享有优越地位；禁止把中国的港湾和岛屿租借给他国；中国中央政府以及警察机构必须聘用日本人为政治、财政、军事顾问，等等。二十一条中日本提出的条件空前苛刻，充分暴露了日本独霸中国的险恶图谋。在英美的压力下，袁世凯政府被迫接受了二十一条中的绝大部分要求。

五、简述

7世纪中期即孝德天皇时期，以中大兄皇子为首实施了一系列制度改革，史称"大化改新"。646年孝德天皇发布改新诏书，宣布改新的主要内容。包括：（1）废除部民制，部民和土地收归国家所有。（2）对于上层豪强氏族一方面赐给一定数量的土地和封户作为食封，另一方面实行位阶制，把氏族改组为新的国家机构中的官僚。（3）实施班田收授法，国家对6岁以上的男女公民班给口分田，口分田每6年重新收授一次，不能终生使用，也不能买卖，受田人死后必须收回。（4）赋税制度方面模仿隋唐的租庸调制，规定15岁—60岁的男性负有缴纳租税和兵役的义务，称为"正丁"。大化改新的目的是学习中国隋唐封建制度，建立中央集权制国家。大化改新的历史意义在于它是日本中央集权国家体制建设过程中的一个重要阶段。

第三章　日本人的生活

一、填空

1. 中元　2. 生吃、炖、煎烤、油炸、蒸

二、选择

1. C　2. ABC

三、判断对错

1. 对　2. 错

四、名词解释

1. 床间

床间是和式住宅的客厅里具有装饰功能的空间，由床柱、床框、床板组成，床间的墙壁上一般挂绘画或者书法作品，床板上摆放瓶花、香炉或其他工艺品等。床间最初起源于室町时代，此时将军和高级武士房间开始设有一个摆放高级艺术品的空间，后来逐渐发展为床间。这种住宅式样在明治维新以后普及到一般民众之间，成为和式房间的传统因素。

2. 三三九度

日本神前式婚礼中新郎新娘共同饮酒的仪式称为"三三九度"。现代正规的饮酒礼仪是使用三个斟上酒的杯子，第一个杯子先由新郎分三口喝完，然后递给新娘，重新斟酒后由新娘分三口喝完，其余两杯酒的饮酒程序与第一杯酒相同。

五、简述

节分是日本庆祝立春的一种节日习俗，时间是在立春的前一天。即二月三日或者四日。其庆祝的核心思想是驱鬼避邪。立春是冬去春来、季节变化的关键

时期，日本俗信认为在这种季节转换的过渡期容易有"鬼"给人们制造疫病和灾害，所以按照传统习俗要在立春的前一天驱鬼，驱鬼最重要的方法就是抛洒炒大豆。撒豆时要说"鬼出去"和"福进来"。撒完以后要迅速把门窗关上，以防止福气散掉。撒豆之后，还有吃豆的习俗。每人吃和自己年龄相同数量的炒豆，可以保佑一年平安。除了撒豆以外还有其他一些驱鬼避邪的方式，如把沙丁鱼的头、葱等烧过之后插在刺叶桂花的树枝上，放在门口或屋檐下，称为"烧嗅"（燒嗅やいかがし）。节分习俗追根溯源可以上溯到奈良时代宫廷里举行的大傩仪式，这是从中国传播过去的驱鬼仪式。

第四章　现代日本社会

一、填空

1. 公共卫生　社会福利　2. 菊与刀

二、选择

1. ABDE　2. D

三、判断对错

1. 错　2. 对

四、简述

1. 日本人的集团主义文化可谓世界闻名，他们对于所属集团的认同程度、归属意识和忠诚程度明显高于欧美社会。众多有关日本人论的著作对于日本人性格的总结，如"耻感文化"、重视"义理"、"依赖"、"纵向社会"、"武士道精神"、"忠孝"等等，最终都被认为是集团主义的组成部分或表现。

关于日本形成浓厚的集团主义文化的原因，有的学者认为在于日本在人种、民族和文化方面有较高的同质性，如中根千枝认为单一社会是滋育集团主义的土壤。此外，稻作农业也被认为是产生集团主义的社会根源之一。

集团主义对于日本人和社会的作用，有积极和消极两个方面。军国主义侵略战争体现了集团主义的负面影响。战前和战争期间日本人的集团主义主要指向国家层面，天皇和国家利益高于一切，为了"皇国"和侵略战争充当炮灰，这是集团主义文化的恶劣影响。在现代，中小学频繁发生的欺侮同学现象也是集团主义具有的"排除异己"性质的表现。

集团主义的积极作用则体现在战后日本的经济发展方面，"日本式经营"中的终身雇用制、年功序列制、企业内部工会、企业系列化等都是具有集团主义性质的制度，这些制度设计组合在一起，大大加强了企业员工对于企业的归属感，激发了工作热情。"爱社如家"的说法就是这种集团主义精神的表现。

2. 简述日本建设循环型社会的主要措施。

近年来日本在环境问题领域逐渐认识到资源再生利用、建立循环经济是减少环境负荷的主要途径，因此提出了建立"循环型社会"。2000年国会制定《推进循环型社会形成基本法》，明确了循环型社会的基本概念；2003年制定了《循环型社会形成推进基本计划》，目的在于使日本与国际社会共同合作构筑循环型社会。目前已经开展的行动主要有促进汽车、包装容器、家用电器、建筑用物品器材等的循环利用。垃圾处理是建设循环型社会的重要环节。日本在垃圾的回收、处理和再利用方面走在世界前列，为解决垃圾问题提出了"3R"原则，即减量控制（reduce）、回收利用（reuse）和循环再利用制（recycle），根据此原则建立了一套健全的垃圾处理体系。如在垃圾丢弃的阶段采用分类定时定点制度，在垃圾处理阶段尽可能采用焚烧方法处理垃圾，以减少垃圾储存对国土的占用。为此不断采用新的燃烧技术，并且注意减少垃圾处理过程对环境的二次污染等。

第五章　日本政治

一、填空

1. 裁判员制度　2. 政府协定、民间合同、个别照顾

二、选择

1. ABC　2. A

三、判断对错

1. 错　2. 错

四、名词解释

1. 象征天皇制

二战结束后，日本对天皇制的性质进行大幅改造，否定了天皇的神性，剥夺天皇的政治统治权、军事统帅权和经济特权，仅把天皇作为国家和全体国民的象征。宪法第一条是对天皇地位的规定，"天皇是日本国的象征，是日本国民整体的象征，其地位以主权所在的全体日本国民的意志为依据。"天皇的权力有两项任命权和10项国事行为。宪法规定"天皇只能从事本宪法所规定的有关国事行

为，并无关于国政的权能。"天皇有关国事的一切行为，必须有内阁的建议和承认，由内阁负其责任。日本国宪法确立的这种政治制度称为"象征天皇制"。

2. 派系

派系在日语中称为"派阀"，是自民党长期执政期间其党员依据思想、政治经历、政策取向及人际关系等不同而形成的党内派别集团。70年代自民党形成了五大派系，80年代到90年代原来的派系经过重新分裂整合，又形成了更多的派系。自民党执政时期，首相职位实际上由大派系的首脑轮流担任，内阁官员的任命也要照顾派系之间的平衡。派系导致了金权政治大行其道，国民和舆论界对此均严厉谴责。同时90年代实施的新的议会选举制度和《政治资金监管法》起到了抑制派系势力的作用。现在随着自民党执政地位的丧失，派系势力进一步削弱。

第六章　日本经济

一、填空

1. 失われた十年　2. 下請制

二、选择

1. BCD　2. C

三、名词解释

年功序列制：年功序列制是日本企业实行的一种员工待遇制度，是指随着员工工作年数的增加而相应地提高工资和职位。企业每年定期根据对员工的业绩考核，增加工资。在这种制度下，工作与员工从事的工作内容没有直接关系。年功序列制的形成一是受到传统的敬老文化的影响，同时也具有一定的经济学上的依据。年功序列制的优点是有利于企业从长远的眼光对员工的综合素质进行评估，有利于保障员工的生活，从而培养员工对企业的归属感。其弊病在于不利于发挥员工的个性，不利于人才流动。

四、简述日本70年代如何克服石油危机？

1973年石油输出国组织把油价大幅提高，能源价格飞涨，造成战后最严重的全球性经济危机，史称"石油危机"。日本克服石油危机的措施主要有：

1. 开发节约资源能源的技术，例如用核电站替代部分石油。

2. 加快产业结构调整，减少能耗高、资源密集型的重化学工业的比重，大力发展节能的技术密集型产业。在生产技术领域开展微电子革命（ME革命），广泛

应用大规模集成电路和计算机技术，以替代原有的半导体。

3. 继续扩大出口。日本出口商品以重化学工业产品，特别是机械产品为主，出口对象国是欧洲、北美和东南亚等国。

4. 政府采取积极的财政政策与宽松的金融政策，在预算中增加公共事业费，发行赤字国债。金融宽松政策的主要表现在中央银行多次下调再贴现率。

日本通过采取多种手段，经过全国上下的努力，较快地摆脱了石油危机带来的世界经济萧条的不利影响。

第七章　日本的教育、科技与传媒

一、填空

1. 秋山丰宽　2. 宫崎骏

二、选择

1. ABCD　2. ACD

三、判断对错

1. 错　2. 对

四、简述

日本基础教育阶段的主要问题有欺负同学与"不上学"现象。欺负同学现象在日本学校中长期存在，特点是：（1）发生地点多在校园里；（2）行为的集团性；（3）在小学高年级和初中阶段比较严重；（4）欺负同学的手段多种多样。

不上学现象特指由疾病、贫困以外的原因导致的逃学、辍学现象。

总的来说，无论是欺负、逃学还是学校暴力都有着共同的社会根源，主要是：（1）学历中心主义影响下对一个人评价标准过于单一，使得许多孩子的个性得不到认可，从而变成跟不上学校秩序的"掉队生"；（2）日本家庭层面的变化，即年轻家长的教育能力不足，对孩子的基本生活观念和能力方面的教育相对欠缺。

日本教育部门以及社会各界为消除上述社会问题采取的举措主要有：（1）加强家庭与社区的教育功能，提出注重家庭教育，力图通过和睦的家庭环境来培养儿童正确的伦理观念、生活态度。在社区层面上，呼吁成年人积极参与制止欺侮行为。（2）在学校教育中，首先树立绝对不允许欺侮现象的原则；加强道德教育，培养学生珍爱生命、尊重他人的人权与个性，建立和睦良好的人际关系。（3）建立教育咨询体制，设置咨询员；同时在地方各级政府设立教育中心，聘请心理、精神医学方面的专业人士担任，举办教育咨询活动。（4）对于不愿上学的学生，开展"适应指导班"，进行课业辅导，并帮助他们适应集体生活。

第八章　日本传统文化与艺术

一、填空

1. 初诣　2. 橘逸势　3. 坂田藤十郎　市川团十郎
4. 文楽　落語　漫才　講談　浪花節

二、选择

1. BCD　2. D　3. C

三、判断对错

1. 错　2. 错　3. 对

四、名词解释

1. 能乐，又叫做"能"，是日本传统的假面戏剧，也是联合国认定的非物质文化遗产。能乐的演出者包括扮演剧中人物的演员、伴唱者和伴奏者。能乐的表演手段包括动作、念唱、伴奏。能乐的题材是按照主角的身份属性来划分的，包括神、男、女、狂、鬼五种。目前学界通说认为能乐起源于由中国隋唐时期的散乐演变而成的猿乐。室町时代的观阿弥和世阿弥父子在能乐艺术形成史上发挥了关键作用。

2. 相扑是两人徒手较量，以把对方摔倒或推出界外为胜的一种竞技运动，在日本被誉为"国技"。现代日本的职业相扑运动称为"大相扑"。职业相扑有着独特的比赛场地，称为"土俵"。相扑比赛判断胜负的规则是，如果出了胜负俵，或者脚底以外的身体任何部位着地，或出现违反规则的行为，则判为负。相扑的技战术叫作"致胜招"，目前依据相扑协会的规定共有87招。职业相扑运动员叫做"力士"，相扑力士的组织方式是"部屋制"。

3. 绘卷画

"绘卷画"是平安时代大和绘与文学作品和宗教相结合发展出来的一种绘画艺术形式，是以绘画形式展示"物语"、传说或者寺社缘起故事的内容，制作成卷轴画的形式，并配上解说词。绘卷画有不同的风格，其中与古典文学结合的绘卷，以抒情为主，着力传达故事的意境和人物的感情，人物面部造型非常模式化。而描写寺院、神社的缘起或者地狱等宗教题材的绘卷，侧重于使用线条，作品的重点在于讲述故事情节。平安时代绘卷一般为彩色，但也有少数纯粹用墨的单色画。

五、简述

1. 日本人的审美意识的特点。

日本人的审美倾向第一个特点是喜欢纤细小巧的美。例如，在对自然风景的欣赏中，喜欢低矮但又覆盖着青翠树林的小山丘，浅而清澈的山涧和小溪。日本生产的餐具、儿童玩具乃至汽车都体现了小巧而精致的美感。

第二个特点是喜欢简约与清淡，例如在色彩方面不太喜欢浓艳华丽的色彩，而是倾向于青、绿、蓝、灰、黑白等素淡沉静的冷色和中间色。

第三个特点是崇尚非对称、不完美之美，表达这种美学理念的词就是空寂。这种审美意识在建筑、艺术等各个方面都得到充分贯彻，在这些领域，日本比较排斥对称性。如对后世日本住宅带来巨大影响的书院式建筑，就是在否定中国建筑的对称性的基础上发展起来的。不对称之美被日本的艺术设计家视为指导性的设计理念。

日本艺术与美学领域有代表性的审美范畴有物哀（もののあわれ）、"空寂"（侘び）和闲寂（さび）。

2. 日本人的生死观的特点。

日本自古以来认为"生死一体"，把死亡视为生命的延续而不是对立面，这种认识一直存留到现代，但是对于生死的价值观却以日本战败为分界线经历了很大变化。战前日本的生死价值观的特点是轻视生命、不畏惧死亡、进而动不动以杀人或自杀解决问题。日本传统的生死价值观受到佛教的深厚影响。佛教"生死一如"的思想淡化了人们对于死亡的恐惧感，但是在战争不断的武家政治时代，发挥的却是鼓励杀人和自杀的作用。武士道宣扬以忠诚于主君为重，蔑视生命。武士的生死观衍生出独特的剖腹自杀文化。日本传统上不仅不避讳死亡，而且还用一种审美的眼光看待死亡，认为人要像樱花飘落那样不贪生，慷慨赴死。战后，日本的生命观念方面也经历了现代化的洗礼，尊重生命（无论是自己的还是他人的）的价值观已经在社会中普及开来。但是有很多日本人认为死亡本身可以偿还罪过。这种生死观很难得到被侵略国家和人民的理解与认同。

3. 现代日本人的宗教信仰的基本情况。

日本是一个多种宗教并存的国家，主要的宗教有神道教、佛教、基督教以及各种新兴宗教。日本人对于宗教的态度比较自由宽松，很多人同时拥有两种以上宗教信仰。因此调查数字显示日本有宗教信仰的人的总数超过总人口数。在日本，传统的神道教、佛教信仰与岁时节日结合得比较紧密。新年初次参拜、盂兰盆会等节日习俗中包含着丰富的神道教或者佛教的因素。日本人的宗教意识还表现在家庭里设神龛或者佛龛，供奉一些神道的牌位或者佛、菩萨的塑像，朝夕礼拜。总的来看，日本人在年轻时对于宗教的关心度较低，信仰宗教的人较少，随着年龄的增长，信仰宗教的人逐渐增多。学历高低与宗教信仰则呈现负相关的关系。还有，女性中信仰宗教的比例超过男性。传统的宗教以地缘关系为基础。城市化对于传统的宗教纽带造成极大的冲击，大批青壮年人口离开家乡到城市去工作，与家乡的菩提寺、氏神神社的关系就淡化了。进入城市的底层人群需要新的精神依托以及人脉关系，其中有相当一部分走向了新宗教。